동양고전신역 ②

주해注解 조희순趙義純

역주譯註 성백효成百曉

조선 무인武人 조희순이 설명한

손자병법

〈손자수孫子髓〉

傳統文化研究會

동양고전신역 2

조선 무인武人 조희순이 설명한

손자병법 〈손자수 孫子髓〉 정가 14,000원

2016년 5월 30일 초판 인쇄
2016년 6월 10일 초판 발행

역 주 성백효
편 집 남현희
교 정 하정원 · 전병수
출 판 김주현
관 리 함명숙
보 급 서원영

발행인 이계황
발행처 (사)전통문화연구회
서울시 종로구 삼일대로 428 낙원빌딩 411호
전화 : (02)762-8401 전송 : (02)747-0083
전자우편 : juntong@juntong.or.kr
홈페이지 : juntong.or.kr
사이버書堂 : cyberseodang.or.kr
온라인서점 : book.cyberseodang.or.kr
등 록 : 1989. 7. 3. 제1-936호

인쇄처 : 한국법령정보주식회사(02-462-3860)
총 판 : 한국출판협동조합(070-7119-1750)

ISBN 979-11-5794-107-0 04150
979-11-5794-000-4(세트)

간행사

고전古典은 수백 수천 년에 걸쳐 형성된 인류의 다양한 경험과 지혜가 온축된 문화와 지식의 보고寶庫로서, 인간의 근원적인 문제에 대한 각종 질문과 해답이 여기에 고스란히 담겨 있다. 그래서 길게는 2천 년이 넘는 시간적 거리를 초월하여 오늘날에 이르기까지 여전히 우리에게 지적知的 정서적情緖的 자양분이 되어 지식과 교양을 가르쳐 주는 인생 교과서로 확고하게 자리잡고 있다.

동도서기東道西器라고 하듯이, 동양의 정신문화와 서양의 과학기술이 소통과 조화를 이루는 가운데 인류문명의 균형 있는 발전을 도모하는 것은, 오늘날에도 여전히 우리에게 중요한 화두가 되고 있다. 그리고 동도東道의 핵심은 수천 년의 역사와 전통이 살아 있는 동양고전東洋古典에 오롯이 담겨 있다.

그런데 오늘날 우리는 고전의 시대와 사회적 문화적 환경이 현격하게 다른 시대를 살고 있다. 그 차이만큼 언어적으로 괴리감과 이질감이 생겨 고전을 어렵게 느끼는 독자들이 많이 있다. 오랜 세월 우리 언어생활에서 중요한 도구로 쓰였던 한자漢字와 한문漢文을 교육함으로써 그 괴리감과 이질감을 일정 정도 해소할 수도 있겠으며, 그것과 함께 고전을 현대적으로 쉽게 번역하여 독자들이 친근감을 갖고 접근하게 하는 방안도 마련할 필요성이 제기된다.

이에 본회에서는 동양문화를 이해하는 데 필수적인 기본서이자 우리나라에 많은 영향을 끼친 고전을 중심으로 하여, '동양고전신역東洋古典新譯'을 기획하였다.

이 책은 사계斯界의 최고 전문가들로 번역진을 구성하여 동양고전을 원의原義에 충실하게 현대화하고 대중화함으로써, 일반인의 교양을 증진시키고, 지식인과 문화인에게는 동양고전 이해의 기초자료를 제공하며, 아울러 한국학과 동양학 연구의 자생력과 효율성을 제고하는 데도 기여할 것이다. 더 나아가 인문 분야는 물론 정치・경제・사회・문화 전 분야에도 긍정적인 영향을 미칠 것으로 기대된다.

문화의 시대 21세기의 시대적 상황에 걸맞게 동양고전을 새롭게 번역하고 정리하는 일은, 오랜 역사 위에 축적된 선현先賢들의 업적과 현대 학문을 이어주는 튼튼한 가교架橋와 초석礎石이 될 것이며, 그것을 기반으로 우리의 문화를 창조적이고 획기적으로 발전시켜 동북아의 선도가 되고 세계 문화에도 크게 기여할 것이다. 이에 각계의 많은 관심과 성원을 기대하는 바이다.

전통문화연구회 회장 이계황李啓晃

≪손자병법孫子兵法≫과 ≪손자수孫子髓≫에 대하여

1. 들어가는 말

≪손자병법≫이라는 이름으로 더 익숙한 ≪손무자孫武子≫ 또는 ≪손자孫子≫는 약 2,500년 전 출현한 이후, 동아시아 지역에서 군사학 분야뿐 아니라, 국가의 통치와 관계된 모든 전략전술의 교과서와 같은 역할을 하였다. 또 그 영향력은 현재까지도 다방면으로 이어져, 동아시아 지역에서 중국 고전으로서 ≪논어論語≫ 다음으로 많은 번역과 연구서가 출판되고 있는 실정이다.

손무孫武

≪손자≫는 단순한 병법서兵法書가 아니라 당시 제자백가諸子百家 사상의 정수를 집대성한 통치서統治書 내지 철학서哲學書로서 인문학적인 성격을 매우 풍부하게 갖고 있다. 특히 도가道家와 법가法家, 유가儒家의 사상을 아우르면서도 적敵을 설정하고 이길 수 있는 구체적인 전략을 간명하게 기술하였다는 점에서, 현대의 사회구조와 인간관계에 바로 대입하여 적용할 수 있다는 놀라운 면을 갖고 있다. 이 때문

에 가장 현대적 분야인 경영전략이나 정치, 사회심리 분야에서까지 끊임없이 시각을 달리하여 조명하고 해석하는 대상이 되고 있는 것이다.

2. ≪손자병법≫의 역대 주석본

≪손자≫는 전국시대 이래 매우 광범위하게 유포되었다. 그러므로 후대인의 가필과 첨삭, 주해도 다양하게 행해졌을 것이다. 이러한 과정에서 다양한 이본과 주석본이 형성된 것으로 추정해볼 수가 있다.

조조曹操

후한말後漢末에 조조曹操는 ≪손자약해孫子略解≫란 이름으로 ≪손자孫子≫의 초기 모습을 복원하고 주석을 가하였다. ≪조주손자曹注孫子≫라고도 불린 이 책은 ≪손자≫에 대한 가장 빠른 주석본으로 이후 등장한 주석본들이 대부분 조조의 교감본을 기반으로 하고 있다는 데서 의의가 크다.

조조는 서문에서 "내가 병서兵書와 전략戰略을 본 것이 매우 많은데 손무孫武가 지은 것이 가장 훌륭했다. 그는 생전에 오왕吳王 합려闔閭를 위해 병법 13편을 지었다.……손무의 병법은 깊이 헤아리고 신중히 움직이며, 분명하고 세심하게 도모하여 속일 수가 없다."라고 하여, 실전 경험이 풍부한 전략가의 입장에서 ≪손자≫를 평가

하였다.

조조는 유향劉向의 교정을 거친 선본善本을 얻어 문장이 번거롭고 요지를 잃은 부분을 삭제하고 13편으로 교감한 뒤 자신의 의견으로 주해하였다. 그리고 13편 3권본 외에 별도로 ≪속손자병법續孫子兵法≫을 편찬하였다. 조조의 주해본이 매우 뛰어났기 때문에 당唐나라 이후 점차 다른 판본들은 사라져버렸다. 이후 조조가 정리한 13편 본을 바탕으로 위진魏晉시대에 왕릉王凌·가후賈詡·맹씨孟氏·심우沈友 등의 주석본이 나왔다.

현재 전하는 ≪손자≫의 판본은 크게 죽간본竹簡本과 십가주본十家註本, 무경본武經本의 3가지 종류로 구분할 수 있다.

십가주본은 조조의 ≪손자약해≫와 양梁나라 ≪맹씨해고孟氏解詁≫, 당나라의 이전李筌·두목杜牧·진호陳皞·가림賈林의 주석에다, 송宋나라 매요신梅堯臣·왕석王晳·하연석何延錫·장예張預의 주석을 모두 합하여, 송나라 길천보吉天保가 편찬한 ≪십가손자회주十家孫子會注≫를 말한다. 이는 오래된 주석을 모아놨으므로 고주본古注本으로 불리기도 한다. 이 중 두목의 주석은 그가 ≪춘추春秋≫ 등 역사에 조예가 깊었던 만큼 전쟁사의 관점에서 다양한 역사적 사례를 제시하고 있고, 진호의 주석 또한 두목의 부족한 점을 보충하여 수준 높은 주석으로 평가받고 있다. 이 밖에 두우杜佑의 ≪통전通典≫에 인용된 ≪손자병법≫을 편집해 넣어서 ≪십일가주손자十一家注孫子≫라고 불리기도 하였으니, ≪송사宋史≫ 〈예문지藝文志〉나 ≪수초당서목遂初堂書目≫에는 ≪십일가주손자≫가 서목으로 올라 있다.

이후 손성연孫星衍이 송대 판본의 오류를 교감하여 바로잡아 ≪손

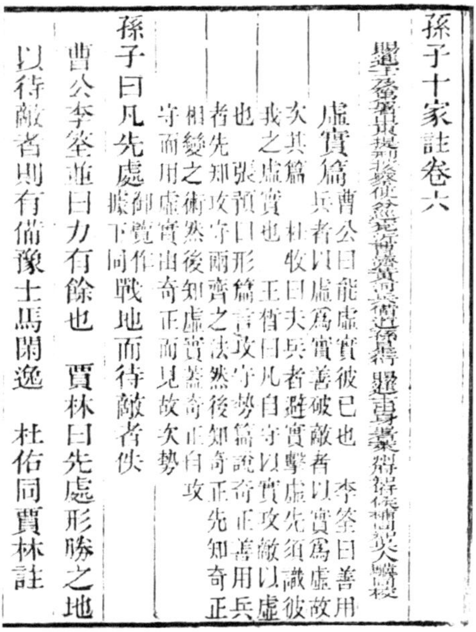

孫子十家註卷六

虛實篇 曹公曰能虛實彼己也 李筌曰善用兵者以虛為實善破敵者以實為虛故次其篇 杜牧曰夫兵者避實擊虛先須識彼我之虛實也 王晳曰凡自守以實攻敵以虛 張預曰形篇言攻守勢篇說奇正善用兵者先知攻守兩齊之法然後知奇正先知奇正相變之術然後知虛實蓋奇正自攻守而用虛實由奇正而見故次勢

孫子曰凡先處戰地而待敵者佚

曹公李筌曰力有餘也 賈林曰先處形勝之地以待敵者則有備豫士馬閑逸 杜佑同賈林註

손성연孫星衍의 ≪손자십가주孫子十家註≫

자십가주孫子十家註≫라고 제호하여 출간해 평진관총서平津館叢書에 포함시켰다. 이 교본은 가장 정확하고 뛰어나다는 평가를 받아 이후 ≪손자≫를 연구하는 학자들은 손성연의 십가주본을 대본으로 삼았다. 십가주본은 여러 시대를 거치는 동안 많은 주석가들이 이전 주석의 단점을 보완하여 계속 내용을 보충해왔으므로, 학술적으로 ≪손자≫를 연구하는 연구자들에게 많은 편리를 제공하고 있다.

무경본은 송나라 때 판각된 무경칠서武經七書에 들어 있는 ≪손자≫ 판본을 말한다. 무경칠서는 송나라 때 발행한 무경총서로, ≪손자≫ · ≪오자吳子≫ · ≪사마법司馬法≫ · ≪울료자尉繚子≫ · ≪육도六韜≫ · ≪삼략三略≫ · ≪이위공문대李衛公問對≫ 등 7종류의 대표적 병서를 모은 것이다.

송나라 신종神宗 원풍元豐 3년(1080)에 국자감國子監에 이 병서들을 교정하고 판목에 새겨 간행하도록 명하였는데, 국자감사업國子監司業 주복朱服이 주관하여 3년에 걸친 작업 끝에 1083년에 마무리되었다. 이는 당시 유행하던 수백 종의 병서 중 최고만을 정선하여 교감한 것으로, 선진先秦시대부터 당나라 때까지 중국 병학兵學 수준을 대표한 것이었다. 송대에 이런 작업이 일단락됨으로써 유가의 칠서七書(사서삼경四書三經)뿐 아니라 무학武學 방면에서도 칠서의 주요 텍스트가 확정되었고, 명대明代에는 이를 무과 시험의 과목으로 삼았다.

금金나라 시자미施子美의 ≪칠서강의七書講義≫, 명明나라 유인劉寅의 ≪칠서직해七書直解≫, 정령鄭靈의 ≪무경통감武經通鑑≫, 황헌신黃獻臣의 ≪무경개종武經開宗≫, 청淸나라 팽계휘彭繼輝의 ≪무경칠서집주대전武經七書集註大全≫, 주용朱墉의 ≪무경칠서휘해武經七書彙解≫ 등이 이 계통에 속한다. 무경본은 ≪손자≫의 내용을 쉽게 이해하는 데 목적을 두고 간략한 주석을 달아 십가주본에 비해 학술적인 분석이나 역사적인 사례 등은 부족한 면이 있지만 ≪손자≫를 병서로 습득하는 데는 편리함을 제공하고 있다.

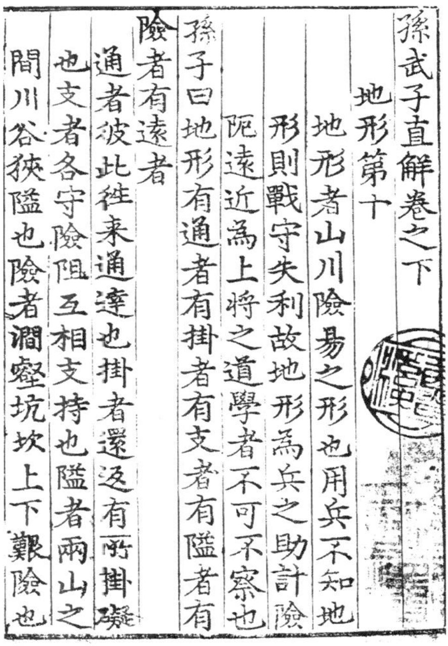
孫武子直解卷之下
地形第十
地形者山川險易之形也用兵不知地形則戰守失利故地形爲兵之助計險阨遠近爲上將之道學者不可不察也
孫子曰地形有通者有掛者有支者有隘者有險者有遠者
通者彼此往來通達也掛者還返有所掛礙也支者各守險阻互相支持也隘者兩山之間川谷狹隘也險者澗壑坑坎上下艱險也

유인劉寅의 ≪손무자직해孫武子直解≫

3. ≪손자병법≫의 구성과 주요 내용

≪손자≫의 고전적 가치는, 실전實戰의 체험에서 나온 뛰어난 병서

兵書이지만, 그 내용이 전투에 쓰이는 병법과 전술에만 한정된 것이 아니라, 인간과 세상에 대한 넓은 시야를 갖춘 사상적 바탕을 갖고 있다는 것이다. 따라서 병서라는 특이한 분야임에도 불구하고 각 분야에서 사랑받는 고전으로서의 보편성을 지녀 동서고금을 막론하고 끊임없이 여러 가지 모습으로 재발견되고 있다.

≪손자≫는 총 13편으로 구성되어 있다.

제1편 〈시계始計〉는 전쟁 전에 점검해야 할 사안을 기술한 '처음 계획'이란 뜻으로 전체의 서론序論과 같은 성격을 지니고 있다. 손자가 본, 가장 처음 생각해야 할 것은 바로 "전쟁이란 국가의 큰일이다. 생사가 달려 있는 자리이며 나라가 보존되고 멸망하는 갈림길이니" 신중해야 한다는 것이다.

제2편인 〈작전作戰〉은 군수 물자와 동원, 보충 등 전쟁에서 빠질 수 없는 경제력에 대해 논한 것이다. "군대는 속히 싸워 승리함을 귀하게 여기고 오랫동안 지체함을 귀하게 여기지 않는 것이다."라고 하여, 속전속결速戰速決을 주장하고 적지에서 물자를 충원하는 방법도 제시하고 있다.

제3편 〈모공謀攻〉은 싸우지 않고 승리하는 방법에 대해 논한 것이다. 최상책은 전쟁 전에 적국의 계략을 근본적으로 좌절시키는 것이고, 다음은 외교수단을 동원하는 것이며, 공성전攻城戰은 최후의 하책이라고 하였다. 또 바로 이 편에서 그 유명한 "적을 알고 자기를 알면 백 번 싸워도 위태롭지 않고, 적을 알지 못하고 자기만 알면 한 번 이기고 한 번 지며, 적을 알지 못하고 자기를 알지 못하면 매번 싸울 때마다 반드시 패한다."는 구절이 등장한다.

이상의 세 편은 ≪손자≫의 총론總論과 같은 역할을 하고 있다.

제4편 〈군형軍形〉은 승리하는 전쟁을 하는 방법에 대해 논한 것이다. 아군이 불패不敗의 위치에서 적의 약점을 파악해 승리의 조건을 만드는 장수가 잘 싸우는 장수이지, 어려운 상황에서 역전분투해 승리하는 장수는 좋은 장수가 아니라고 보고 있다.

제5편 〈병세兵勢〉는 적을 격파하는 기세에 대해 논하면서 기병奇兵의 활용에 대해 강조하였다.

제6편 〈허실虛實〉은 상황에 따라 적절히 대처하여 주도권을 장악하는 것에 대해 논하면서 물의 예를 들어 상황에 따라 유연성 있게 대처해야 함을 강조하였다.

이상의 세 편은 대체로 전쟁의 흐름을 구조적으로 논한 것이다.

이하 제7편에서 제13편까지는 각론各論에 해당하는 편으로, 실전에서 유리한 상황을 확보하기 위한 다양하고 구체적인 전략전술의 실례를 들어 설명하고 있다.

제7편 〈군쟁軍爭〉은 전쟁의 이로움을 선점하기 위한 방법을 구체적으로 기술하고 있다.

제8편 〈구변九變〉은 용병用兵의 아홉 가지 변칙變則과 다섯 가지 이익, 장수의 다섯 가지 위험 등을 설명한 것이다.

제9편 〈군행行軍〉은 행군 시의 요령과 적당한 지역을 가려 주둔한 뒤 적과 대치하면서 상대의 실정을 살피는 방법에 대한 것이다.

제10편 〈지형地形〉은 용병用兵 시 지형을 살펴서 작전에 잘 이용하는 방법에 대해 논한 것이다. 지리적 우세는 전쟁에 결정적인 역할을 하였으므로, 손자는 “적을 헤아려 승리하게 만들고, 지형의 험하고

좁음과 멀고 가까움을 계산하는 것이 상장군上將軍의 도리이다. 이것을 알고 싸우는 자는 반드시 승리하고, 이것을 알지 못하고 싸우는 자는 반드시 패배한다."라고 강조하였다.

제11편 〈구지九地〉는 아홉 종류의 지세를 논한 것이다. 제10편의 〈지형〉이 자연의 형세를 말한 것에 반해, 본편은 군대가 이르는 곳에 따라 형세가 아홉 등급의 구별이 있음을 말한 것으로 이는 지리적 형세가 아니라 전쟁의 상황을 두고 말한 것이다.

제12편 〈화공火攻〉은 전쟁에서 화공의 조건과 종류, 실시 방법과 그 응대 책략에 대해 다루고 있다.

제13편 〈용간用間〉은 간첩을 이용해 첩보를 수집하고 적정敵情을 탐지하는 방법에 대한 것이다.

≪손자≫의 전편에 흐르는 특색은, 첫째 병서임에도 불구하고 결코 호전적으로 전쟁을 추구하지 않는다는 것이다. "백 번 싸워 백 번 이기는 것이 최상의 선善이 아니며, 싸우지 않고 상대의 군대를 굴복시키는 것이 가장 잘하는 것이다."(제3편 〈모공〉)라든가, "전쟁은 나라의 대사大事이다."(제1편 〈시계〉)라고 하여, 오히려 가능하면 전쟁을 피해야 한다고 경고하고 있다.

두 번째 특징은 현실주의적이라는 점이다. 이는 병서로서 당연하다고 하겠지만 손자가 실전 경험과 세밀한 관찰을 통해 터득한 것으로 보인다. 경솔하게 전쟁을 일으키기 전에 지형과 적정敵情을 비롯한 모든 상황에 대해 간자間者를 사용해서라도 충분한 정보를 얻고 숙고한 끝에 이기는 전쟁을 해야 한다는 주장이니, 손자의 원칙은 싸워서 이긴다는 것이 아니라 이기고서 싸우는 것이라 할 수 있다.

세 번째 특징은 주도권의 장악을 중요시한다는 것이다. 허실虛實을 찌르는 기법奇法을 사용하거나 적의 기선을 제압하여 전장에서 주도권을 잡는 것을 강조하는데, 이는 상황에 끌려다니는 것이 아니라 내가 상황을 제어하는 것을 의미한다. 이런 면은 군사 전쟁뿐 아니라 이익을 놓고 다투는 모든 인간관계에도 곧바로 응용될 수 있는 보편성을 지닌다. 이 때문에 현대 사회에서는 경영전략이나 정치권의 이권다툼에 ≪손자병법≫이 자주 거론되고 있으며, 개인의 처세술에까지 종종 응용되고 있다.

4. 조선시대朝鮮時代의 ≪손자병법≫과 ≪손자수≫

우리나라에는 고려高麗 때부터 ≪손자≫가 전래되었다고 하는데 현재 규장각에는 십가주본 ≪손자≫와 무경본 ≪손자≫가 모두 소장되어 있다. 조선시대에는 주로 이 무경본이 유포되어 ≪손무자직해孫武子直解≫라는 이름으로 널리 통행되었다. 무경본 손자가 보급된 이유는, ≪손자≫를 병서兵書로 보아 주로 무인武人들의 학습 과정에 포함시켰고, 무인들이 이해하기 편하게 편집한 무경칠서가 과거의 과목科目으로 올랐기 때문이다.

실록實錄을 살펴보면 태조太祖 즉위 초기부터 훈련관에서 무경칠서를 강습하게 했다는 기사가 보인다. 또 태종太宗 2년(1402) 처음 무과를 시행할 때에도 "무경칠서와 마보馬步, 무예武藝에 정통하고 익숙한 자를 1등으로 한다."라고 하여 무술 실기뿐만 아니라 이론까지 시험했는데, 이런 기조는 조선시대 내내 계속되었다.

따라서 중국에서 무경칠서의 집주본輯註本을 구해오기도 하고 여러 차례 조정에서 무경칠서와 ≪손자≫ 등을 간행하기도 하였으며, 심지어 간행한 ≪무경칠서직해武經七書直解≫를 일본日本에 건네주기도 하였다. 또한 무경칠서는 ≪삼강행실도三綱行實圖≫와 함께 일반 백성을 교화하는 교양서로 쓰이기도 하였다.

조선에서 ≪손자≫는 주로 무과의 시험과목으로 읽혔으므로, 국가에서 ≪손자주해孫子註解≫를 교정[1]하는 방향도 여기에 초점이 맞춰졌다. 또 문학작품이나 유교 경전이 아니었기 때문에 문인들의 일부가 교양 삼아 읽어보는 수준에 그치곤 하여 사서삼경처럼 많은 학자들에 의해 체계적인 연구가 이루어지지는 않은 듯하다.

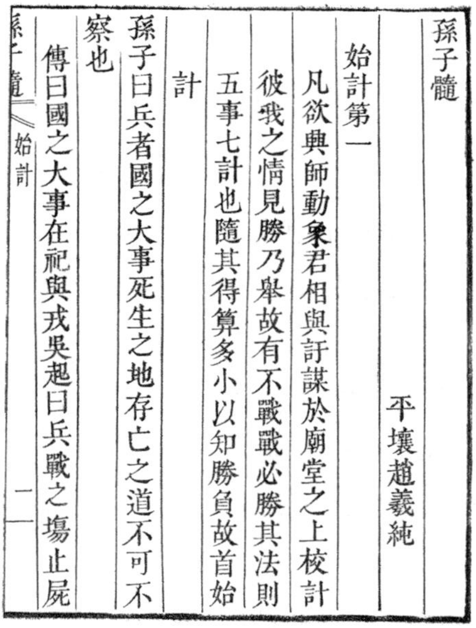
孫子髓
平壤趙羲純
始計第一
凡欲興師動衆君相與計謀於廟堂之上校計彼我之情見勝乃擧故有不戰戰必勝其法則五事七計也隨其得算多小以知勝負故首始計
孫子曰兵者國之大事死生之地存亡之道不可不察也
傳曰國之大事在祀與戎吳起曰兵戰之場止屍
孫子髓 始計 一

≪손자수孫子髓≫

우리나라 사람의 주석으로 확인되는 것은 고종조高宗朝의 무신武臣인 조희순趙羲純(1814~?)의 ≪손자수孫子髓≫가 유일하다.

조희순은 자가 덕일德一이고 호는 학해당學海堂으로, 진

1) ≪세조실록≫ 세조 19년(1460)에 김구金鉤, 최항崔恒, 정인지鄭麟趾 등에게 ≪손자주해≫를 교정하게 한 기사가 보이는데, 현재 이 주해본이 전하는지는 불분명하다.

사 조존영趙存榮의 아들이다. 1839년 무과에 급제하고 부호군副護軍·무승지武承旨 등으로 있다가 1860년 남양부사南陽府使, 1864년 죽산부사竹山府使가 되었으며, 병인양요丙寅洋擾(1866) 때 참모군관參謀軍官으로 재직하였다. 이후 부령부사富寧府使·훈련도감訓鍊都監 천총千摠·내금위장內禁衛將·좌부승지左副承旨 등을 역임하다가, 1867년부터 1871년까지 제주목사濟州牧使로 있었는데, ≪손자수≫는 이 시기에 완성된 듯하다. 이 뒤에도 경상좌도병마절도사慶尙左道兵馬節度使·함경북도병마절도사咸鏡北道兵馬節度使를 거쳐, 1881년 통리아문統理衙門의 군무사당상軍務司堂上을 지냈다. 1882년 임오군란壬午軍亂이 일어나자 흥선대원군興宣大院君에게 발탁되어 금위대장禁衛大將이 되었다가, 흥선대원군이 물러난 뒤엔 좌변포도대장左邊捕盜大將·동지삼군부사同知三軍府事가 되었다.

조희순의 경력을 보면, 조선 말기 나라의 안팎이 혼란스러운 시기에 지방과 중앙의 무관직을 두루 거쳤으니 강력한 국방의 필요성을 절감하였을 것이다.

자서自序를 보면 그는 항상 ≪손자≫를 연구하였는데, 무경본 유인劉寅의 설은 너무 천근淺近하고, 십가주十家註 등 80여 명의 주석가들의 설은 너무 번다하여 요점을 얻지 못하였다고 생각하였다. 이에 제가諸家의 의론을 모아서 그 요점만을 뽑아 정리하고 정수를 취하였다는 의미에서 ≪손자수≫라고 이름하였다.

장구章句의 구분도 자신의 견해에 따라 무경본武經本과 일부 달리하여 주석을 달았다. 특히 편마다 말미에 부록附錄을 두어 구주舊註에 대한 비평과 아울러 ≪오자≫·≪울료자≫ 등 다른 병서兵書나 군사軍

事에 대한 학자들의 설을 인용하여 보충하고, 또 각 편의 내용에 대해 나름대로 분석을 가하였다. 조선시대 학자들이 ≪손자≫를 읽고 자신의 감상이나 이견을 기록한 글들은 문집에 종종 보이지만, 이처럼 13편 전체에 대해 새로이 주석을 가한 별저別著는 거의 없다.

≪손자수≫는 김학성金學性과 남상길南相吉의 서문을 실어 1869년에 1책의 활자본으로 간행되었으며, 현재 국립중앙도서관과 고려대학교 도서관에 소장되어 있다.

5. ≪손자수≫의 내용과 특징

먼저 전체 구성은 ≪손자≫의 편수를 따라 13편으로 되어 있으며, 책 첫머리에 김학성의 서序와 저자의 자서自序, 남상길의 서序 등 세 편의 서문이 실려 있다.

각 편의 첫머리에는 본문에 들어가기에 앞서 해당 편의 대지大旨를 소개하면서 전후편 내용과의 연계점, 저자의 의견 등을 싣고 있다. 다음으로 ≪손자≫ 본문과 저자의 주가 실려 있으며, 각 편의 말미에는 부록이 실려 있다. 본문의 장구章句 구분 또한 무경칠서본의 장구와 다른 곳이 곳곳에 보인다. 편말篇末의 부록은 본서의 가장 특징적인 면을 압축적으로 보여주는 부분이다. 주해에서 유인의 직해나 기존 주석가와 다른 의견을 취한 경우 부록에서 다시 근거를 제시하고 부족한 부분들을 하나하나 지적하였다.

≪손자수≫의 특징으로 몇 가지를 꼽아보자면, 첫째, 자서에서도 밝혔지만 ≪무경칠서≫의 ≪오자≫, ≪사마법≫, ≪육도≫, ≪삼략≫, ≪울료자≫, ≪이위공문대≫의 내용을 가지고 ≪손자≫의 구절을 부

연敷衍 해석하였다는 점이다. 본서 중 ≪이위공문대≫가 30여 차례, ≪오자≫가 20여 차례로 가장 많이 인용되었는데, 특히 군대의 운용이나 기병과 정병, 허실 등 전략에 대한 부분에서는 ≪이위공문대≫와 ≪오자≫의 구절을 가지고 ≪손자≫를 설명한 경우가 많다. 이는 저자가 ≪무경칠서≫에 두루 해박한 지식을 갖고 있었음을 증명할 뿐 아니라, 후대에 나온 병서들이 어떻게 손자의 영향을 받았는지도 살펴볼 수 있는 매우 의미 있는 시도라 하겠다.

둘째, 저자는 유인의 직해와 십가주를 포함해 기변紀變, 소길蕭吉, 증교曾皎, 허동許洞, 이탁오李卓吾, 등정라鄧廷羅, 여혜경呂惠卿 등 수십여 명의 주해를 샅샅이 조사해 논리를 따져 취사하였는데, 그중 조조의 해석을 채택한 경우가 많다. 자서에서 조조에 대해 "위진魏晉으로부터 명明나라에 이르기까지 주석을 낸 자가 80여 가인데 조맹덕曹孟德을 첫 번째로 꼽으니, 이는 다만 용병술이 손오孫吳에 방불할 뿐만이 아니요, 겸하여 또 문장文章이 진晉나라 사마씨司馬氏의 시작이 되어서 ≪손자≫의 글에 나타난 뜻 이외의 의미를 많이 깨달아, 후세에 글을 잘하는 선비가 능히 바라고 미칠 바가 아니기 때문이다."라고 평가한 것을 보아도 알 수 있다. 물론 조조의 해석이 잘못되었다고 비판한 경우도 없지 않지만 다른 구주舊注 특히 장예張預의 경우 거의 말도 안 되는 터무니없는 설로 비판받는 경우가 대부분이었던 것과 비교해보면 조조의 주장을 가장 뛰어나다고 인정한 것으로 보인다.

셋째, 저자는 본서를 편찬하면서 병서兵書와 ≪손자≫ 주해서뿐 아니라 각종 유가儒家 경서經書와 사서史書를 비롯하여 여러 서적을 두루 사용하였다. 언뜻 보이는 것만 해도 ≪춘추좌씨전春秋左氏傳≫, ≪시경

詩經≫, ≪서경書經≫, ≪주역周易≫, ≪맹자孟子≫, ≪순자荀子≫, ≪사기史記≫, ≪한서漢書≫, ≪통감通鑑≫, ≪관자管子≫ 등 십여 종이 넘는다. 저자는 무과 출신임에도 경서와 사서에 해박한 지식을 가지고 있었고 그 내용을 ≪손자≫와 연결시켜 주석의 근거로 삼았다. 이렇게 수많은 유가儒家 자료를 통해 ≪손자≫를 해석하였으므로 당시 학자들의 호응을 얻었고 "유학儒學에 근본하고 무경武經을 참작해서 옛 주석의 잘못을 변론하고 여러 말의 동이同異를 절충하였으며, 중간에 자기 뜻을 덧붙여서 이전의 학자들이 드러내지 못한 뜻을 발명함이 많았다."(김학성의 서문序文)는 평을 얻게 되었을 것이다.

이제까지 나온 ≪손자≫ 번역서와 본 번역서의 가장 큰 차이는 역자의 자의적인 해설을 덧붙이지 않고 조선 후기의 무인인 조희순의 ≪손자수≫를 바탕으로 ≪손자≫ 본래의 원문原文과 주註를 충실하게 번역하였다는 점이다. 또한 ≪손자≫의 어려운 부분을 이해하는 데 도움이 되는 자세한 주석을 첨부하였는데, 이는 원문까지 읽으며 공부하고자 하는 독자에게 많은 도움이 될 것이다.

그동안 수많은 ≪손자병법≫이 나왔지만 무리하게 경영술이나 처세술과 연관시켜 해석하여 흥미를 유발하기는 하되, ≪손자≫ 자체의 내용을 이해하는 데에는 오히려 방해가 되는 경우도 있었다. 이 책은 충실한 주석으로 조선본 ≪손자≫ 주석서인 ≪손자수≫의 특징을 잘 구현하여 장점을 계승하였기에 우리 선조가 만났던 ≪손자병법≫을 음미하는 기회가 될 것이다.

일러두기

1. 본서는 동양고전신역東洋古典新譯 2 ≪손자병법孫子兵法≫이다.
2. 본서는 ≪역주 사마법직해譯註司馬法直解≫(성백효成百曉·이난수李蘭秀 역주譯註, 전통문화연구회 간행, 2014)의 부록으로 실려 있던 ≪손자수孫子髓≫ 역주를 동양고전 입문서入門書 및 교양서敎養書로 개고改稿한 것이다.
3. 본서의 저본인 ≪손자수≫(조선朝鮮 조희순趙羲純 주해注解, 고려대학교 중앙도서관 소장본)는 조선에서 간행된 현전現傳 유일의 ≪손자孫子≫ 주석서이자 ≪손자≫에 대한 역대 제가諸家의 학설을 취사하여 그 정수를 밝힌 책이다.
4. 본서의 체제는 ≪손자수≫의 체제에 다랐으며, 이해를 돕기 위해 현토懸吐한 ≪손자≫의 원문原文을 번역문 뒤에 실었다.
5. 각 편의 뒤에는 '부록'이란 명칭으로 역대 제가들의 ≪손자≫ 주석註釋에 대한 조희순의 비평이 실려 있는데, '부록'이라는 명칭으로는 성격이 분명하게 드러나지 않아 '역대 주석에 대한 비평'으로 바꾸었다.
6. 번역飜譯은 원의原義에 충실하게 하였고 필요에 따라 의역意譯을 하였다.
7. 번역문飜譯文은 한글과 한자漢字를 병기倂記하였으며, 맞춤법과 띄

어쓰기는 한글 맞춤법과 표준어 규정을 따르는 것을 원칙으로 하였다.

8. 역주는 ≪손자수≫의 전문적이고 난해한 내용을 일반 독자들도 이해할 수 있도록 간결하고 쉽게 풀어주었다.
9. 편명篇名은 원문을 풀어서 현대성을 구현하는 데 노력하였다.
10. 중국 고대 병장기兵仗器와 인물 관련 도판圖版 자료를 함께 수록하여 내용 이해를 도왔다.
11. 본서에 사용된 주요 부호符號는 다음과 같다.

“ ” : 대화, 인용

‘ ’ : “ ” 안에서 재인용, 강조

「 」 : ‘ ’ 안에서 재인용

( ) : 원문에서는 독음讀音이 특수한 글자나 벽자僻字의 음音, 번역문에서는 간단한 역주譯註

≪ ≫ : 서명書名, 출전出典

〈 〉 : 편장명篇章名, 작품명作品名, 보충역補充譯

〔 〕 : 번역문과 뜻은 같으나 음音이 다른 한자漢字 및 자구字句, 역주譯註에서 인용하여 번역한 원문原文, 저본의 탈자脫字 보충

( )〔 〕 : (저본의 오자誤字)〔교감한 정자正字〕

목 차

자 서自序

기인畸人[1]과 지사志士들이 매번 고요한 가을밤에 낙엽이 창문을 때리고 대나무 숲의 차가운 기운이 침입해오면, 근심스레 등잔불을 대하며 검劍을 쳐다보고 술잔을 들면서 고인古人의 책을 뽑아 몇 편을 읽다가 끝내 책상을 치고 수염을 쓰다듬으면서 가슴의 답답한 기운을 푸니, 이때에 그들이 읽는 책이 반드시 병서兵書였음을 나는 아노라.

이윽고 제가諸家의 설을 두루 살펴 널리 보고 요약하면 나는 또 그들이 반드시 ≪손자孫子≫로 돌아올 줄을 아니, 이는 천하 사람들의 기호嗜好가 똑같기 때문이다. 그러므로 당唐나라 태종太宗 또한 "여러 병서는 ≪손자≫를 벗어나는 것이 없다."(≪이위공문대李衛公問對≫ 중권中卷) 하였으니, 이 때문에 ≪손자≫의 주석서가 유독 많은 것이다.

위魏나라와 진晉나라로부터 명明나라에 이르기까지 ≪손자≫에 주석註釋을 낸 자가 모두 80여 가家인데, 조맹덕曹孟德(조조曹操)을 첫 번째로 꼽으니, 이는 다만 용병술이 손자孫子・오자吳

---

1) 기인畸人 : 의인倚人과 같은 말로, 독특한 지행志行으로 세상과 화합하지 못하는 사람을 가리킨다.

子에 방불할 뿐만이 아니요, 겸하여 또 그의 문장이 진晉나라 사마씨司馬氏의 시작이 되어서[2] ≪손자≫의 글에 나타난 뜻뿐만 아니라 그 밖의 의미를 많이 깨달아, 후세에 글을 잘하는 선비가 도저히 바라고 미칠 바가 아니기 때문이다.

그러나 왕왕 옥의 티가 있지만 아름다운 옥의 빛깔을 가리지는 못하니, 어찌 조맹덕이 뜻을 얻은 뒤에 주석하면서 자신의 지식을 자랑함에 힘쓰고, ≪손자≫를 열심히 공부할 겨를이 없어서이겠는가. 유인劉寅의 직해直解는 지극히 천근하니 비판이 없을 수 있겠는가마는 지금 유독 무학武學에 나열되어 있으니, 이는 아마도 우리나라에서 병서를 간행할 적에 다른 좋은 주석본이 미처 들어오지 못했기 때문일 것이다.

나는 젊어서부터 병가兵家의 글을 좋아하여 역사책을 읽다가 국가의 전쟁과 수비에 이르면 일찍이 세 번 반복하여 읽지 않은 적이 없었다. 이에 승패의 자취를 가지고 ≪손자≫에 참고하고 징험하려고 하였는데, 나보다 먼저 등정라鄧廷羅가 ≪병경兵鏡≫이라는 책을 지었다.[3] 다시 육자六子가 남긴 말을 가지

2) 그의……되어서 : 진晉나라의 초대 황제인 사마염司馬炎은 사마소司馬昭의 아들이고 사마의司馬懿의 손자로 위魏나라를 찬탈하여 진나라를 세웠는데, 진나라는 위나라의 문장제도文章制度를 따랐다.

3) 등정라鄧廷羅가……지었다 : 등정라는 청淸나라 초기의 문신이자 학자로 자는 숙기叔奇, 호는 우초偶樵이다. 중국 역대 명장名將들의 용병用兵과 기략機略을 다룬 ≪병경비고兵鏡備考≫·≪병경혹문兵鏡或問≫·≪손

고[4] ≪손자≫에 덧붙일까 생각하였는데, 나보다 먼저 이탁오李卓吾가 ≪참동參同≫이라는 책을 저술하여[5] 우뚝이 작자가 되었다.

얼마 후에 나는 뒤늦게 속병을 앓고 당세에 뜻이 없어 산중의 서재에서 병을 조리하였는데, 한가한 시간을 얻기가 용이하였다. 아들이 차츰 자라서 두각을 나타내어 대장장이의 아들이 갖옷 만들기를 배우기에 뜻을 둔 것처럼[6] 학업을 매우 부지런히 청하였는데, 간행되어 있는 책들의 여러 해석을 가져다 한 번 읽게 하였으나, 순수함과 잡박함이 함께 실려 있어서 절충하기에 부족하였고, 문장의 기운이 약해 마음에 흡족하지 못하

자집주孫子集注≫를 지었는데, 여기서 말한 ≪병경≫은 세 책을 통괄하여 이른 것으로 보인다.

4) 육자六子가……가지고 : 손무를 제외한 나머지 무경칠서의 저자들인 오기吳起·사마양저司馬穰苴·울료尉繚·이정李靖·황석공黃石公·여망呂望을 이른다.

5) 이탁오李卓吾가……저술하여 : 탁오卓吾는 이지李贄(1527~1602)의 자이다. 명明나라 진강晉江 사람으로 선학禪學을 좋아하였으며, 뒤에 머리를 깎고 불법佛法을 숭상하며 예교禮敎를 무시하다가 탄핵받고 옥중에서 죽었다. ≪참동≫을 지은 것은 자세하지 않다.

6) 대장장이의……것처럼 : 자손으로서 조상의 세업世業에 뜻을 두었음을 이른다. ≪예기禮記≫ 〈학기學記〉에 "풀무질을 잘하는 대장장이의 아들은 반드시 갖옷 만드는 것을 배우게 되고, 활을 잘 만드는 사람의 아들은 반드시 키를 만드는 것을 배우게 된다.〔良冶之子 必學爲裘 良弓之子 必學爲箕〕"라고 한 구절을 원용한 것이다.

여 괴로웠다.

나는 또 성품이 편협하여 구차히 남의 말을 따르지 못하고는 스스로 자신을 헤아리지 않고 매번 손수 몇 쪽을 써서 공부를 시켰다. 남이 한 번에 하거든 자기는 백 번에 하는 노력으로 하면 아무리 어리석은 자라도 한 번은 통할 수 있기 때문이었다.

책이 이루어지자 담론하는 손님이 급히 찬성하며 말하였다.

"내 젊어서 여기에 뜻을 두어 책을 본 것이 또한 많았습니다. ≪손자≫ 한 책은 유감스럽게도 주석가들에 의해 잘못 해석되었는데, 천 년 뒤에도 이것을 밝히는 자가 없었습니다. 그런데 지금 그대의 이 책은 오로지 손자의 용심用心을 미루어 구명究明해서 글자를 놓은 것이 거의 살을 파고 정수精髓에 들어갔으니, 어찌 이것으로 이름하지 않습니까."

내가 웃으며 고개를 끄덕이고서 마침내 이름을 ≪손자수孫子髓≫라 하였다.

제1편 국방 계획〔始計〕

무릇 군대를 일으키고 병력을 동원하려면 군주와 정승이 함께 조정 위에서 큰 계책을 세워 피아彼我의 실정을 비교하고 헤아려서 승산勝算을 보아야 비로소 군대를 일으킬 수 있다. 그러므로 싸우지 않을지언정 싸우면 반드시 승리하는 것이니, 그 방법은 다섯 가지 일과 일곱 가지 계책이다. 승산을 얼마나 얻었느냐에 따라 승부를 알 수 있다. 그러므로 〈시계 始計〉를 맨 앞에 놓은 것이다.

손자가 말하였다.
'병兵(전쟁)'이란 국가의 큰일이다. 사람이 죽고 사는 자리이며 나라가 보존되고 멸망하는 갈림길이니, 〈전쟁에 관한 일을〉 살피지 않으면 안 된다.

孫子曰 兵者는 國之大事라 死生之地요 存亡之道니 不可不察也니라

옛 책(≪춘추좌씨전春秋左氏傳≫)에 "나라의 큰일은 제사와 전쟁에 있다." 하였고, 오기吳起는 "병사들이 싸우는 전장戰場은 시신이 쌓이는 곳이니, 필사必死의 각오로 싸우면 살고 요행으로

살기를 바라면 죽는다."(≪오자吳子≫ 〈치병治兵〉) 하였다. 군대의 승패는 국가의 존망存亡에 관계되므로 자세히 살펴야 하는 것이다.

그러므로 다섯 가지 일로써 다스리고 계책으로써 비교하여 그 실정을 찾아야 하는 것이다.

故로 經之以五事하고 校之以計하여 而索其情하나니

'경經'은 경위經緯의 경과 같으니 적과 우리가 아직 나뉘지 않은 것이요, '교校'는 비교하여 헤아림이니 적과 우리가 드러난 것이다. '색索'은 찾음이요, '정情'은 승부의 실정이다.

첫 번째는 도道요, 두 번째는 천시天時요, 세 번째는 지리地利요, 네 번째는 장수將帥요, 다섯 번째는 법령法令(제도와 호령)이다.

도道란 백성(병사)들에게 윗사람과 뜻을 함께하여 함께 죽고 함께 살아서 위태로움을 두려워하지 않게 하는 것이다. 천시란 음陰과 양陽, 추위와 더위를 때에 따라 조절하는 것이다. 지리란 거리의 멀고 가까움과 지형의 험하고 평탄함과 넓고 좁음과 죽고 사는 지역이다. 장수란 지혜와 신의와 인자함과 용맹함과 엄격함, 이 다섯 가지 덕이 있어야 한다. 법령이란 부곡部曲(부대)에는 각기 절제節制가 있고, 백관百官은 각기 자기 도리를 따르고, 군용軍用은 오로지 주관하는 것이 있는 것이다.

무릇 이 다섯 가지는 듣지 못한 장수가 없으나, 이것을 아는 자는 승리하고 알지 못하는 자는 승리하지 못한다. 그러므로 계략으로써 비교하여 그 실정을 찾는 것이다.

一曰道요 二曰天이요 三曰地요 四曰將이요 五曰法이라 道者는 令民與上同意하여 可與之死하고 可與之生하여 而不畏危也요 天者는 陰陽, 寒暑를 時制也요 地者는 遠近, 險易, 廣狹, 死生也요 將者는 智, 信, 仁, 勇, 嚴也요 法者는 曲制, 官道, 主用이라 凡此五者는 將莫不聞이로되 知之者는 勝하고 不知者는 不勝이라 故로 校之以計하여 而索其情이니라

도道는 맹자孟子가 말한 "백성들이 모두 윗사람을 친애하고 어른을 섬긴다."(≪맹자≫ 〈양혜왕梁惠王 상上〉)는 것과, 순경荀卿이 말한 "자제가 부형을 호위하고 손과 팔이 머리와 눈을 막아낸다."[1]는 것과 같아서 억지로 힘쓸 필요가 없는 것이다. 그러므로 ≪삼략三略≫ 〈상략上略〉에 "지체肢體가 서로 따르듯이 하고 골절骨節이 서로 구원하듯이 해서 천도天道가 자연히 그러하여 그 교묘함이 간격이 없다." 하였으니, 이렇게 한 뒤에야 병사들과 생사生死를 함께하여 위태로움과 멸망함을 헤아리지 않을 수 있다.

---

1) 자제가……막아낸다 : ≪순자荀子≫ 〈의병議兵〉의 "신하와 군주, 아랫사람과 윗사람의 관계는 마치 자식이 부모를 섬기고 아우가 형을 섬기는 것과 같고, 마치 손과 팔이 머리와 눈을 막아내고 가슴과 배를 감싸 보호하는 것과 같다."라는 구절을 인용한 것이다.

시제時制는 음과 양, 더위와 추위를 때에 맞춰 알맞게 조절하는 것이니, 날이 개고 비 오는 것이 시절에 순히 따르며, 봄과 여름에 만물이 펴지고 가을과 겨울에 만물이 쇠잔해짐이 시령時令에 응하며, 곡식이 풍년 들고 백성들이 역병疫病으로 일찍 죽는 일이 없는 것이다. 하늘을 위주로 하여 말했으므로 아래의 글에 "천시와 지리를 누가 얻었는가?"라고 한 것이다.

지형은 군대에 도움이 된다. 그러므로 적을 헤아려 승리할 적에 지형의 험하고 평탄함과 거리의 멀고 가까움을 계산하는 것이니, 안과 밖에 산하山河가 막고 있음[2]은 근심이 없는 것이요, 한수漢水와 방성方城[3]은 이것을 믿고 두려워하지 않는 것이다. 높고 양지바른 곳을 생지生地라 하고, 낮고 습한 곳을 사지死地라 하니, 아래 〈행군行軍〉에 "앞에는 사지를 두고 뒤에는 생지를 둔다."는 것이 이것이다.

장수의 다섯 가지 덕德에 하나만 없어도 불가하나, 지혜는 가장 첫 번째가 된다. 곡제曲制, 관도官道, 주용主用은 부곡(부

---

2) 안과……있음 : ≪춘추좌씨전≫ 희공僖公 28년 조에 "임금께서는 싸우소서. 싸워서 승리하면 반드시 제후諸侯를 얻을 것이고 승리하지 못하더라도 안과 밖에 산하가 막고 있으니, 반드시 폐해가 없을 것입니다."라고 보인다.

3) 한수漢水와 방성方城 : 초나라 굴원屈完이 제齊나라 환공桓公에게 "제후齊侯께서 만약 무력을 사용하신다면 우리 초나라는 방성산을 성으로 삼고 한수를 해자로 삼을 것이니, 제나라 군대가 아무리 많아도 사용할 곳이 없을 것입니다." 하였다. ≪춘추좌씨전 희공僖公 4년≫

대)에는 각기 절제가 있고 백관은 각기 자기 도리를 따르고 군용軍用은 오로지 주관하는 것이 있음을 이른다.

옛 책(≪춘추좌씨전≫)에 "백관이 각자 자신의 지위를 상징하는 깃발을 세우고서 여기에 맞게 행동하여 군정軍政이 경계하지 않아도 닦인다." 하였으며, ≪삼략≫ 〈중략中略〉에 "인자한 자에게 재물을 주관하게 하지 말라." 하였고, ≪맹자≫ 〈공손추公孫丑 하下〉에 "천시가 지리만 못하고, 지리가 인화만 못하다." 하였고, 또 "적을 포위하여 공격할 적에 반드시 천시를 얻을 때가 있다." 하였으니, 이는 천관天官의 고허孤虛[4)]를 말한 것이므로 그 말이 이와 같으나, 여기서는 날이 개고 비가 오는 것과 재앙과 상서를 말하였다. 그러므로 맨 앞에 도道(도리)를 말하고, 다음에 하늘(천시)을 말하고, 다음에 땅(지리)을 말하고, 장수와 법法을 또 그 다음에 말한 것이다.

군주는 누가 더 도道가 있으며, 장수는 누가 더 재능이 있으

4) 천관天官의 고허孤虛 : '천관'은 시일時日의 간지干支와 고허孤虛와 왕상旺相을 이르는바, ≪울료자尉繚子≫에 〈천관天官〉이 있다. 왕상은 해당 방위와 일진日辰이 서로 왕성한 것으로 자子는 북방, 오午는 남방, 묘卯는 동방, 유酉는 서방인데, 동방 목木은 묘가 왕상이고 남방 화火는 오가 왕상이고, 서방 금金은 유가 왕상이고 북방 수水는 자가 왕상이다. 고허는 일진이 완전하지 않음을 이르는바, 예를 들면 갑자일甲子日로부터 계유일癸酉日의 10일간에는, 지지地支 중 술戌과 해亥가 빠지므로 술과 해는 고孤가 되고, 술과 해의 반대 방향인 진辰과 사巳는 허虛가 되는 따위이다.

며, 천시天時와 지리地利를 누가 얻었으며, 법령을 누가 더 잘 이행하며, 병력은 누가 더 강하며, 사졸은 누가 더 훈련되었으며, 상과 벌은 누가 더 분명한가를 비교하니, 나는 이것을 가지고 승부를 아노라.

曰 主孰有道며 將孰有能이며 天地孰得이며 法令孰行이며 兵衆孰强이며 士卒孰練이며 賞罰孰明고하니 吾以此知勝負矣로라

이 일곱 가지는 적과 우리 중 누가 더 많은가를 비교하여 헤아리는 것이다.

장수가 나(군주)의 계책을 잘 따라서 그를 임용하면 반드시 승리할 것으로 판단되는 경우에는 머물러 있게 하고, 장수가 나의 계책을 따르지 않아서 그를 임용하면 반드시 실패할 것으로 판단되는 경우에는 제거해야 한다.

將聽吾計하여 用之必勝이어든 留之하고 將不聽吾計하여 用之必敗어든 去之니라

비록 군주에게 도道가 있고 천시와 지리를 얻고 법령이 이행되더라도, 군대가 강하고 사졸이 훈련되고 신상필벌信賞必罰을 내리는 것은 훌륭한 장수를 얻음에 달려 있다. 그러므로 일곱 가지로 계산하되 다섯 가지 일을 네 가지로 총괄하고 나머지 세 가지는 장군에게 중점을 돌렸다.[5)] 이 때문에 장수를 임명함에 삼가고 신중히 하는 것이다.

만일 혹시라도 장수가 오만하고 난폭하며 자신의 의견만을 고집해서, 장수가 강하여 임금이 부릴 수 없으면 반드시 승산이 적어서 승리가 우리에게 있지 못하게 된다. 그러므로 쓰지 말라고 거듭 경계한 것이다.

계산하여 우리가 이롭고 장수가 또 나(군주)를 믿고 따르면 마침내 세勢를 만들어 그 밖을 도와야 한다. 세라는 것은 이로움을 따라 임기응변을 만드는 것이다.

병兵(전쟁)이라는 것은 적을 속이는 방도이다. 그러므로 능하면 능하지 못한 것처럼 보여주고 유능한 사람을 등용하면 등용하지 않은 것처럼 보여주며, 가까이하려 하면 멀리할 것처럼 보여주고 멀리하려 하면 가까이할 것처럼 보여주며, 적이 이익으로 여기는(탐내는) 것이 있으면 그것으로 유인하고 적이 혼란하면 취하며, 적이 견실堅實하면 대비하고 적이 강하면 피하며, 적장을 노하게 하여 흔들리게 하고 자신을 낮추어 적장을 교만하게 하며, 적이 편안하면 수고롭게 하고 적이 상하간에 친하

---

5) 일곱 가지로……돌렸다 : 일곱 가지란 바로 앞에 말한 군주는 도가 있는가, 장수는 재능이 있는가, 천시와 지리를 얻었는가, 법령을 잘 이행하는가, 병력은 강한가, 사졸은 훈련이 되었는가, 상과 벌은 분명한가를 이르고, 다섯 가지 일이란 도道, 천天, 지地, 장將, 법法을 이른다. 일곱 가지 계산 가운데 병력은 강한가, 사졸은 훈련이 되었는가, 상과 벌은 분명한가는 장수의 책임이므로 이렇게 말한 것이다.

면 이간질하며, 적이 대비하지 않은 곳을 공격하고 적이 예상하지 않은 곳으로 출동해야 한다. 이는 병가兵家의 승리하는 방도이니, 미리 누설해서는 안 된다.

計利以聽이어든 乃爲之勢하여 以佐其外니 勢者는 因利而制權也라 兵者는 詭道也라 故로 能而示之不能하고 用而示之不用하며 近而示之遠하고 遠而示之近하며 利而誘之하고 亂而取之하며 實而備之하고 强而避之하며 怒而撓之하고 卑而驕之하며 佚而勞之하고 親而離之하며 攻其無備하고 出其不意라 此는 兵家之勝이니 不可先傳也니라

'계산하여 우리가 이롭고 장수가 또 나(군주)를 믿고 따른다.'는 것은 비교하고 헤아린 결과 이미 이롭고 장수가 또 군주의 말을 잘 따름을 말한 것이다. '세勢'는 '능하면 능하지 못한 것처럼 보여준다.'는 것 이하의 14가지 조항을 이른다. 이는 모두 '이로움을 따라 임기응변을 만드는 일'인데, 모두 '그 밖을 돕는 일'이다. '밖'은 장수가 전제專制할 수 있는 이외의 것을 이른다. '능하면 능하지 못한 것처럼 보여준다.'는 것은 손권孫權이 육손陸遜에게 육구

손권孫權

陸口를 맡긴 것[6]과 같으니, 그가 명성이 없었기 때문이요, '유능한 사람을 등용하면 등용하지 않은 것처럼 보여준다.'는 것은 진秦나라가 백기白起를 등용하면서 누설하지 말라고 경계한 것[7]과 같은 것이다.

멀고 가까움은 상대적으로 나타낸 것이니, 혹은 공격하고 정벌하는 지역이고 혹은 군대를 일으키는 시기이다. 지백智伯이 숙요夙繇에게 종鍾을 보내면서 병사를 뒤따르게 한 것[8]은

---

6) 손권孫權이……맡긴 것 : 삼국시대에 오吳나라의 장수 여몽呂蒙이 관우關羽가 수비하고 있는 형주荊州의 접경지대인 육구陸口에 부임하자, 관우는 여몽을 경계하였다. 이에 여몽의 청원으로 손권孫權은 공개적으로 여몽을 도성으로 불러들이고 나이 어린 육손陸遜으로 교체하였다. 육손이 관우에게 편지를 보내어 그의 공로와 훌륭한 덕을 칭송하니, 관우는 안심하고 차츰 수비병을 철수하여 번성으로 집결하였다. 이에 여몽은 장사꾼으로 위장하고 관우가 설치해든 강변의 초소와 망루들을 기습 점거하였다. 관우는 오나라 군대에게 공안과 남군을 빼앗기고 마침내는 형주 전역을 잃게 되었다. ≪삼국지三國志 권54 여몽열전呂蒙列傳≫

7) 진秦나라가……경계한 것 : 전국시대인 B.C. 260년에 진秦나라 장수 왕흘王齕이 조趙나라를 공격하였으나 조나라의 명장 염파廉頗의 수비 전술에 막히자, 이에 범수范雎가 조나라에 첩자를 보내 "진나라에서 두려워하는 것은 조괄趙括이 장수가 되는 것일 뿐이니, 염파는 상대하기 쉽고 장차 항복할 것이다."라고 반간계反間計를 퍼뜨렸다. 조왕趙王은 이에 속아 염파 대신 조괄을 장수로 임명하여 진나라를 공격하게 하였다. 진군을 얕잡아본 조괄은 진군을 공격하다가 계략에 빠져 전사하였고, 조군 40만은 포로가 되어 모두 구덩이에 매몰되어 죽임을 당하였다. ≪사기史記 권73 백기열전白起列傳≫

'적이 이익으로 여기는 것이 있으면 그것으로 유인한 것'이고, 제齊나라가 자지子之의 혼란으로 인하여 연燕나라를 점령한 것[9]은 '적이 혼란하면 취한 것'이다.

수후隨侯가 계량季梁의 말을 듣고 정사를 잘 닦은 것[10]은 '적이 견실堅實하면 대비한 것'이고, 구천句踐이 오吳나라를 섬긴 것[11]은 '적이 강하면 피한 것'이다. 진晉나라가 완춘宛春을 구속

---

8) 지백智伯이……한 것 : 춘추시대 진晉나라의 대부인 지백이 숙요夙繇를 정벌하고자 하였으나 지형이 험하여 공격하기가 어렵자, 큰 종鍾을 주조하여 이를 선물로 보내면서 병사를 딸려 보내니, 숙요의 군주가 종을 탐내 이를 받아들였다가 마침내 멸망을 당하였다. ≪여씨춘추呂氏春秋 권15 신대람愼大覽≫

9) 제齊나라가……점령한 것 : 연왕燕王 희쾌姬噲가 정승인 자지子之에게 나라를 선양하자 연나라가 큰 혼란에 빠졌는데, 제나라가 이 틈을 타 공격하니, 연나라 사졸들은 싸우지도 않고 성문을 닫지도 않았다. 이에 제나라가 연나라를 곧바로 점령하였다. ≪사기 권34 연소공세가燕召公世家≫

10) 수후隨侯가……닦은 것 : 수후는 춘추시대 수隨나라의 군주이며 계량季梁은 수나라의 어진 대부이다. B.C. 706년 초楚나라 무왕武王이 수나라를 침공하다가 수나라 군대를 유인하기 위해 철수하자 수후가 이를 공격하려 하니, 계량이 이를 만류하며 정치를 닦고 형제의 나라들을 친애할 것을 건의하였다. 수후가 이를 받아들여 정치를 닦으니, 과연 초나라가 감히 침범하지 못하였다. ≪춘추좌씨전 환공桓公 6년≫

11) 구천句踐이……섬긴 것 : B.C. 495년 월왕越王 구천句踐이 오왕吳王 부차夫差와 싸워 크게 패하고 회계산會稽山에서 항복하여 나라를 바치고 신첩臣妾이 될 것을 간청하여 멸망의 위기에서 벗어나게 되었다. 이후 구천은 복수를 위해 10년 동안 백성을 기르고 재정을 모아 부국강병을

한 것[12)]은 '적장을 노하게 하여 흔들리게 한 것'이고, 당唐나라 고조高祖가 이밀李密을 항복시킨 것[13)]은 '자신을 낮추어 적장을 교만하게 한 것'이다.

오吳나라가 군대를 셋으로 나누어 초楚나라를 수고롭게 한

이룩하고, 마침내 오나라를 대파하였다. ≪사기 권41 월왕구천세가越王句踐世家≫

12) 진晉나라가……구속한 것 : B.C. 633년에 초楚나라가 진晉나라의 동맹국인 송宋나라를 포위하여 공격하자, 진나라 문공文公은 초나라와 친한 위衛나라를 공격하였다. 이것이 발단이 되어 다음 해 진나라와 초나라가 성복城濮에서 결전하게 되었는데, 초나라 영윤令尹 자옥子玉이 대부인 완춘宛春을 진나라에 사신으로 보내어, 진나라에서 위나라 임금을 복위시키고 조曹나라를 봉해주면 송나라의 포위를 풀겠다고 하였다. 진나라의 자범子犯(호언狐偃)이 자옥이 무례하니 이 기회를 놓치지 말고 공격해야 한다고 하였는데, 선진先軫의 계책에 따라 완춘을 구류하고 또 은밀히 조나라와 위나라의 임금을 복위시킬 것을 허락하였다. 이로 인해 자옥은 분노를 참지 못하고 출전하였다가 대패하였다. ≪춘추좌씨전 희공僖公 27년≫

13) 당唐나라……항복시킨 것 : 수隋나라 공제恭帝 말년에 천하가 혼란에 빠져 군웅들이 각축하였는데, 당공唐公 이연李淵과 위공魏公 이밀李密이 가장 강성하였다. 희령義寧 원년(617) 7월에 이연이 이밀과 연합하기 위해 편지를 보내 초청하자, 이밀은 군대의 강성함을 믿고 스스로 맹주가 되고자 이연에게 호언장담의 편지를 보냈다. 이연은 이밀에게 겸손한 답장을 보내었다. 이밀은 이 편지를 받고 매우 기뻐하여 "당공의 추대를 받았으니, 천하를 평정하고 말 것도 없다." 하였다. 그 후 이밀은 당나라에 귀부하였으나 끝내 만족할 줄 모르고 다시 반란을 도모하다가 죽임을 당하였다. ≪자치통감資治通鑑 권184 당기唐紀 공황제恭皇帝≫

것[14]은 '적이 편안하면 수고롭게 한다는 것'이고, 한漢나라가 진평陳平에게 맡겨서 초楚나라의 군주와 신하를 이간질시킨 것[15]은 '적이 상하간에 친하면 이간질시킨다는 것'이다.

진晉나라가 괵虢나라를 멸하고 돌아오는 길에 우虞나라를 습격한 것[16]은 '적이 대비하지 않은 곳을 공격한 것'이고, 한漢나

---

14) 오吳나라가……한 것 : 춘추시대에 오왕吳王 합려闔閭가 초楚나라를 퇴폐하게 할 방법을 오원伍員에게 묻자, 오원은 "초나라는 집정대신執政大臣이 여러 명이어서 책임을 지려 하지 않으니, 만일에 세 부대를 만들어서 저들을 공격하되 우리의 한 부대가 출동하면 저들은 반드시 전군全軍이 모두 출동할 것이니, 저들이 출동하면 우리 부대는 돌아오고, 저들이 물러가면 다시 한 부대를 출동시켜 번갈아 이렇게 하면 저들은 도로에서 피폐하게 될 것입니다. 우리는 자주 부대를 출동시켜 저들을 피폐하게 하고, 그런 뒤에 대군을 출동시켜 공격하면 반드시 대승을 거둘 것입니다." 하였다. 합려가 그의 계책을 따르니, 초나라는 크게 피폐해졌다. ≪춘추좌씨전 소공昭公 30년≫

15) 한漢나라가……이간질시킨 것 : '초楚나라의 군주와 신하'는 항우項羽와 범증范增이다. 한나라의 상황을 살피고자 항우가 사신을 보냈는데, 진평陳平이 성찬을 장만하여 사신에게 올리다가 사신을 보고는 놀란 체하며 "나는 아부亞父(범증)의 사신이라고 여겼는데 지금 보니 바로 항왕項王(항우)의 사신이로구나." 하고는 도로 가져가게 하고, 다시 나쁜 음식을 차려 초나라의 사신에게 올렸다. 초나라의 사신이 돌아가 항우에게 이 사실을 아뢰니, 항우가 이 때문에 범증을 크게 의심하여 둘의 사이가 갈라지게 되었다. ≪사기 권56 진승상세가陳丞相世家≫

16) 진晉나라가……습격한 것 : 춘추시대 강대국인 진나라가 괵虢나라를 점령하고자 하였으나 우虞나라에게 길을 빌리지 않으면 정벌하러 갈 수가 없었다. 이에 순식荀息의 계책으로 우공虞公에게 선물을 보내고 길

라가 잔도棧道를 불태워 동쪽으로 진출할 뜻이 없음을 보여주고 한신韓信을 보내어 삼진三秦을 평정한 것[17]은 '적이 예상하지 않은 곳으로 출동한 것'이다.

무릇 이것은 다 군주가 세勢를 만드는 것으로 모두 속임수이니, 승리는 속임수를 통해 확립된다. 그러므로 누설해서는 안 되는 것이다.

싸우기 전에 조정에서 계산하여 우세한 것은 승산을 얻음이 많은 것이요, 싸우기 전에 조정에서 계산하여 우세하지 않은 것은 승산을 얻음이 적은 것이다. 승산이 많으면 이기고 승산이 적으면 이기지 못하는데, 하물며 승산이 없음에랴. 내(장수)가 이것을 가지고 관찰하면 이기고 지는 형세를 알 수 있다.

夫未戰而廟算勝者는 得算多也요 未戰而廟算不勝者는 得算少也라 多

을 빌려달라고 요청하자 우공이 허락하였다. 이에 진나라는 괵나라를 멸망시키고 돌아오는 길에 우나라까지 멸망시켰다. ≪춘추좌씨전 희공僖公 20년≫

17) 한漢나라가……평정한 것 : 항우項羽가 진秦나라를 멸망시킨 다음 유방劉邦을 경계하여 벽지인 파巴・촉蜀과 한중漢中을 주었는데, 제후들이 각자의 봉지로 갈 적에 장량張良이 유방에게 한중으로 들어가면서 잔도棧道를 태워 제후들의 침략에 대비하고 항우에게 동쪽으로 진출할 뜻이 없음을 보여주게 하였다. 유방은 장량의 계책을 따르고, 한신韓信에게 고도古道를 따라 관중으로 나와 삼진三秦을 멸망시키게 하였다. ≪한서 권1 고제기高帝紀≫

算이면 勝하고 少算이면 不勝이어든 而況於無算乎아 吾(於)〔以〕此觀之하면 勝負見矣로라

울료자尉繚子가 "갑옷을 꺼내어 햇볕에 말리지 않고도 승리하는 것은 군주가 승리하는 것이다."(≪울료자≫ 〈병담兵談〉) 하였고, 또 "군대가 조정에서 승리하는 경우가 있다."(≪울료자≫ 〈공권攻權〉) 하였으니, 이것은 승산이 많음을 이른 것이다.

이정李靖이 "고대의 전투는 대부분 작은 계책으로 계책이 없는 자를 이겼고, 조금 잘하는 것으로 잘하지 못하는 자를 이겼다."(≪이위공문대≫ 상권上卷) 하였으니, 이것은 승산이 적음과 승산이 없음을 이른 것이다.

역대 주석에 대한 비평[18)]

구주舊註에 "때〔時〕를 일진日辰의 간지干支라 하고, 제制를 오행五行이 서로 이기는 것"이라 하였으니,[19)] 크게 잘못되었다.

≪울료자≫ 〈천관天官〉에 "황제黃帝의 형벌刑罰과 덕德은 형벌

---

18) 역대 주석에 대한 비평 : 저본에는 '부록附錄'이란 명칭으로 되어 있으며, 여기에는 역대 제가諸家들의 ≪손자孫子≫ 주석註釋에 대한 조희순趙羲純의 비평이 실려 있다.

19) 구주舊註에……하였으니 : 어느 판본의 주註를 가리키는지 분명한 언급은 없으나, 그 내용으로 보아 ≪손무자직해≫의 유인劉寅 주와 다른 판본의 주를 함께 이른 것으로 보인다.

로써 정벌하고 덕으로써 지키는 것이니, 이른바 '천관天官의 시일時日과 음양陰陽의 향배向背'가 아니다." 하였고, 이정은 "천관의 시일을 훌륭한 장수는 본받지 않고 어리석은 장수는 구애된다."(≪이위공문대≫ 하권下卷) 하였는데, 일찍이 손자처럼 뛰어난 병법가가 이런 말을 했다고 볼 수 있겠는가. 또 겨울과 여름에 군대를 일으키지 않음을 인용하고, "마침내 이것을 사람이 하늘을 순히 따르는 것이다." 하였는데, 만약 그렇다면 아랫글에 어찌 다시 "천시天時와 지리地利를 누가 얻었는가."라고 말하였겠는가.

구주舊註에 험함과 평탄함을 세勢라 하고 넓음과 좁음을 형形이라 하고 죽음과 삶을 기機라 하였으니, 잘못이다. 세勢는 처한 땅이요 기機는 때에 따라 변화하는 것이니, 어찌 싸우기 전에 세와 기를 논할 수 있겠는가. 이는 땅에는 멀고 가까움과 험하고 평탄함과 넓고 좁음과 높고 낮음의 지형이 있음을 말한 것일 뿐이다.

조공曹公(조조)이 "곡曲은 곡부部曲의 깃발과 징과 북의 제도요, 관官은 백관百官의 나뉜 직책이요, 주용主用은 군대의 비용을 주관하는 것이다." 하였는데, 이제 이 말을 따른다. 다만 도道를 군량 수송로라 한 것은 편벽된 듯하다.

장예張預는 '곡제관도주용曲制官道主用'을 여섯 조항으로 나누어 말해서 '주主'를 '군수물자를 관장하는 사람'이라 하고, '용用'을 '사용하는 물건을 계산하고 헤아리는 것'이라 하였으니,[20] 어찌 주관하는 자와 사용하는 물건을 둘로 나눌 수 있단 말인가.

구주에 '장청오계將聽吾計'의 '장將'을 '편장偏將'이라 하였으니,[21] 이는 잘못이다. 이 편은 조정의 계산을 가지고 말했으니, 그렇다면 계책은 군주에게서 나오고, 장수는 정벌을 전담하는 자를 가리킨 것이다.

---

20) 장예張預는……하였으니 : 장예는 북송 때 병법학자로 자字는 공립公立이며, 그의 주석이 ≪십가주손자十家註孫子≫에 실려 있다.

'곡제관도주용曲制官道主用'에 대해 유인은 ≪손무자직해≫에서 "곡曲은 부곡部曲을 이르고, 제制는 절제節制를 이르고, 관官은 편비偏裨의 임무를 나누어 맡김을 이르고, 도道는 군량의 수송로를 편리하게 함을 이르고, 주主는 군수물자를 주관하는 사람을 이르고, 용用은 사용하는 물건을 계산함을 이른다."라고 주석하였는바, 이는 장예의 주를 따른 것이다.

21) 구주에……하였으니 : 구주는 '장將'을 비장裨將으로 '오吾'를 장수將帥로 해석한 유인의 ≪손무자직해≫를 가리킨 것이다.

제2편 군사 작전〔作戰〕

비교하고 헤아린 뒤에 많은 승산勝算을 얻었으면 군대를 일으킬 수 있다.[1] 다만 10만의 병력이 하루에 천금千金을 소비하고 군량을 멀리 수송하느라 나라가 궁핍해지며 오랫동안 주둔하여 병사들의 예기銳氣가 꺾이면, 비록 적군을 격파하고 적장을 죽이는 공을 세우더라도 다른 제후들이 일어나 피폐한 틈을 타고 공격해올 것이다. 그러므로 반드시 적에게서 양식을 취하고 속전속결을 귀하게 여긴 뒤에야 비로소 적을 이기고 더욱 강해질 수 있으니, 이른바 ≪손자≫ 〈구지九地〉의 '아군에게 유리한 상황이면 먼저 치고 불리한 상황이면 수비한다.'는 것이다. 그러므로 〈작전作戰〉을 다음에 둔 것이다.

손자孫子가 말하였다.

무릇 용병用兵하는 법에 따르면 치달리는 수레가 1천 사駟이

1) 비교하고……있다 : 전쟁은 비용이 많이 들고 병사들을 고생시키므로 승산이 있다 하더라도 손익을 계산해보아 유리한 경우에만 출동한다는 뜻이다.

고 혁거革車가 1천 량輛이고 무장한 갑사甲士가 10만 명이고, 천 리에 군량을 공급할 경우 내외의 비용과 빈객賓客의 비용과 아교와 옻칠의 재료와 수레와 갑옷의 〈수선과 유지에〉 필요한 것 등 하루에 천금을 소비하니, 〈이에 대한 손익을 계산해보고〉 그런 뒤에야 10만 명의 군대를 동원할 수 있다.

孫子曰 凡用兵之法은 馳車千駟와 革車千乘과 帶甲十萬이요 千里餽糧이면 內外之費와 賓客之用과 膠漆之材와 車甲之奉이 日費千金이니 然後에 十萬之師를 擧矣니라

융거戎車

'치거馳車'는 융거戎車[2]이고 '사駟'는 네 필의 말이니, 두 참마驂馬와 두 복마服馬[3]이다. 주周나라 제도에 전차戰車 한 대마다 갑사甲士가 3명이니, 이 가운데 장수는 깃발과 북을 주관하고 왼쪽 병사는 수레를 몰고 오른쪽 병사는 적을 공격하며, 전차 한 대에 딸린 보졸步卒이 72명이어서 수레의 멍에를 사이에 두고 싸운다. 또 25명이 중거重車(치중거輜重車)를 거느리고 뒤에 있으니, 바로 혁거革車이다.

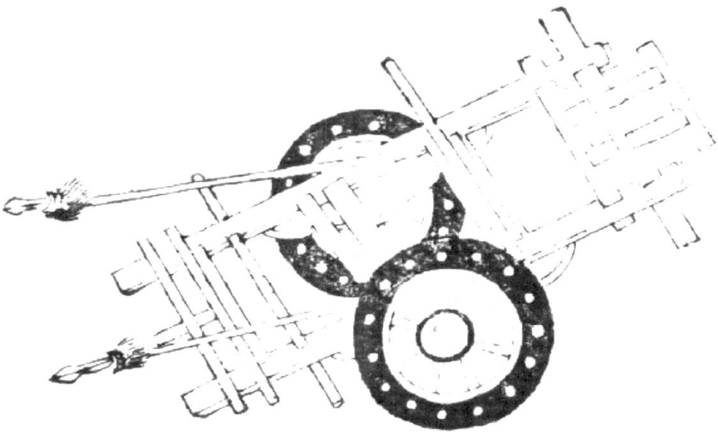

치중거輜重車

2) 융거戎車 : 융거는 전투의 선봉에 서는 작고 날렵한 전차戰車로 보통 무장한 갑사 3명이 승차하고 과戈(평두창), 극戟(세 갈래진 창), 수殳(날 없는 창) 등의 무기와 백패白旆(끝이 갈라진 흰색의 깃발)를 장착하였다.

3) 두 참마驂馬와 두 복마服馬 : 고대의 수레에는 대부분 네 필의 말에 멍에하였는데, 중앙에 있는 두 필을 '복마'라 하고 양쪽에 있는 곁말 두 필을 '참마'라 하였다.

당시 제후가 모두 전차 1천 승乘의 나라였으므로 이것을 비율로 삼은 것이다. 10만의 군대를 일으키고 또 천 리에 군수물자를 공급하면 안팎으로 드는 군수물자의 비용을 합쳐 대략 하루에 천금을 소비하는 것이다.

'봉奉'은 필요로 하는 것이요 갖추어야 할 것이다. ≪한서漢書≫의 주註에 "진秦나라는 1일鎰(24냥兩)을 1금金이라 하였고, 한漢나라는 1근斤을 1금이라 했다." 하였으니, 이는 황금이다.

전쟁은 신속히 승리해야 하니, 전쟁을 오래 끌면 병기를 무디게 하고 병사들의 예기銳氣를 꺾게 되고, 적의 성을 오랫동안 공격하면 힘이 쇠진하고, 오랫동안 군대를 밖에 동원하면 국가의 재정이 궁핍하게 된다. 병기를 무디게 하고 병사들의 예기를 꺾으며 힘을 쇠진하게 하고 재정을 궁핍하게 하면 제후(적)들이 피폐한 틈을 타고 군대를 일으킬 것이니, 비록 지혜로운 자가 있더라도 뒤를 잘 수습할 수 없을 것이다.

其用戰也勝이니 久則鈍兵挫銳하고 攻城則力屈하고 久暴(폭)師則國用不足하나니 夫鈍兵挫銳하고 屈力殫貨하면 則諸侯乘其弊而起하리니 雖有智者라도 不能善其後矣니라

전쟁은 승리를 추구할 뿐이니, 오랫동안 지구전持久戰을 하여 사기가 꺾이고 백성들이 곤궁해지고 재물이 고갈되면 앉아서 스스로 무너지게 된다. 적이 반드시 틈을 보아 출동할 것이니,

이렇게 되면 지혜로운 자도 계책을 세우지 못한다.

그러므로 군대는 준비가 미흡하더라도 신속하게 공격하여 승리한다는 말은 들었어도, 준비가 치밀하더라도 지구전을 펴 승리한 경우는 보지 못하였으니, 군대를 오랫동안 동원하고서 국가가 이로운 경우는 있지 않았다.

故로 兵聞拙速이요 未覩巧之久也니 夫兵久而國利者는 未之有也니라

신속히 싸우면 미흡한 것이 아니고 오랫동안 싸우면 치밀하지 못하게 되니, 뒤집어 말한 것은 〈그 폐해를〉 강조하여 말한 것이다. 토병土兵(지방군)들이 오랫동안 주둔하여 둔전屯田을 경작하면서 군량을 조달함은 이 의논에 해당하지 않는다.

그러므로 용병의 폐해를 다 알지 못하는 자는 용병의 이로움을 다 알 수 없는 것이다. 용병을 잘하는 자는 병사를 두 번 군적軍籍에 올리지 않고 군량을 세 차례 수송하지 않으며, 사용하는 기물은 본국에서 취하고 군량은 적의 양식을 이용한다. 그러므로 군량을 충족할 수 있는 것이다.

故로 不盡知用兵之害者는 則不能盡知用兵之利也라 善用兵者는 役不再籍하고 糧不三載하여 取用於國하고 因糧於敵이라 故로 軍食을 可足也니라

이利와 해害가 서로 숨어 있고 의지한다. 그러므로 진실로 해

로움을 알면 또한 이로움을 알 수 있는 것이다. '적籍'은 백성을 군적에 올려 병사로 삼는 것이니, 두 번 군적에 올리지 않음은 일거에 곧바로 승리하는 것이다. 군량은 군대를 처음 출동시킬 때와 개선하는 군대를 맞이할 때에 두 차례 수송하고, 군대가 적의 경내에 있으면 적의 양식을 이용한다. 그러므로 군량을 세 차례 수송하지 않는 것이다.

≪손자≫ 〈구지九地〉에 "중지重地(적의 경내)에서는 노략질하여야 한다." 하였고, 옛 책에 "진晉나라 군대가 사흘 동안 주둔해 있으면서 적의 양식을 먹었다."[4] 한 것은 모두 '적의 양식을 이용한다.'는 것이다. '용用'은 군대에 따르는 물자와 병기이다.

이 절節은 적의 양식을 이용하는 이로움을 말하였다.

국가가 군대로 인해 빈곤해지는 것은 군량을 멀리 수송하기 때문이니, 멀리 수송하면 백성들이 가난해진다. 군대와 가까이 있는 자들은 비싼 값으로 물건을 파니, 물건 값이 비싸지면 백성들의 재정이 고갈되고, 재정이 고갈되면 세금을 내기 버겁게 된다.

백성들의 힘이 쇠진하고 재정이 고갈되어 중원中原에 백성들

4) 진晉나라……먹었다 : 이 내용은 ≪춘추좌씨전≫ 희공僖公 28년 조에 "진군晉軍이 사흘 동안 주둔하며 초군楚軍이 버리고 간 군량을 먹고 계유일癸酉日에 환군하였다."라고 보인다.

의 집이 텅 비게 되면 백성들의 재정에서 10분의 7을 잃게 되고, 국가의 비용에서 수레가 부서지고 말이 피폐하며 갑옷과 투구, 활과 화살, 창과 방패, 갈고리 창과 큰 방패, 구우丘牛(큰 소)가 끄는 대거大車는 10분의 6을 잃게 된다.

國之貧於師者는 遠輸니 遠輸則百姓貧하고 近師者는 貴賣하니 貴賣則百姓財竭하고 財竭則急於丘役하나니 力屈財殫하여 中原이 內虛於家하면 百姓之費에 十去其七이요 公家之費에 破車罷馬하고 甲胄, 弓矢, 戟楯, 矛櫓, 丘牛大車는 十去其六이라

백성이 풍족하지 못하면 군주는 누구와 더불어 풍족함을 누리겠는가. 그러므로 ≪삼략≫ 〈상략上略〉에 “천 리에 군량을 운반하면 1년 동안 먹을 것이 없게 된다.” 하였다. 큰 나라는 대략 100만 가호인데, 10만의 군대를 일으키면 전쟁 때문에 농사일을 하지 못하는 자가 70만 가호가 된다. 그러므로 ‘백성들의 재정에서 10분의 7을 잃게 되고, 수레와 말과 갑옷과 투구 등 모든 군수물자와 병기로 본국에서 취하여 쓰는 것에서 또 10분의 6을 잃게 된다.’고 한 것이다.

백성은 군량을 멀리 수송함으로 인해 가난해지고, 국가는 병기가 부서지고 물자가 피폐해짐으로 인해 재정이 텅 비게 되며, 군대가 혹 경내에 오랫동안 주둔하면 군대와 가까이 있는 지역에 사람들이 모여들어 재화를 파는 값이 모두 폭등해서 백성들의 재정이 고갈된다. 만일 적의 경내에 있다면 그래도 노략질할 수가 있으니, 또 어찌 구역丘役과 구전丘甸의 부역

을 걱정하겠는가.

≪주례周禮≫에 "9부夫를 정井이라 하고 16정井을 구丘라 하니 1구丘에서 융마戎馬 1필과 소 3마리를 내고, 64정井을 전甸이라 하니 1전甸에서 장곡거長轂車(화물을 수송하는 큰 수레) 1승乘과 융마戎馬 4필과 소 12마리와 갑사甲士 3명과 보졸步卒 72명을 낸다."[5] 하였다. 구역丘役은 비록 일정한 부세이나 내기 버거우면 납부하지 못한다.

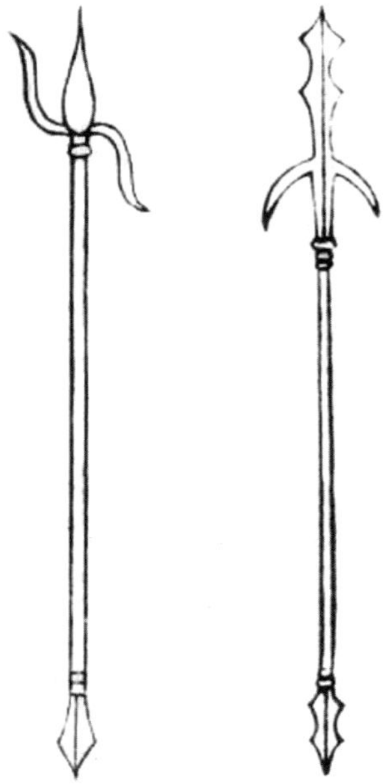

극戟　　모矛

'극戟'은 갈래가 있는 병기이고, '모矛'는 갈고리가 있는 병기이니 날이 셋이며, '노櫓'는 큰 방패이다. '구우丘牛'는 구전丘甸의 소이고, '대거大車'는 짐을 싣는 수레이다.

이 절節은 군량을 수송하는 폐해를 말하였다.

그러므로 지혜로운 장수는 적지에서 양식을 취하는 것에 힘

5) 9부夫를……낸다 : ≪주례周禮≫는 주周나라 때의 관직, 제도 등을 기록한 책으로, 이 내용은 ≪주례≫ 〈지관地官 소사도小司徒〉에 보인다.

쓰니, 적지에서 1종鍾의 양식을 취하면 우리의 20종에 해당하고, 적지에서 콩깍지와 볏짚 1석石을 취하면 우리의 20석에 해당한다.

故로 智將은 務食於敵이니 食敵一鍾이면 當吾二十鍾이요 萁秆(기간)一石은 當吾二十石이라

윗글에 공사公私의 재정을 이어서 군대가 만약 국경을 나가게 되면 반드시 적국에서 양식을 취함에 힘써야 함을 말한 것이다. 10부釜를 1종鍾이라 하니, 1종은 6곡斛 4두斗를 수용한다. '기萁'는 콩깍지이고 '간秆'은 볏짚이니, 모두 말을 먹이는 것이다. 30근斤을 1균鈞이라 하고 4균을 1석石이라 하니, 1석은 120근이다. 하나(1종이나 1석)가 20에 해당한다는 것은 옮기고 수송하는 비용을 말한 것이니, 이는 당시에 대략 계산한 것이다.

이 절節은 적지敵地에서 양식을 취하는 이로움을 거듭 말한 것이다.

그러므로 적을 죽이는 것은 분노요, 적의 이로움을 취하는 것은 재화이다. 그러므로 전차戰車로 싸워서 적의 전차 10승乘 이상을 얻었으면 맨 먼저 얻은 자에게 상을 주고, 적의 깃발을 우리 깃발로 바꾸며 적에게서 얻은 수레를 우리 수레와 뒤섞어서 타게 하고 포획한 병사들을 잘 대우하여 우리 편으로 만들

어야 하니, 이것을 일러 '적을 이기면 더욱 강해진다.'라고 하는 것이다.

이 때문에 군대는 신속히 싸워 승리함을 귀하게 여기고, 오랫동안 지체함을 귀하게 여기지 않는 것이다. 그러므로 병법을 아는 장수는 백성의 생명을 좌우하는 자이고 국가 안위安危의 주체이다.

故로 殺敵者는 怒也요 取敵之利者는 貨也라 故로 車戰에 得車十乘以上이면 賞其先得者하고 而更(경)其旌旗하며 車를 雜而乘之하고 卒을 善而養之니 是謂勝敵而益强이라 故로 兵貴勝이요 不貴久라 故로 知兵之將은 民之司命이요 國家安危之主也니라

'노怒'는 장병들을 격동시켜서 적에게 분노심이 일게 만드는 것이고, '화貨'는 재화로써 장병들을 권면하여 적에게서 이익을 취하게 하는 것이다. 맨 먼저 얻은 자에게 상賞을 주는 것은 여러 사람에게 두루 줄 수 없어서이다. '전차戰車로 싸워서 전차를 얻는다.'는 것은 오기吳起의 군령에 "우리의 전차가 적의 전차를 얻지 못하고 우리의 기병騎兵이 적의 기병을 잡지 못하고 우리의 보병步兵이 적의 보병을 잡지 못하면, 비록 적군을 격파하더라도 모두 공功이 없다."(≪오자≫ 〈여사勵士〉) 하였으니, 전차를 들어서 보병과 기병을 나타낸 것이다.

10승乘 이하는 상이 또한 적다. 깃발을 바꿈은 우리와 똑같게 만드는 것이요, 뒤섞어 타게 함은 항복한 자만을 부리지 않는 것이다.

신속히 싸워 승리하면 비용이 줄어들고, 적지에서 적의 양식을 취하면 재물이 고갈되지 않으며, 〈항복한 병사들을〉 뒤섞어 수레에 태우고 잘 대우하여 우리 편으로 만들면 적을 이기고 더욱 강해지는 것이다.

나라의 안위는 백성들에게 달려 있고, 백성들의 목숨은 실로 장수가 좌우한다. 그러므로 ≪삼략≫ 〈상략上略〉에 "장수는 국가의 운명을 맡은 자이니, 장수가 적을 제압하여 승리할 수 있으면 국가가 안정된다." 한 것이다.

역대 주석에 대한 비평

조공(조조)이 "적籍은 부賦(군역)와 같으니, '병사를 두 번 군적에 올리지 않음'은 처음 백성들에게 군역을 부과하고 곧바로 승리를 취하여 다시 본국으로 돌아가 군대를 더 징발하지 않음을 말한 것이다. '삼재三載'는 군대를 처음 출동시킬 적에 필요한 양식〔隨糧〕과 군대에 계속 공급하는 양식〔繼糧〕과 개선하는 군대를 맞이하는 양식〔迎糧〕이다." 하였으니, 이제 이 말을 따른다.

조공이 "군대가 출동하여 이미 국경을 나가면 군대에 가까이 거주하는 백성들이 재물을 탐하여 모두 물건을 비싸게 파니, 이렇게 되면 백성들의 재정이 고갈된다." 하였다. '천 리에 군량을 공급한다.' 함은 당시 열국列國의 국경이 천 리를 넘는 경우가 없었으므로 '국경을 나간다.'라고 한 것이다.

장예張預는 이 말을 부연敷衍하여 "군대에 가까이 있는 백성들이 반드시 이익을 탐하여 멀리 와서 양식을 수송하는 자들에게 물건을 비싸게 팔면 재물이 고갈되지 않을 수 없다." 하였으니, 이는 상대하여 재화를 팔 자가 없음을 우려해서 양식을 수송하는 사람을 찾아내 이것을 백성들에게 해당시킨 것인데, 이 말이 도리에 위배됨을 스스로 알지 못한 것이다.

과연 군대가 출동하여 이미 국경을 나갔으면 군대에 가까이 있는 사람들은 적국의 백성들이다. 〈이렇게 되면〉 적의 장수가 자기 백성들을 보루로 거둬들이기에도 경황이 없을 것이니, 어찌 재물을 팔 수 있겠는가.

〈공격해 온 자가 어질고 의로운 사람이어서 전쟁이 일어났는데도〉 장사꾼이 가게를 바꾸지 않음은 먼 옛날 이야기여서 후세에서는 따를 수가 없는데, 일찍이 전국시대에 이런 일이 있다고 말하는가. 더구나 우리 병사와 백성들이 적과 뒤섞여 있는데 물건 매매를 금지하지 않는다면 어찌 이것을 군대의 정사라 할 수 있겠는가. 이런 일은 반드시 없었을 것이니, 어찌 조공의 말이라 하여 마침내 그대로 두고 분변하지 않을 수 있겠는가.

구주舊註에 "대거大車는 장곡거長轂車이다." 하였고, 여혜경呂惠卿[6]은 "대거는 군수물자를 실어 나르는 혁거革車이다." 하였으

6) 여혜경呂惠卿 : 북송北宋 진강晉江 사람으로 신종神宗 때 왕안석王安石에 의해 재상이 되었으나 왕안석이 변법變法에 실패한 뒤에는 왕안석을 적

니, 모두 잘못이다. 여기에서는 멀리 수송하는 폐해를 말했으니, 그렇다면 대거는 바로 군량을 멀리 수송하는 수레이다.

황황굉黃皇肱이 "군량을 수송하는 방법을 따르면 열을 허비하여야 비로소 그 하나를 수송할 수 있다. 더구나 적이 1종鍾과 1석石을 잃으면 우리는 또 1종과 1석이 많아진다. 그러므로 '20종과 20석에 해당할 수 있다.'고 한 것이다." 하였으니, 이 말이 그럴듯하나 천착穿鑿한 것이다.

극 모함한 소인이다.

제3편 공격의 도모圖謀〔謀攻〕

병기는 흉기凶器이고 전쟁은 위험한 일이니, 부득이한 경우에만 사용해야 한다. 그러므로 비록 조정에서 승산이 많다고 판단하더라도 미리 수고로움과 비용을 헤아리고, 군대의 위엄이 적국에 진동하더라도 혹 국내가 텅 비게 됨을 우려하는 것이다. 이 때문에 여유롭고 조용하게 행동하여 곧바로 진격하지 않는 것이니, 이는 다만 사람과 물건을 상하게 할까 염려해서일 뿐만이 아니다.

노중련魯仲連

반드시 계책으로 적을 공격하는 데 힘써서 노중련魯仲連이 요성聊城을 취하고[1] 한신韓信이

1) 노중련魯仲連이……취하고 : 노중련은 전국시대 말기 제齊나라의 고사高

연燕나라 전역을 함락시키듯이[2] 하여 화살과 화살촉을 허비하는 폐해가 없고, 영토를 개척하고 적의 군대를 복종시키는 실제가 있어야 바로 상책上策이다. 그러므로 〈모공謀攻〉을 다음에 둔 것이다.

한신韓信

士이고, 요성聊城은 제나라의 성이다. 연燕나라 군대의 공격에 의해 거의 멸망 직전에 몰렸던 제나라가, 전단田單의 반간계로 악의樂毅를 대장의 자리에서 물러나게 하고 빼앗겼던 성들을 수복하였는데, 이때 요성을 수비하던 연나라의 장수는 연왕과 사이가 나빠 본국으로 돌아가지 못하고 성을 사수하여, 전단은 1년이 넘도록 이를 함락시키지 못하였다. 이에 노중련은 연나라 장수에게 '이 수성전守城戰이 의미가 없고 사졸과 백성들의 목숨을 살려야 한다.'고 설득하는 글을 써서 화살에 매달아 성 안으로 쏘아 보냈는데, 이 글을 읽은 연나라 장수가 과연 군대를 퇴각시키고 자신은 자결하여 제나라가 마침내 요성을 수복하였다. ≪사기 권83 노중련열전魯仲連列傳≫

2) 한신韓信이……함락시키듯이 : B.C. 204년 한漢나라의 장군 한신韓信이 조趙나라를 공격하여 대파하고, 그 여세를 몰아 변사辯士를 연燕나라에 보내 협박하고 항복할 것을 설득하니, 연나라가 순순히 항복하였다. ≪사기 권92 회음후열전淮陰侯列傳≫

손자가 말하였다.

무릇 용병하는 방법은 적의 나라를 온전하게 점령하는 것이 상上이 되고 적의 나라를 격파하는 것이 그 다음이 되며, 적의 군軍을 온전하게 거두는 것이 상이 되고 적의 군을 격파하는 것이 그 다음이 되며, 적의 여旅를 온전하게 거두는 것이 상이 되고 적의 여를 격파하는 것이 그 다음이 되며, 적의 졸卒을 온전하게 거두는 것이 상이 되고 적의 졸을 격파하는 것이 그 다음이 되며, 적의 오伍를 온전하게 거두는 것이 상이 되고 적의 오를 격파하는 것이 그 다음이 된다.

이 때문에 백 번 싸워서 백 번 승리하는 것은 잘하는 중에 또 잘하는 것이 아니요, 싸우지 않고 적의 군대를 굴복시키는 것이 잘하는 중에 또 잘하는 것이다.

孫子曰 凡用兵之法은 全國爲上이요 破國次之하며 全軍爲上이요 破軍次之하며 全旅爲上이요 破旅次之하며 全卒爲上이요 破卒次之하며 全伍爲上이요 破伍次之라 是故로 百戰百勝은 非善之善者也요 不戰而屈人之兵이 善之善者也니라

12,500명을 군軍이라 하고, 500명을 여旅라 하고, 100명을 졸卒이라 하고, 5명을 오伍라 한다.

두 호랑이가 서로 싸워서 작은 놈이 죽고 큰 놈이 부상하면 장사壯士가 몽둥이와 칼을 가지고 제어할 수 있는 것이다. 군대가 싸워 승리하면 비록 적군을 전복시키고 적장을 죽이는 공을 세우더라도 반드시 우리의 장병들을 죽게 하고 재물을

허비하며 백성을 수고롭게 하고 나라를 피폐하게 하니, 승리할수록 나라가 더욱 피폐해져서 반드시 손바닥을 치고 수염을 쓰다듬으면서 틈을 타 〈군대를〉 일으키는 또 다른 적이 있게 된다. ≪오자≫의 "다섯 번 승리한 자는 화禍를 당하고 한 번 승리한 자는 황제가 된다."[3]는 것이 이것이다.

오직 계략으로 적을 공격하여 적국이 싸우지 않고 굴복하게 만들어서 군軍·여旅와 졸卒·오伍에 이르기까지 가는 곳마다 온전함을 구하지 않음이 없어서, 지혜로운 명성이 없고 용맹한 공이 없으며 재물을 손상하지 않고 백성을 해치지 아니하여, 승리하는 것이 드러나지 않고 온전한 공을 거두는 것이 바로 용병의 극치이다. ≪시경≫ 〈대아大雅 황의皇矣〉에 "음성과 얼굴빛을 크게 하지 않는다." 하였고, ≪주역≫ 〈계사전繫辭傳 상上〉에 "총명하고 예지睿智하며 신무神武[4]해서 죽이지 않는다."는 것이 이에 가까울 것이다.

---

3) 다섯 번……된다 : 이 내용은 ≪오자≫ 〈도국圖國〉에 보이는바, 전문은 다음과 같다. "천하의 싸우는 나라 중에 다섯 번 승리한 자는 화를 당하고, 네 번 승리한 자는 피폐해지고, 세 번 승리한 자는 패자霸者가 되고, 두 번 승리한 자는 왕자王者가 되고, 한 번 승리한 자는 황제皇帝가 된다."

4) 신무神武 : 무력을 사용하지 않고도 상대방에게 신묘하게 위엄을 보여 굴복시키는 것을 이른다.

그러므로 최상의 군대는 적의 계략을 정벌하는(깨뜨리는) 것이고, 그 다음은 적의 외교를 정벌하는(무산시키는) 것이고, 그 다음은 적의 군대를 공격하는 것이고, 그 다음은 적의 성城을 공격하는 것이니, 성을 공격하는 방법을 씀은 부득이해서이다. 큰 방패와 분온轒轀을 수리하고 기계器械(공성 장비)를 구비하는 것을 3개월이 지난 뒤에야 이루며, 거인距闉을 또 3개월이 지난 뒤에야 끝마칠 수 있다.

분온轒轀

공격하는 장수가 분노를 이기지 못하여 〈공성 장비가 구비되기를 기다리지 않고〉 병사들을 독려하여 개미떼처럼 적의 성에 올라가게 해서 병사 3분의 1을 죽게 하고도 적의 성을 함락하지 못하는 것은, 바로 성을 공격하는 재앙이다.

故로 上兵은 伐謀요 其次는 伐交요 其次는 伐兵이요 其下는 攻城이니 攻城之法은 爲不得已라 修櫓轒轀(분온)하고 具器械를 三月而後에 成하고 距闉(거인)을

又三月而後已니 將不勝其忿而蟻附之하여 殺士卒三分之一이로되 而城不拔者는 此는 攻之災也니라

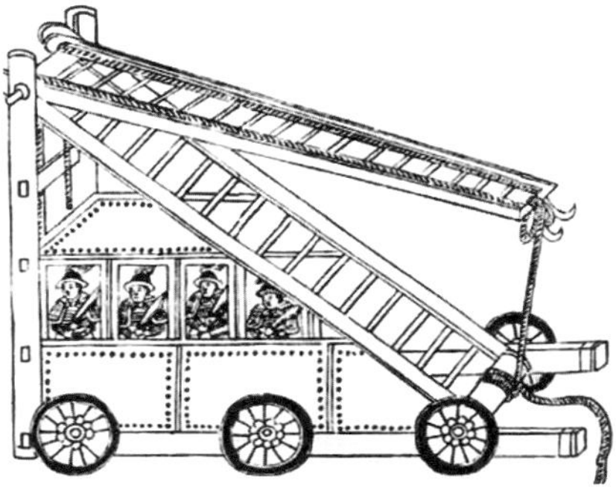

운제雲梯

충거衝車

노櫓는 큰 방패이니, 화살과 포석砲石을 막는 것이다. '분온轒轀'은 네 바퀴가 달린 수레이니, 목려木驢와 동옥洞屋 같은 따위요,[5] '기계器械'는 운제雲梯와 충거衝車[6] 등 모든 공성 기구가 다 이것이다. '인闉'은 토산土山이니, '거인距闉'은 토산을 쌓아 성에 붙임을 이른다. 옛 책에 "자반子反이 토산을 타고 올라가서 엿보았다."[7] 하였고, ≪울료자≫ 〈병교兵敎 하下〉에 "큰 토산을 쌓

---

5) 목려木驢와……따위요 : 목려와 동옥洞屋은 모두 공성용 전차로 분온轒轀을 가리키는 경우가 많다. 성벽을 공격하거나 갱도를 팔 때, 병사들을 보호하기 위해 지붕을 덮은 전차이다.

6) 운제雲梯와 충거衝車 : 운제는 성을 공격할 때 쓰는 매우 높은 사다리이고, 충거는 성을 공격하거나 성벽을 무너뜨리는 데 쓰던 수레 모양의 기구이다.

7) 자반子反이……엿보았다 : 자반은 춘추시대 초楚나라 장수로, 이 내용

고 굽어본다." 하였다.

현명한 자는 드러난 것이 없을 때에 보니, 적국이 계책을 세울 때에 미리 꺾는 것이 상책이요, 적을 잘 헤아려서 이미 적국이 다른 나라와 외교하는 형세가 있을 적에 계책으로 이간질하는 것이 다음이요, 초원과 들판에 군대를 진열하여 칼날을 가지고 예리함을 다투는 것이 또 다음이요, 견고한 성 아래에 군대를 주둔하여 오랫동안 지구전을 해서 철을 넘김은 가장 나쁜 하책下策이다.

더구나 공성 장비가 이루어지기를 기다리지 않고, 부질없이 병사를 죽게 하고 성도 함락시키지 못하면 오히려 하책도 못된다. 그러므로 재앙일 뿐이라고 말한 것이다.

그러므로 용병을 잘하는 자는 적의 군대를 굴복시키되 전쟁으로써 하는 것이 아니요, 적의 성城을 함락시키되 공격으로써 하는 것이 아니요, 적의 국도國都를 훼손하되 오랫동안 전쟁하는 것이 아니니, 반드시 온전함으로써 천하와 다툰다. 그러므로 병기가 무뎌지지 않고도 이로움을 온전히 거둘 수 있는 것이니, 이것이 '공격을 도모'하는 법이다.

故로 善用兵者는 屈人之兵이로되 而非戰也요 拔人之城이로되 而非攻也요 毁人之國이로되 而非久也니 必以全爭於天下라 故로 兵不頓而利可全하니 此는

은 ≪춘추공양전春秋公羊傳≫ 선공宣公 15년 조에 보인다.

謀攻之法也니라

'적의 군대를 굴복시킨다.'는 구절은 윗글의 군軍·여旅·졸卒·오伍가 반드시 온전하도록 힘쓴다는 글을 맺은 것이요, '적의 성城을 함락한다.'는 구절은 윗글에서 공성攻城의 미진한 말을 보충한 것이다. 분온轒轀과 기계를 갖추고 거인距闉을 쌓는 것을 반드시 3개월이 지난 뒤에야 이룰 수 있으니, 이것들이 이루어지기를 기다리면 지구전을 하게 되고, 3개월을 기다리지 않고 싸우면 병사를 죽음으로 내몰게 된다.

거인距闉

그렇다면 성을 끝내 점령할 수 없는가? 또한 반드시 계책을 사용하고 군대를 사용하지 않아서 일거에 함락하기를 벼의 뿌리를 뽑듯이 하여, 한 철을 넘기지 않고 병사를 죽게 하지 않아야 비로소 온전함이 될 수 있는 것이다.

'적의 국도國都를 훼손한다.'는 구절은 '적의 나라를 온전하게 점령한다.'는 글을 보충하기 위한 것이다. 적국의 종묘宗廟를 부수지 않고 귀중한 기물을 옮겨오지 않으며, 적국의 토지와 백성을 자신이 관여하지 않는 경우는 왕자王者가 적국의 불쌍한 백성을 위로하고 죄 있는 자를 정벌하는 군대이니, 손자가 말한 이익에 따라 출동하는 군대가 아니다. 사람들이 '전全'자를 잘못 인식할까 우려하였으므로 다시 '훼毁'자를 쓴 것이다. 그러나 온전함으로써 다투는 것은 다만 그 이익을 온전히 하고자 함에 그칠 뿐이니, 사람을 죽이기를 좋아하지 않는 인자仁者와는 매우 다른 것이다.[8)]

그러므로 용병하는 방법은 병력이 10배가 되면 적을 포위하고, 병력이 5배가 되면 적을 공격하고, 병력이 2배가 많으면 둘로 나누며, 병력이 적과 대등하면 적과 싸울 수 있어야 하고, 병력이 적보다 적으면 지킬 수 있어야 하고, 우리 군대가 적만 못하여 〈지킬 수 없다면〉 피할 수 있어야 한다. 그러므로 약한 군대로 굳게 지키는 자는 강한 적에게 사로잡히는 것이다.

---

8) 사람을……것이다 : 천하를 통일할 수 있는 심성과 도량을 지닌 인물을 이른다. 양梁나라 양왕襄王이 맹자에게 "천하를 누가 통일할 수 있겠습니까?"라고 묻자, 맹자가 "사람 죽이기를 좋아하지 않는 자가 통일할 수 있습니다."라고 대답하였다. ≪맹자 양혜왕梁惠王 상上≫

故로 用兵之法은 十則圍之하고 五則攻之하고 倍則分之하고 敵則能戰之하고 少則能守之하고 不若則能避之라 故로 小敵之堅은 大敵之擒也니라

이는 윗글의 '적의 군대를 공격한다.'는 뜻을 거듭하여 형세가 대등할 경우를 가설해서 병력의 많고 적음을 논한 것이다. 10배의 병력으로 10분의 1인 적을 공격하면 적이 도주할 형세가 있으므로 포위하는 것이요, 병력이 적보다 5배가 되면 포위가 견고하지 못하므로 다만 공격하는 것이요, 적보다 2배가 되면 번갈아 쉬어서 우리는 편안하고 적은 수고롭게 만들 수 있으므로 병력을 나누는 것이다.

병력이 적보다 10배이면 포위하고 5배이면 공격하고 2배이면 나누어 공격함은 모두 순順한 입장이고 이기는 형세이므로 다만 정상적인 법을 든 것이다. 대등하면 싸워서 승부가 결판나므로 '능能'자를 썼으니, '능'이라는 것은 능히 하기 어려운 것을 능하게 할 수 있어야 하는 것이다. '병력이 적보다 적으면 지킬 수 있어야 한다.'는 것은 지키기가 또한 어려움을 말한 것이다.

우리 군대가 적만 못하다는 것은 병력이 적고 또 능히 지킬 수 없는 경우로, 이렇게 되면 군대를 이끌고 떠나가야 하니, 오히려 굳게 지키다가 사로잡히는 것보다는 낫다. 그러나 병력의 차이가 현격하면 피하는 것도 어려우므로 또한 '능能'자를 쓴 것이다.

장수란 자는 나라의 보좌輔佐이니, 보좌가 주도면밀하면 나라가 반드시 강성해지고, 보좌가 하자가 있으면 나라가 반드시 쇠약해진다.

夫將者는 **國之輔也**니 **輔周則國必强**하고 **輔隙則國必弱**이니라

'보輔'는 마땅히 본자本字와 같이 읽어야 한다.[9] '주周'는 주밀周密함이요, '극隙'은 주밀함의 반대이다. 나라가 강성해지고 쇠약해짐이 군주와 장수가 주밀한가 그렇지 못한가에 달려 있음을 말한 것이다.

이 한 절節은 아랫글의 세 가지 폐해를 말하기 위해 쓴 것이다.

그러므로 군주가 군대에게 폐해를 입히는 경우가 세 가지 있다. 군주가, 군대가 전진해서는 안 됨을 알지 못하고 전진하라고 명하며, 군대가 후퇴해서는 안 됨을 알지 못하고 후퇴하라고 명하는 것을 '군대를 옭아맨다.'고 한다. 군주가 삼군三軍의 일을 알지 못하면서 삼군의 정사에 함께 참여하면 병사들이 현혹하고, 삼군의 임기응변을 알지 못하면서 삼군의 임무에 함께

9) '보輔'는……한다 : '보'자를 보조 또는 보좌의 의미로 읽고, 보거輔車(바퀴 덧방나무)의 의미로 읽지 말아야 함을 말한 것이다. 아래 부록에서 김천인金千仞이 "수레에 보거가 없으면 가지 못하고, 나라에 장수가 없으면 반드시 위태롭다." 하였으므로 이렇게 말한 것이다. 김천인은 조선조의 병법 주석가로 보이나, 누구인지는 미상이다.

참여하면 병사들이 의심한다. 삼군이 이미 현혹하고 의심하면 제후들의 공격이 이를 것이니, 이것을 '우리 군대를 혼란스럽게 만들어 적에게 승리를 안겨준다.'고 한다.

故로 君之所以患於軍者三이니 不知軍之不可以進而謂之進하며 不知軍之不可以退而謂之退를 是謂縻軍이요 不知三軍之事而同三軍之政이면 則軍士惑矣요 不知三軍之權而同三軍之任이면 則軍士疑矣니 三軍이 旣惑且疑면 則諸侯之難이 至矣리니 是謂亂軍引勝이니라

윗글을 이어서 군주가 병사兵事를 알지 못하면서 장수를 의심하면 세 가지 폐해가 생김을 말한 것이다. ≪삼략≫ 〈중략中略〉에 "군사가 출행出行하면 장수가 독단으로 결정할 수 있도록 하여야 한다." 하였으니, 전진과 후퇴를 군주가 안에서 통제하면 장수가 전공戰功을 이루기 어렵다.

'미縻'는 옭아맴이요, '동同'은 참견함이요, '권權'은 저울질이요, '혹惑'은 현혹됨이요, '의疑'는 믿지 않는 것이다. 군주가 병사兵事를 알지 못하면서 군대의 정사에 간섭하고, 자신이 맡을 수 있는 일이 아닌데 그 임기응변에 영향을 미치면, 장병들의 마음이 의심하고 현혹하여 따를 바를 알지 못한다. 그러므로 ≪오자≫ 〈치병治兵〉에 "삼군의 재앙은 여우처럼 의심하는 데에서 생긴다." 한 것이다.

우리 군대를 혼란스럽게 만들어 적에게 승리를 안겨주는 것에 대하여, 이정李靖은 "자기가 스스로 궤멸하여 흩어진 것이지, 적이 이긴 것은 아니다."(≪이위공문대≫ 상권) 하였다.

그러므로 승리를 아는 방법이 다섯 가지 있으니, 적과 싸울 수 있음과 싸울 수 없음을 아는 경우는 승리하고, 많은 병력과 적은 병력의 운용을 아는 경우는 승리하고, 윗사람과 아랫사람이 함께하고자 하는 경우는 승리하고, 대비함으로써 대비하지 않는 적을 상대하는 경우는 승리하고, 장수가 유능하고 군주가 통제하지 않는 경우는 승리한다. 이 다섯 가지는 승리를 아는 방도이다.

故로 知勝有五하니 知可以與戰과 不可以與戰者는 勝하고 識衆寡之用者는 勝하고 上下同欲者는 勝하고 以虞待不虞者는 勝하고 將能而君不御者는 勝하나니 此五者는 知勝之道也니라

'적과 싸울 수 있음과 적과 싸울 수 없음을 안다.'는 것은 적과 자기를 자세히 살피는 것이다.

'많은 병력과 적은 병력의 운용을 안다.'는 것은, 진陣을 치고 싸우는 것을 가지고 말한 경우가 있으니, ≪사마법司馬法≫ 〈용중用衆〉에 "적은 병력을 사용할 경우에는 진영을 견고하게 하여야 하고 많은 병력을 사용할 경우에는 대오를 질서정연하게 다스려야 하니, 병력이 적을 경우에는 자주 변화를 주는 것이 이롭고, 병력이 많을 경우에는 정병正兵을 사용하는 것이 이롭다."는 것이 이것이다. 지형을 가지고 말한 경우가 있으니, ≪오자≫ 〈응변應變〉에 "많은 병력을 운용할 경우에는 평탄한 곳을 힘써 찾아야 하고 적은 병력을 운용할 경우에는 좁은 곳을 힘써 찾아야 한다."는 것이 이것이다.

‘윗사람과 아랫사람이 함께하고자 한다.’는 것은 병사와 장수의 뜻이 한결같은 것이다. ‘우虞’는 미리 대비하는 것이니, 옛 책에 “방비하지 않고 미리 대비하지 않으면 군대를 출동할 수 없다.”(≪춘추좌씨전≫ 은공隱公 5년) 하였다.

‘장수가 유능하고 군주가 통제하지 않는다.’는 것은 장수에게는 다섯 가지 덕德이 있고 군주에게는 세 가지 폐해가 없음을 말한 것이다.[10)]

이 절節은 다섯 가지 승리를 아는 방도로써 세 가지 폐해를 이었고, 마지막 한 구절은 거듭 맺은 것이다.

그러므로 옛말에 “적을 알고 자기를 알면 백 번 싸워도 위태롭지 않으며, 적을 알지 못하고 자기만 알면 한 번 이기고 한 번 지며, 적을 알지 못하고 자기를 알지 못하면 싸울 때마다 반드시 패한다.”라고 한 것이다.

故로 曰 知彼知己면 百戰不殆하고 不知彼而知己면 一勝一負하고 不知彼, 不知己면 每戰必敗라하니라

이는 옛사람의 성어成語를 인용하여 총괄해서 맺은 것이다.

전국시대에는 옛 병가의 말이 아직 유전遺傳되고 있었다. 그리

---

10) 장수에게는……것이다 : ‘다섯 가지 덕德’은 〈시계始計〉의 주에 말한 지智 · 신信 · 인仁 · 용勇 · 엄嚴을 이르고, ‘세 가지 폐해’는 위에서 말한 ‘군대를 옭아맨다’와 ‘병사들이 현혹한다’와 ‘병사들이 의심한다’를 이른다.

하여 ≪손자≫에는 ≪군정軍政≫[11]의 말과 황제黃帝[12]의 사군四軍을 인용하였고, ≪삼략≫에는 ≪군참軍讖≫과 ≪군세軍勢≫를 인용한 글이 있으며,[13] ≪울료자≫와 ≪오자≫에는 성어를 인용한 것이 더욱 많고, ≪춘추좌씨전≫에 또한 ≪군지軍志≫를 인용한 글이 있으나,[14] 지금은 이 책들이 모두 전하지 않는다.

역대 주석에 대한 비평

조공(조조曹操)은 "다섯으로 하나를 대적할 경우에는 세 부대를 정병正兵으로 삼고 두 부대를 기병奇兵으로 삼으며, 둘로 하

11) ≪군정軍政≫ : 고대 병법서 중 하나로 서주西周 시기의 병서로 보이나 지금은 실전失傳되었고 작자 또한 미상인데, ≪손자≫ 〈군쟁軍爭〉에 이를 인용한 것이 보인다.

12) 황제黃帝 : 상고시대 복희伏羲·신농神農과 함께 삼황三皇으로 일컬어지는 헌원씨軒轅氏로, 처음으로 방패와 창을 만들고 여러 제후들과 싸워 이겨 중국 병가의 시조로 일컬어진다.

13) ≪삼략≫에는……있으며 : ≪군참軍讖≫은 전쟁의 승패를 예언적으로 서술한 저자 미상의 고대 병법서로 지금은 실전되었는데, ≪삼략≫ 〈상략上略〉에 주로 인용하고 있으며, ≪군세軍勢≫ 또한 실전된 저자 미상의 고대 병법서로 병가의 형세를 논한 책인데, ≪삼략≫ 〈중략中略〉에 주로 인용하고 있다.

14) ≪춘추좌씨전≫에……있으나 : ≪군지軍志≫ 또한 실전된 저자 미상의 고대 병법서로 ≪춘추좌씨전≫ 희공僖公 28년 조에 인용한 것이 보인다.

나를 대적할 경우에는 한 부대를 정병으로 삼고 한 부대를 기병으로 삼는다." 하여, '병력이 5배가 되면 공격하라.'는 손자의 뜻과 크게 다르다.

구주舊註에는 "우리 군대가 적만 못하면 피할 수 있어야 한다."는 것에 대해 "세력과 외교와 원조가 모두 적만 못한 것이다." 하였으니, 잘못이다. 10배와 5배와 대등함과 적음에 이미 병력의 많고 적은 형세를 다 말하였으니, 적음의 아래에 어찌 또다시 한 등급을 놓을 수 있겠는가.

김천인金千仞이 "수레에 보거輔車가 없으면 가지 못하고, 나라에 장수가 없으면 반드시 위태롭다." 하였는데, 굳이 '보輔'를 보거로 해석할 필요가 있겠는가? '보輔'는 다만 보좌이니, ≪손자≫ 〈용간用間〉에 "군주의 보좌가 아니다." 하였다.

조공은 "장수가 주밀하면 계책이 누설되지 않는다." 하였으니, 잘못인 듯하다. 만약 그렇다면 세 가지 폐해에 해당됨이 없어서 글의 뜻이 동떨어지게 된다.

조공은 "군대의 모습〔軍容〕으로 국도國都에 들어가서는 안 되고 국도의 모습〔國容〕으로 군대에 들어가서는 안 되니, 예禮로는 군대를 다스릴 수 없다."[15] 하였는데, 인용한 내용이 이미 세 가지 폐해에 간절하지 못하고, 또 "삼군의 임기응변을 알지

---

15) 군대의……없다 : ≪사마법≫ 〈천자지의天子之義〉에 보이는바, 군대의 모습〔軍容〕은 군대의 당당한 모습과 절도를 말하고, 국도의 모습〔國容〕은 도성의 겸양하는 예제禮制와 의절儀節을 말한다.

못하면 훌륭한 장수를 얻을 수 없다." 하였으니, 이는 크게 잘못된 것이다.

'임기응변을 알지 못하면서 삼군의 임무에 함께 참여한다.〔不知三軍之權而同三軍之任〕'는 것은 다만 그 일을 알지 못하면서 정사(군대의 일)에 관여하는 것이니, 어찌 별도로 깊은 뜻이 있겠는가. 만약 그렇다면 결코 그대로 '동同'자를 쓸 수 없다.

이러한 점들은 본래 조공의 소략한 부분인데, 어찌하여 주석가들이 어지럽게 구차히 따라서 전혀 세밀히 연구하지 않았단 말인가.

제4편 군대의 형세形勢〔軍形〕

최상의 군대는 적의 계책을 정벌하는 것이고, 그 다음은 적의 외교를 정벌하는 것인데, 만약 적이 계책을 세울 적에 우리의 정벌이 미처 적의 계책을 깨뜨리지 못하고 적의 외교가 또한 이미 이루어졌으면, 전쟁이 있을 뿐이다. 그러므로 앞에 있는 서 편은 모두 싸우고자 하지 않는 뜻이고, 부득이하여 전쟁에 이르더라도 또한 반드시 만전을 기하여 적을 제압하여야 하고, 요행으로 승리를 바라서는 안 된다.

그러므로 먼저 적이 이기지 못하도록 만들어놓은 뒤에 적을 이길 수 있는 기회가 오기를 기다려야 하는데, 유여有餘함과 부족함을 드러내 보여서 끝내 스스로 전승全勝을 보전해야 하니, 어찌 지혜로운 명성과 용맹한 공功이 없이 그대로 돌아오기를 힘쓰겠는가. 먼저 승리할 계책을 세운 뒤에 싸워야 비로소 군대의 모습을 드러내 보이고 싸울 수 있다. 그러므로 〈군형軍形〉을 다음에 둔 것이다.

손자가 말하였다.

옛날에 전쟁을 잘한 자는 먼저 〈수비를 잘하여 적이〉 이기지 못하도록 만들어놓고 적을 이길 수 있는 기회가 오기를 기다렸다.

孫子曰 昔之善戰者는 先爲不可勝하여 以待敵之可勝이니라

≪오자≫ 〈치병治兵〉에 "군대는 잘 다스림으로써 승리한다." 하였으니, 다스림이 우리에게 있음을 말한 것이요, ≪삼략≫ 〈상략上略〉에 "적의 빈틈을 엿보아야 한다." 하였으니, 빈틈이 적에게 있음을 말한 것이다. 그러므로 이정李靖이 "미리 〈수비를 잘하여 적이〉 이기지 못하도록 만들어놓는 것은 자기를 아는 것이요, 적을 이길 수 있는 기회가 오기를 기다리는 것은 적을 아는 것이다."(≪이위공문대≫ 하권) 하였다.

적이 이기지 못하도록 만드는 것은 자기에게 달려 있고, 적을 이길 수 있는 기회는 적에게 달려 있다. 그러므로 전쟁을 잘하는 자는 〈수비를 잘하여〉 적이 우리를 이길 수 없게 할 수는 있어도, 우리가 반드시 적을 이기게 할 수는 없다. 이 때문에 "승리는 〈적의 실수를 보고〉 알 수는 있어도 〈적이 실수하도록 억지로〉 만들 수는 없다."라고 한 것이다.

不可勝은 在己요 可勝은 在敵이라 故로 善戰者는 能爲不可勝이요 不能使敵之必可勝이라 故로 曰 勝은 可知而不可爲라하니라

자기와 적이 다만 한 번 실수함을 다툴 뿐이니, 실수하지 않는 것은 비록 나에게 있으나, 적이 실수함은 그 연고가 적에게 있는 것이다. 나에게 있는 것은 내가 할 수 있으나 적에게 있는 것은 내가 기필하기 어렵다. 그러므로 적이 실수함은 비록 내가 알 수 있으나 적이 실수하도록 억지로 만들 수는 없는 것이다.

이정이 "비유하건대 바둑을 둘 적에 두 적수가 대등하다가 한쪽에서 한 번 바둑알을 잘못 놓으면 끝내 구원할 수 없는 것과 같다."(≪이위공문대≫ 하권) 하였으니, 이것을 말한 것이다.

이길 수 없는 경우에는 수비하고 이길 수 있는 경우에는 공격하여야 하니, 수비할 때는 부족한 것처럼 보이고 공격할 때는 유여有餘한 것처럼 보여야 한다. 수비를 잘하는 자는 구지九地(깊은 땅속)의 아래에 숨은 듯이 하고, 공격을 잘하는 자는 구천九天(높은 하늘)의 위에서 출동하듯이 한다. 그러므로 스스로 보전하면서 온전히 승리할 수 있는 것이다.

不可勝者는 守也요 可勝者는 攻也니 守則不足이요 攻則有餘라 善守者는 藏於九地之下하고 善攻者는 動於九天之上이라 故로 能自保而全勝也니라

이정이 "적을 이길 수 없으면 우리가 우선 스스로 수비하고 적을 이길 수 있는 기회가 오면 공격하는 것이니, 강약을 가지고 말한 것이 아니다."(≪이위공문대≫ 하권) 하였다. 또 "공격은

바로 수비의 기틀이요, 수비는 바로 공격의 계책이니, 똑같이 승리로 귀결될 뿐이다. 만약 공격하면서 수비할 줄 모르고 수비하면서 공격할 줄 모르면, 〈공격과 수비를 분리시켜〉 그 일을 두 가지로 생각할 뿐만 아니라 또 그 맡은 임무를 두 가지로 나누게 된다." 하였다.

당唐나라 태종太宗은 "수비하는 방법은 요점이 적에게 부족한 것처럼 보임에 달려 있고, 공격하는 방법은 요점이 적에게 유여한 것처럼 보임에 달려 있다. 적에게 부족한 것처럼 보이면 적이 반드시 와서 공격할 것이니, 이는 적이 그 공격하는 방법을 알지 못하는 것이요, 적에게 유여한 것처럼 보이면 적이 반드시 스스로 수비할 것이니, 이는 적이 그 수비하는 방법을 알지 못하는 것이다."(≪이위공문대≫ 하권) 하였다.

왕수인王守仁은 "유여함과 부족함은 결국 피아의 형세를 살피는 것이니, 예컨대 ≪손자≫ 13편에 '병력이 10배이면 포위하고 5배이면 공격한다.'는 등의 구句에서 볼 수 있다." 하였다.[1)]

태종의 말에 근거하면 '수비하는 방법은 요점이 적에게 부족한 것처럼 보임에 달려 있다.' 하였으니, 만약 자기의 형세가

---

1) 왕수인王守仁은……하였다 : 왕수인(1472~1528)은 명明나라 중기의 문신이자 사상가로 자는 백안伯安, 호는 양명陽明, 시호는 문성文成이며, 홍치弘治 12년(1499) 진사시에 급제하고 벼슬이 남경병부상서南京兵部尚書에 이르렀다. 병법에 조예가 깊어 45세부터 약 4년 동안 어사御史가 되어 각 지방의 도적을 토벌하였는데 매번 대승을 거두었다.

유여하다면 굳이 수비할 필요가 없을 것이요, 만약 〈자기의 형세가〉 참으로 부족하다면 적에게 부족함을 보여 적이 와서 공격하게 하는 것이 어찌 좋은 계책이겠는가. 공격과 수비는 원래 두 가지 일인데, 오직 수비할 수 있으면 공격할 수 있고 공격할 수 있으면 수비할 수 있으니, 이 때문에 공격은 바로 수비의 기틀이고 수비는 바로 공격의 계책이어서 그 실제가 하나인 것이다.

이것을 바둑을 두는 자에게 비유하면 타인을 죽이고자 한다면 먼저 자기가 살아야 하는 것과 같으니, 어찌 〈공격과 수비를 분리시켜〉 그 맡은 임무를 둘로 나눌 수 있겠는가.[2)]

살펴보건대 이 경문經文의 뜻은 이위공李衛公(이정)이 손자의 본의를 깊이 얻었고, 태종의 말을 얻어 더욱 분명해졌으며, 또 왕양명王陽明(왕수인)의 점철點綴을 거쳐 뜻이 미진함이 없게 되었다.

공격과 수비에 대한 설은 바로 윗글에 '먼저 〈수비를 잘하여 적이〉 이기지 못하도록 만들어놓고 적을 이길 수 있는 기회가 오기를 기다린다.'는 것이니, 이렇게 하면 우리의 공격과 수비가 처음에는 적의 형세를 따르지만 우리도 적을 이길 수 있을 만한 기회가 없게 된다. 그러므로 유여함과 부족함을 공격과

---

2) 이것을……있겠는가 : 공격하여 상대방을 죽이는 것과 수비하여 자신을 지키는 것이 동일하여 다르지 않음을 말한 것으로, '최상의 수비는 공격이다.'라는 말과 같다.

수비에 드러내 수비할 적에는 구지九地의 아래에 숨은 듯이 하고 공격할 적에는 구천九天의 위에서 출동하듯이 하면 유여한 것처럼 보이고 부족한 것처럼 보임이 지극할 것이다.

그러나 드러내 보임은 나에게 있고 따름은 적에게 있다. 그러므로 적에게 빈틈이 없으면 수비하여 스스로 보전하고 적에게 빈틈이 있으면 공격하여 온전히 승리함은 오직 수비를 공격으로 삼고 공격을 수비로 삼을 수 있기 때문이다.

만약 "약하면 수비하고 강하면 공격한다."라고 말한다면 문장의 기운이 약하여 문리文理가 제대로 이루어지지 못할 뿐만 아니라, 바로 〈공격과 수비를 분리시켜〉 그 맡은 임무를 두 가지로 나누는 것이 된다.

승리를 예견함이 보통 사람이 아는 바를 넘지 못하는 것은 잘하는 중에 잘하는 자가 아니요, 전쟁에서 승리했을 적에 천하 사람들이 잘 싸웠다고 말하는 것은 잘하는 중에 잘하는 자가 아니다.

見勝이 不過衆人之所知는 非善之善者也요 戰勝에 而天下曰善은 非善之善者也니라

≪육도≫ 〈군세軍勢〉에 "지혜가 보통 사람과 같다면 나라의 스승이 아니다." 하였고, ≪오자≫에 "여러 번 승리하고도 천하를 잃는 자가 많다."[3] 하였다.

그러므로 가을에 새로 돋아난 짐승의 털끝을 드는 것은 힘의 많음이 되지 못하고, 해와 달을 보는 것은 눈의 밝음이 되지 못하고, 귀로 천둥소리를 듣는 것은 귀의 밝음이 되지 못하는 것이다.

故로 擧秋毫는 不爲多力이요 見日月은 不爲明目이요 聞雷霆은 不爲聰耳니라

위의 '승리를 예견함이 보통 사람이 아는 바를 넘지 못하는 것은 잘하는 중에 잘하는 자가 아니다.'라는 뜻을 거듭 밝힌 것이다.

옛날에 이른바 '전쟁을 잘했다.'는 것은 쉽게 승리할 상황을 만들어놓고 승리한 것이다. 이 때문에 전쟁을 잘하는 자의 승리는 지혜롭다는 명성이 없고 용맹한 공功이 없다. 그러므로 전쟁에 승리하여 어긋나지 않는 것이니, 어긋나지 않는다는 것은 그 조처한 바가 반드시 승리하도록 만들어 이미 패할 상황에 놓인 적에게 승리하는 것이다.

古之所謂善戰者는 勝於易勝者也라 故로 善戰者之勝也는 無智名하고 無勇功이라 故로 其戰勝不忒(특)하니 不忒者는 其所措必勝하여 勝已敗者也니라

---

3) 여러 번……많다 : 이 내용은 ≪오자≫ 〈도국圖國〉의 "여러 번 승리하여 천하를 얻는 자는 드물고, 여러 번 승리하여 천하를 잃는 자는 많다."라는 구절을 요약한 것이다.

위의 '전쟁에서 승리했을 적에 천하 사람들이 잘 싸웠다고 말하는 것은 잘하는 중에 잘하는 자가 아니다.'라는 뜻을 거듭 말한 것이다. '특忒'은 어긋남이요, '조措'는 조처이다.

≪갈관자鶡冠子≫에 "편작扁鵲의 형제 세 사람이 모두 의술醫術이 뛰어났는데, 위魏나라 문후文侯가 '누가 가장 뛰어난가?'라고 묻자, 편작이 '장형長兄은 사람의 안색顔色을 살피기 때문에 명성이 집안을 벗어나지 않고, 중형仲兄은 털끝을 살피기 때문에 명성이 문 밖을 나가지 않고, 저는 사람의 혈맥에 침을 놓고 사람에게 독약을 투여하기 때문에 명성이 제후들에게 알려졌습니다.'라고 대답했다."[4] 하였다.

쉽게 승리할 상황을 만들어놓고 이미 패할 상황에 놓인 적에게 승리하니, 어찌 공명功名이 있겠는가. 이는 바로 의원이 안색을 살피고 털끝을 살핀다는 따위이고, 적군을 격파하고 적장을 죽여서 공명이 천하에 진동함은 의원이 사람의 혈맥에 침을 놓고 사람에게 독약을 투여하는 것과 같다.

---

4) 편작扁鵲의……대답했다 : 남송南宋의 장고張杲가 지은 ≪의설醫說≫ 〈의서醫書〉에 "≪갈관자鶡冠子≫에 '편작의 형제 세 사람이 모두 의술을 익혔는데, 위魏나라 문후가 「형제들 중에 의술이 누가 제일 나은가?」 하고 물으니, 편작이 「장형은 신안神眼으로 보기 때문에 명성이 집안을 벗어나지 않고, 중형은 털끝을 살피기 때문에 명성이 마을 밖을 벗어나지 않고, 저는 사람의 혈맥에 침을 놓고 사람에게 독약을 투여하기 때문에 명성이 제후들에게 알려졌습니다.」라고 대답했다.' 하였다."라고 보인다.

그러므로 전쟁을 잘하는 자는 패하지 않을 자리에 서고, 적을 패배시킬 수 있는 기회를 놓치지 않는다.

故로 善戰者는 立於不敗之地하고 而不失敵之敗也니라

이정이 "절제節制는 자신에게 있다."(≪이위공문대≫ 하권) 하였다. 이 절節은 머리 장章의 뜻을 거듭 맺은 것이다.

이 때문에 승리하는 군대는 먼저 승리할 방책을 세운 뒤에 전투를 벌이고, 패하는 군대는 먼저 싸움을 일으킨 뒤에 승리하기를 바라니, 용병을 잘하는 자는 도道를 닦고 병법을 보전한다. 그러므로 능히 승패의 정사를 좌우할 수 있는 것이다.

是故로 勝兵은 先勝而後에 求戰하고 敗兵은 先戰而後에 求勝하나니 善用兵者는 修道而保法이라 故로 能爲勝敗之政이니라

먼저 싸움을 일으킨 뒤에 승리하기를 바라는 자는 비록 승리하더라도 요행으로 승리한 것이요, 먼저 승리할 방책을 세운 뒤에 전투를 벌이는 자는 도道를 닦고 병법을 보전하니, 바로 이른바 '패하지 않을 자리에 선다.'는 것이다. 그러므로 그 군정軍政이 반드시 쉽게 승리할 상황을 만들어놓은 뒤에 승리하고, 이미 패할 상황에 놓인 적을 이기도록 만드는 것이다.

병법은 첫 번째는 도度이고 두 번째는 양量이고 세 번째는 수數이고 네 번째는 칭稱이고 다섯 번째는 승勝이니, 땅은 도度를 낳고 도는 양量을 낳고 양은 수數를 낳고 수는 칭稱(저울질)을 낳으며 칭은 승勝(승리)을 낳는다. 그러므로 승리하는 군대는 일鎰(900g)을 가지고 수銖(9g)를 다는 것처럼 하고, 패하는 군대는 수銖를 가지고 일鎰을 다는 것처럼 한다. 승리하는 자의 싸움이 마치 막아놓은 물을 천 길의 계곡에서 터놓은 것 같은 것은 형태이다.

兵法은 一曰度(도)요 二曰量이요 三曰數요 四曰稱이요 五曰勝이니 地生度하고 度生量하고 量生數하고 數生稱하고 稱生勝이라 故로 勝兵은 若以鎰稱銖하고 敗兵은 若以銖稱鎰하나니 勝者之戰이 若決積水於千仞之谿者는 形也니라

지형에 따라 진영을 설치해서 먼저 진영의 길고 짧음을 헤아림은 땅이 도度를 낳는 것이요, 이미 도가 있으면 군대를 종횡으로 펼쳐놓고서 경계를 정하여 돌게 하면 이에 방형과 원형이 있게 되고, 방형과 원형이 있으면 병력을 수용할 수 있으니, 이것이 도가 양을 낳는 것이다. 땅을 헤아리고 병력을 헤아림은 양이 수數를 낳는 것이요, 이미 병력의 많고 적음이 있어서 피아의 강하고 약함과 다스려지고 혼란함을 비교함은 수가 칭稱을 낳는 것이요, 일鎰로써 수銖를 다는 것처럼 함은 칭이 승리를 낳는 것이다.

이정이 "병사들을 교련함은 마치 바둑판에 바둑알을 놓는 것과 같으니, 만약 그어놓은 선이 없으면 바둑알을 어디에 놓겠

는가."(≪이위공문대≫ 하권) 하였고, 또 육화진六花陣은 넓이 4백 보步 되는 땅을 점거하여 병력 5천 명을 수용하게 하였으며,[5)] ≪사마법≫ 〈정작定爵〉에는 "병력을 헤아려 땅을 이용한다." 하였고, ≪울료자≫ 〈병령兵令 상上〉에는 "승패를 아는 것은 적장을 저울질하여 헤아리는 것이다." 하였으니, 이는 모두 도度와 양量, 수數와 칭稱을 말한 것이다. 이는 옛날 병가의 말인데, 손자가 인용한 것이다.

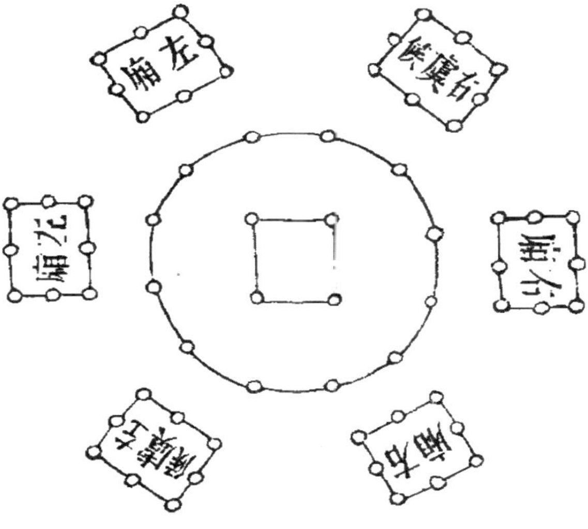

이정李靖의 육화진六花陣

---

5) 육화진六花陣은……하였으며 : 육화진은 당나라의 이정이 제갈량諸葛亮의 팔진법八陣法에 기초하여 만든 진법이다. 병력이 적어 9군진軍陣을 만들기 곤란한 경우, 주위에 6진을 만들고 가운데에 중군中軍이 들어가는 형태의 7군진軍陣으로 만든 것인데, 마치 여섯 잎의 꽃처럼 보인다 하여 붙여진 이름이다.

그러나 상象을 빌려 비유하고 거친 것으로부터 세밀한 것에 들어가서 쉽게 분변하여 분석하기가 어려우니, 독자들이 마땅히 깊이 살펴야 한다.

수銖는 한 냥의 24분의 1이고 일鎰은 24냥이니, '일을 가지고 수를 단다.'는 것은 가벼움과 무거움이 서로 현격한 것이요, 막아놓은 물을 천 길의 계곡에서 터놓음에 이르러서는 마치 강하江河를 터놓는 것에 그치는 것이 아니어서 막을 수가 없다. 8척尺을 인仞이라 한다. 손자가 병법을 논한 것이 여기에 이르러 비로소 이루어진 형태가 있게 되었다.

적이 우리를 이길 수 없는 형태를 먼저 만들어놓고, 또 반드시 적을 이길 수 있는 형태를 놓치지 않아야 한다. 그러므로 수비할 경우에는 우리의 형태를 훼손하여 적을 불러들이고, 공격할 경우에는 우리의 형태를 과장하여 적을 두렵게 해서 수비는 구지九地에 숨은 듯이 하고 공격은 구천九天의 위에서 출동하듯이 하여 적이 우리의 형태를 측량할 수 없게 하는 것이다. 쉽게 승리할 상황을 만들어놓은 뒤에 승리하고 이미 패할 상황에 놓인 적을 이기지만, 이기도록 조처하는 것은 무형無形에 가깝다.

진영에 이르러서는 지세의 길고 짧음과 넓고 좁음의 형태가 있고, 병사에 이르러서는 병력의 많고 적음과 다스려지고 혼란함의 형태가 있다. 형세를 살핌에 이르러서는 강하고 약한 형태가 있고, 승부에 이르러서는 일鎰과 수銖의 형태가 있으니, 한 편의 전체가 모두 형태에 대한 내용이나 마음속에 간직

되어 있어서 숨기고 말하지 않다가, 곧바로 이 편의 끝에 '막아놓은 물을 천 길의 계곡에서 터놓은 것과 같다.'는 한 비유에 이르러 겨우 한 개의 '형形'자字를 노출하였으니, 만약 금침金針을 저울에 다는 솜씨가 아니면 어찌 이와 같이 할 수 있겠는가.

역대 주석에 대한 비평

이전李筌[6]은 "힘이 부족한 자는 수비할 수 있고 힘이 유여有餘한 자는 공격할 수 있다." 하였고, 매요신梅堯臣[7]은 "수비하면 힘이 부족함을 알 수 있고 공격하면 힘이 유여함을 알 수 있다." 하였으니, 말뜻이 나약하여 거의 문리를 이루지 못하였다. 이것이 어디에서 나온 견해인가. 옛사람을 크게 무함하였다.

구주舊註에 '승패의 정사〔勝敗之政〕'를 "승리하게 만들어 적을 패하게 하는 것이다." 하였으니, 너무 소략하다. 이것은 "우리가 쉽게 승리할 상황을 만들어놓고 이미 패할 상황에 놓인 적

---

6) 이전李筌 : 당나라 현종玄宗·숙종肅宗 때의 인물로 호는 달관자達觀子이며, 벼슬이 어사중승御史中丞에 이르렀다. 병법에 밝아 ≪손자≫에 주석을 내어, 그의 주석이 청淸나라 고증학자 손성연孫星衍이 편찬한 ≪손자십가주孫子十家註≫에 실려 있다.

7) 매요신梅堯臣 : 1002~1060. 북송北宋 초기의 시인이자 문신으로 자는 성유聖兪, 호는 완릉宛陵이고, 벼슬이 상서도관원외랑尙書都官員外郎에 이르렀다.

을 이기는 것이다."라는 구句를 맺은 것이다.

'땅이 도度를 낳는다.' 한 절節을 가림賈林[8)]은 "숫자로 미루어 보면 병력의 많고 적음을 알 수 있고 허虛하고 실實함을 볼 수 있으니, 이미 병력의 많고 적음을 알고 겸하여 피아의 덕업德業의 경중과 재능의 장단을 아는 것이다." 하였고, 왕석王晳[9)]은 "칭稱은 저울추와 저울대이다." 하였고, 조공은 "용병하는 방법은 마땅히 이 다섯 가지로 헤아려서 적의 실정을 아는 것이다." 하였다.

두목杜牧[10)]은 "저울질하고 비교함이 이미 익숙하면 우리가 승리하고 적이 패함을 분명히 볼 수 있다." 하였고, 왕세정王世貞[11)]은 "땅이 도度를 낳는다는 것은 땅의 형세로 헤아림을 이르고, 도가 양量을 낳는다는 것은 땅을 헤아림이 이미 익숙한 뒤에 군량의 많고 적음을 참작하여 헤아리는 것이고, 양이 수數를 낳는다는 것은 이미 군량의 많고 적음을 참작하여 헤아렸으면 또 반드시 병사들의 많고 적음을 계산하는 것이고, 수가

---

8) 가림賈林 : 당나라 때 ≪손자≫의 주석가로, ≪손자십가주≫에 들어 있다.
9) 왕석王晳 : 송나라 때 ≪손자≫의 주석가로, ≪손자십가주≫에 들어 있다.
10) 두목杜牧 : 803~852. 당나라 중기의 문신이자 시인으로 자는 목지牧之, 호는 번천樊川이며, 벼슬이 중서사인中書舍人에 이르렀다. 병법에도 밝아 ≪손자≫에 주석을 내어 ≪손자십가주≫에 들어 있다.
11) 왕세정王世貞 : 1526~1590. 명나라 후기의 문신이자 시인으로, 자는 원미元美, 호는 엄주弇州이며, 벼슬이 형부상서刑部尙書에 이르렀다. 젊을 때부터 문명文名이 높아 후칠자後七子의 한 사람으로 꼽혔다.

칭稱을 낳는다는 것은 이미 병력의 많고 적음을 알았으면 또 마땅히 적을 통해 세력의 경중을 저울질하는 것이고, 칭이 승勝을 낳는다는 것은 세력의 경중을 통해 승부를 아는 것이다. 다섯 가지는 모두 지형을 통해 얻어지므로 땅으로부터 낳는다." 하였고, 가개종賈開宗은 "도, 양, 수, 칭은 모두 허자虛字로 보아야 한다." 하였다.[12)]

살펴보건대 제가諸家의 설이 모두 모호하여 분명한 견해가 없고 또 빠진 것이 많아 일일이 들지 않았는데, 가씨賈氏(가림)의 설은 다만 그림자와 메아리 같고, 왕씨王氏(왕세정)는 더욱 분명하지 못하다.

땅을 헤아림과 군량을 헤아림은 두 일이 서로 상관이 없는데, 병력의 많고 적음을 어찌 계산할 필요가 있겠는가. 이른바 경중과 승부가 또 어찌 지형을 따른단 말인가. 오직 가개종이 말한 "모두 허자虛字로 보아야 한다."는 것이 비록 말로 형용하지는 못했으나 잘 모르면서 억지로 해석한 자보다는 오히려 나은 것이다.

구주에 '천 길의 계곡'을 깊이를 헤아리지 못하는 것으로 여

12) 가개종賈開宗은……하였다 : 가개종(1594~1661)은 명말 청초의 고사高士로 자는 정자靜子, 호는 야록거사野鹿居士이며, 벼슬하지 않고 천하를 주유周遊하였다. 박학다재하고 병법과 격검擊劍 등에도 정통하였다. '도・양・수・칭을 모두 허자로 보아야 한다.'는 것은 이 네 글자에 특별한 뜻이 없고 단지 지형과 병력 등을 헤아림을 말한 것으로 본 것이다.

졌으니, 잘못이다. 천 길은 높게 매달려 있음을 말한 것이요, 깊음을 말한 것이 아니다.

제5편 군대의 기세氣勢〔兵勢〕

군대가 이미 형태를 이루고 병력에 맞추어 땅을 이용하게 되면 반드시 분分·수數(대오의 편성)로써 다스리고 형形(깃발)·명名(징과 북)으로써 통일하고 기奇(기병奇兵)·정正(정병正兵)으로써 변화를 주고 허虛·실實로써 나타내야 하니, 이렇게 한 뒤에 진을 치면 안정되고 수비하면 견고하고 전투하면 승리하는 것이다.

분·수가 밝기 때문에 능히 적의 다스려짐을 혼란함으로 만들 수 있고, 허·실을 자세히 살피기 때문에 능히 적의 견고함을 결점으로 만들 수 있고, 기·정이 서로 낳기 때문에 먼저 교전한 뒤에 적을 곤궁하게 하고, 형·명으로 용맹한 자와 겁이 많은 자를 통일시키기 때문에 세勢에 맡겨 사람들을 싸우게 해서 마치 둥근 돌을 천 길 높은 산에서 굴리는 것처럼 막을 수가 없는 것이다. 그러므로 〈병세兵勢〉를 다음에 둔 것이다.

손자가 말하였다.

무릇 많은 병력을 다스리기를 적은 병력을 다스리는 것과 같게 함은 분分·수數가 이것이요, 많은 병력을 싸우게 하기를 적은 병력을 싸우게 하는 것과 같게 함은 형形·명名이 이것이요, 삼군의 병력을 반드시 적의 침공을 받아도 패함이 없게 만듦은 기奇·정正이 이것이요, 병력을 가하는 곳에 마치 숫돌을 새의 알에다가 던지는 것과 같게 함은 허虛·실實이 이것이다.

孫子曰 凡治衆을 如治寡는 分數 是也요 鬪衆을 如鬪寡는 形名이 是也요 三軍之衆을 可使必受敵而無敗者는 奇正이 是也요 兵之所加에 如以碬(하)投卵者는 虛實이 是也니라

'병력이 많을수록 더욱 잘 다스려짐〔多多益辦〕'[1]은 분·수가 밝음에 지나지 않는다. 형形은 눈으로 볼 수 있는 것이니 깃발이요, 명名은 귀로 들을 수 있는 것이니 징과 북이다. 귀는 소리에 위엄을 느끼고 눈은 색깔에 위엄을 느낀다. 그러므로 〈형·명으로 지휘하면〉 용맹한 자라도 홀로 전진하지 못하고, 겁이 많은 자라도 홀로 후퇴하지 못하는 것이다.

산과 같고 숲과 같음은 정병으로 교전하는 것이요, 불로 태우는 것과 같고 불로 지지는 것과 같음은 기병으로 승리하는 것이니, 적의 공격을 받아도 패함이 없는 것은 기·정에 밝아서이다.

이미 적의 허虛함을 살피고서 자기의 실實함으로 공격하기 때문에 돌을 새의 알에다가 던지는 것과 같은 것이니, '숫돌을 새의 알에다가 던진다.'는 말은 아마도 당시에 이런 성어가 있

1) 병력이……다스려짐〔多多益辦〕: 다다익선多多益善과 같은 말이다.

었던 듯하다.

기·정은 편의 끝에 자세히 나와 있으니, 이 네 가지는 한 편의 강령綱領이다.

무릇 전투는 정병正兵으로 교전하고 기병奇兵으로 승리한다. 그러므로 기병을 잘 출동시키는 자는 하늘과 땅처럼 무궁무진하고 강과 바다처럼 다하지 않으니, 끝마쳤다가 다시 시작하는 것은 해와 달이 이것이요, 〈기운이〉 사그라졌다가 다시 생겨나는 것은 사시四時가 이것이다.

소리는 다섯 가지에 지나지 않으나 다섯 가지 소리의 변화를 이루 다 들을 수 없고, 색깔은 다섯 가지에 지나지 않으나 다섯 가지 색깔의 변화를 이루 다 볼 수 없고, 맛은 다섯 가지에 지나지 않으나 다섯 가지 맛의 변화를 이루 다 맛볼 수 없고, 싸우는 기세는 기병과 정병에 지나지 않으나 기병과 정병의 변화를 이루 다할 수 없는 것이다. 기병과 정병이 서로 낳음은 순환에 끝이 없는 것과 같으니, 누가 이것을 다할 수 있겠는가.

凡戰者는 以正合하고 以奇勝이라 故로 善出奇者는 無窮如天地하고 不竭如江海하니 終而復始는 日月이 是也요 死而更生은 四時 是也라 聲不過五로되 五聲之變을 不可勝聽也요 色不過五로되 五色之變을 不可勝觀也요 味不過五로되 五味之變을 不可勝嘗也요 戰勢不過奇正이로되 奇正之變을 不可勝窮也라 奇正相生이 如循環之無端하니 孰能窮之哉리오

예컨대 한신韓信이 조趙나라를 격파할 적에 1만 명으로 배수진背水陣을 친 것은 정병으로 교전한 것이요, 붉은 깃발을 가지고 2천 명이 조나라 군대의 성벽으로 달려간 것은 기병으로 승리한 것이다.[2] 기와 정이 비록 서로 낳으나 처음에는 반드시 정병에서 기병이 나눠지므로 '기병을 출동시킨다.'고 말한 것이요, 기병을 잘 출동시키면 군대의 운용이 무궁무진할 수 있기 때문에 하늘과 땅, 강과 바다, 해와 달, 사시로써 비유한 것이요, 무궁무진한 이유가 변화에 달려 있으므로 소리와 색깔과 맛의 변화로써 비유한 것이요, 변화가 서로 낳음에 달려 있으므로 순환으로써 비유한 것이다.

다섯 가지 소리〔五聲〕는 각角·치徵·궁宮·상商·우羽이고, 다섯 가지 색깔〔五色〕은 청색靑色·적색赤色·황색黃色·백색白色·흑색黑色이고, 다섯 가지 맛〔五味〕은 매운맛·쓴맛·단맛·신맛·짠맛이다.

이 절節은 윗글에서 기·정을 말한 것을 바탕으로 하여 병력

---

2) 예컨대……것이다 : 한나라의 한신이 수만의 병력을 거느리고 동쪽으로 조나라를 공격하여, 조왕趙王 헐歇과 성안군成安君 진여陳餘가 거느린 20만 대군과 큰 전투를 벌였다. 한신은 본대에게 배수진背水陣을 치게 하고 주력군 1만 명을 거느리고 진격하여 조나라 군대를 유인하는 한편, 2천 명의 정예병으로 조나라 군대의 성벽 아래 잠복해 있다가 조나라 군대가 성벽을 비우면 곧바로 성벽을 점령하고 한나라의 붉은 깃발을 꽂게 하였다. 이에 조나라 군대가 우왕좌왕하자, 한나라 군대가 협공하여 대파하였다. ≪사기 권92 회음후열전淮陰侯列傳≫

을 묘妙하게 운용함을 총론한 것이다. 이미 기병을 잘 출동시킨다고 말했다면 오로지 기병을 논한 듯하다. 그러나 만일 다시 기병을 변화하여 정병으로 만들지 않으면 곧바로 다하여 끝나게 된다.

세차게 부딪혀 빠르게 흐르는 물이 돌을 떠내려가게 함에 이르는 것은 기세요, 빠르게 공격하는 사나운 새가 먹이새를 훼손하고 꺾음에 이르는 것은 절도이다. 그러므로 전투를 잘하는 자는 그 기세가 험하고 그 절도가 짧으니, 기세는 쇠뇌를 가득히 당긴 것같이 하고, 절도는 기아機牙(방아쇠)를 당기는 것같이 하여야 한다.

激水之疾이 至於漂石者는 勢也요 鷙鳥之疾이 至於毁折者는 節也라 故로 善戰者는 其勢險하고 其節短하니 勢如彍(확)弩하고 節如發機하니라

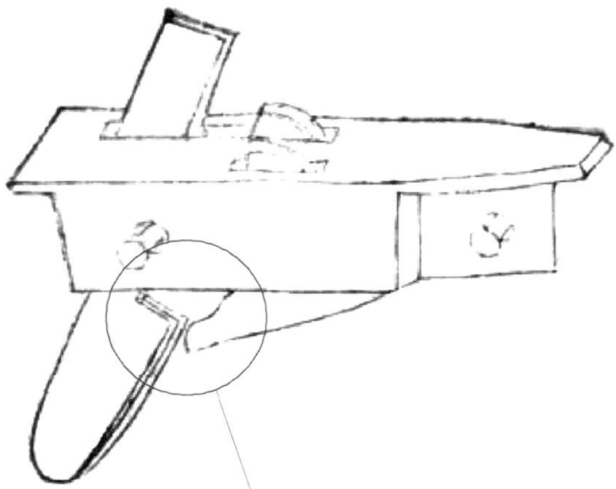

이는 기병奇兵의 기세를 말한 것이다. '훼손하고 꺾음'은 공격을 받은 자의 지체肢體가 훼손되고 부러짐을 말한 것이다. '확彍'은 펼침이요 '기機'는 쇠뇌의 기아이다. 물은 본래 유약하나 세차게 부딪침을 세勢로 삼기 때문에 때로 돌을 떠내려가게 할 수 있고, 사나운 새는 오직 날개뿐인데도 공격할 적에 반드시 깃으로 절도를 살피기 때문에 혹 상대방을 훼손하고 꺾음에 이르게 하니, 기병을 잘 출동시키는 것과 유사하나 아직 완전하지는 못하다. 활줄을 가득 당긴 쇠뇌는 기세가 반드시 굳세고 험하여 범하기가 어렵고, 이미 발사한 기아는 절도가 짧아서 빠르니, 이 두 가지가 어느 정도 서로 비교될 수 있다.

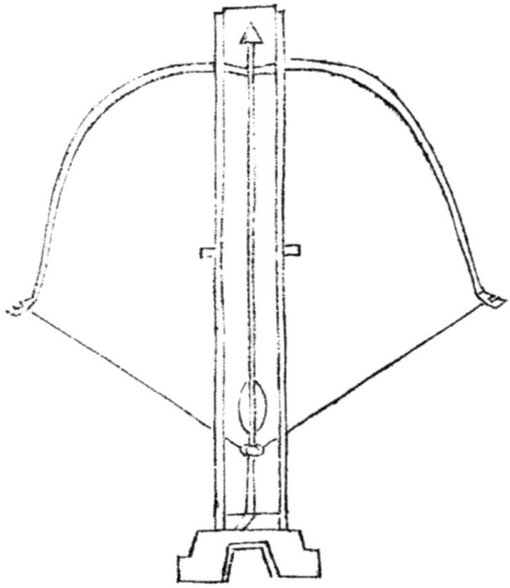

쇠뇌〔弩〕

이정李靖이 전술을 가르칠 적에 대隊를 멈춰 세울 적에는 서로 10보쯤 떨어져 있게 하고 기마병騎馬兵은 50보를 절도로 삼았으니,(≪이위공문대≫ 중권) 아마도 이 병법에서 터득함이 있었을 것이다.

≪울료자≫ 〈무의武議〉에 "승리하는 군대는 물과 같으니, 물은

지극히 유약하나 저촉되면 구릉이 모두 무너짐은 다른 이유가 없다. 성품이 전일하여 저촉하기를 진실히 하기 때문이다." 하였고, 또 "군대는 나무 쇠뇌를 잡은 것 같고 사나운 새가 상대방을 공격하는 것 같고 천 길의 계곡에 물이 세차게 흘러가는 것 같아야 한다."(≪울료자≫ 〈병담兵談〉) 하여, 이와 대략 유사하니, 아마도 이른바 '은연중 병법과 부합했다.'[3]는 것일 것이다.

분분하고 어지러운 것처럼 하여 어지럽게 싸우되 어지럽힐 수가 없고, 〈형세가〉 뒤섞이고 어지러워 형태가 둥글어도[4] 패하지 않는다.

紛紛紜紜하여 鬪亂而不可亂이요 渾渾沌沌하여 形圓而不可敗니라

이는 정병正兵의 형세를 말한 것이다. '분운紛紜'은 어지러운 모양이고, '혼돈渾沌'은 머리와 꼬리가 없는 것이다. '전투가 혼란하여도 〈절도가〉 어지러워지지 않음'은 절도로 제어함이 평소에 정해져 있기 때문이요, '형태가 둥글어도(원진) 패하지 않음'은 닿는 곳이 앞을 향하기 때문이다. ≪오자≫ 〈치병治兵〉에

---

3) 은연중……부합했다 : 은연중 부합했다는 것은 병법을 염두에 두지 않으나 하는 행위가 결국은 병법에 맞아 떨어짐을 이르는바, 이 내용은 ≪이위공문대≫ 상권에 보인다.

4) 형태가 둥글어도 : 이는 '원진圓陣'을 말하는 것으로, 군대의 모습이 원형이면 무질서하게 보임을 지적한 것이다.

"진퇴에 절도가 있고 좌우로 이동함에 모두 깃발에 응하여, 비록 대오가 끊기더라도 진陣을 이루고 비록 흩어지더라도 항오行伍를 이룬다."는 것이 이것이다.

혼란함은 다스림에서 생기고 겁냄은 용맹에서 생기고 약함은 강함에서 생겨야 하니,[5] 다스림과 혼란함은 분수分數이고 용맹과 겁냄은 기세이고 강함과 약함은 형태이다.

亂生於治하고 怯生於勇하고 弱生於强이니 治亂은 數也요 勇怯은 勢也요 强弱은 形也니라

윗글을 이어서 혼란한 듯하나 실로 다스려짐에 그치지 않고, 또한 겁내는 듯하나 실로 용맹하고, 약한 듯하나 실로 강함을 말하였으니, 모두 적에게 드러내 보이는 것이다. '다스림과 혼란함은 분수分數이고 용맹과 겁냄은 기세이고 강함과 약함은 형태이다.'라는 세 구는, 편 머리의 분·수와 형·명, 허·실의 말을 맺은 것이다.

분·수가 분명하면 많은 병력을 다스리기를 적은 병력을 다스리는 것처럼 정돈되게 하고, 기세로써 싸우면 용맹한 자와

---

5) 혼란함은……하니 : 군대가 질서정연하면서도 적을 속이기 위해 혼란한 것처럼 꾸미고 군대가 용감하면서도 적을 속이기 위해 겁이 많은 것처럼 꾸미고, 군대가 강하면서도 적을 속이기 위해 약한 것처럼 꾸밈을 말한 것이다.

겁이 많은 자를 통일시켜 많은 사람을 싸우게 하기를 적은 사람을 싸우게 하는 것처럼 단결되게 하고, 형形으로써 보여주면 강한 것을 약한 것처럼 속여서 적의 허실을 알 수 있다.

이 편은 분·수와 형·명, 기·정과 허·실을 강령으로 삼고, 윗글의 순한 형세를 인하여 오로지 기·정을 논하였으나, 나머지는 거두어 끝맺음이 부족하였다. 그러므로 이 세 구句를 놓아서 선을 이어 멀리 서로 연결되게 하였고, 치란治亂 한 단락은 이미 정병을 논한 가운데 간략히 제기하였으므로 곧바로 적에게 드러내 보임으로써 허·실을 이어 끝맺었으며, 편의 끝에 있는 한 비유에 이르러서는 또다시 형·명을 돌아보고 전체를 수습하였으니, 읽는 자가 마땅히 깊이 음미하여야 한다.

그러므로 적을 잘 움직이게 하는 자는 드러내 보이면 적이 반드시 따라오고 주면 적이 반드시 취하니, 이익을 가지고 적을 움직이게 하고 근본(기본의 자세)을 가지고 적을 대비한다.

故로 善動敵者는 形之면 敵必從之하고 予之면 敵必取之하나니 以利動之하고 以本待之니라

'동動'은 적이 움직여 오도록 만드는 것이요, '여予'는 낚싯밥을 주는 것이다. 윗글을 이어서 적에게 우리의 혼란하고 겁내고 약한 형태를 보여주면 적이 반드시 우리에게 도전할 것이니, 이에 우리는 다스려지고 용맹하고 강한 근본으로 대비하

는 것이다.

이정이 "기奇와 정正은 적의 허虛와 실實을 나타나게 하는 것이다."(≪이위공문대≫ 중권) 하였으니, 먼저 형形(형태)을 드러내 보인 뒤에 대비함이 있음은 반드시 기·정이 있기 때문이다.

그러므로 전쟁을 잘하는 자는 기세에서 찾고 사람(병사)에게 바라지 않는다. 그러므로 사람을 가려 쓰고 기세에 맡길 수 있는 것이다.

기세에 맡기는 자는 병사들을 싸우게 함이 나무와 돌을 굴리는 것과 같으니, 나무와 돌의 성질은 편안하면 고요하고 위태로우면 움직이며 네모나면 그치고 둥글면 굴러간다. 그러므로 적과 잘 싸우는 사람의 기세가 둥근 돌을 천 길의 산 위에서 굴리는 것과 같은 것은 기세 때문이다.

故로 善戰者는 求之於勢하고 不責於人이라 故로 能擇人而任勢하나니 任勢者는 其戰人也 如轉木石이니 木石之性은 安則靜하고 危則動하고 方則止하고 圓則行이라 故로 善戰人之勢 如轉圓石於千仞之山者는 勢也니라

기세에서 구하면 용맹한 자와 겁이 많은 자를 똑같게 만드니, 어찌 사람마다 책할 것이 있겠는가. 그러나 또한 특별히 공교로운 방법이 없고, 다만 사람의 장점을 가려서 그 자연스러운 기세에 맡길 뿐이다.

예컨대 아래 구절의 비유에 사람에게 장점과 단점이 있음은

나무와 돌에 방형方形과 원형圓形이 있는 것과 같다고 하였으니, 원형을 취하고 방형을 취하지 않음은 사람을 가려 쓰는 것이다. 둥글면 저절로 굴러가고, 위태롭게 하여 움직이게 함은 기세에 맡기는 것인데, 하물며 천 길의 산 위에서 〈둥근 돌을〉 굴림에 있어서이겠는가.

이정이 "번병番兵은 기마전에 뛰어나니 기마전은 속전속결에 유리하고, 한병漢兵은 궁노弓弩에 뛰어나니 궁노는 서서히 싸우는 데 유리하다. 각각 번병과 한병의 장점에 따라 싸우게 하는 것이 이른바 사람을 가려 기세에 맡긴다는 것이다."(≪이위공문대≫ 상권) 하였으니, 인용하여 증거로 댄 것이 확고하다.

이 절節은 위의 용맹과 겁냄을 말한 구句를 이어서 기세에 맡기는 방법을 논하였으니, 형·명을 끝맺은 것이다.

역대 주석에 대한 비평

증교曾皎는 "이미 하늘과 땅, 강과 바다, 해와 달, 사시四時의 조화를 가지고 비유하고, 또 인사人事의 다섯 가지 소리와 다섯 가지 색깔, 다섯 가지 맛을 가지고 비유하였으니, 모두 다할 수 없음을 형용한 것이다." 하였는데, 분명하지 않은 듯하다. 취하여 비유한 것 또한 차례가 있으니, 어찌 힘을 허비하여 번거로운 말을 함을 꺼리지 않을 수 있겠는가.

허동許洞[6]은 "기아機牙가 한 치에 차지 못하면 적이 미처 대비하지 못한다." 하였으니, 잘못이다. 기아를 발동한다는 것은 신속히 함을 비유했을 뿐이요, 크고 작은 것을 말한 것이 아니다.

두우杜佑[7]는 "분분紛紛은 깃발의 모양이요, 운운紜紜은 병졸의 모양이다." 하였고, 또 "혼혼渾渾은 전차병戰車兵이고, 돈돈沌沌은 보병이다." 하였으니, 모두 잘못이다. '분운紛紜'은 세勢이고 '혼돈渾沌'은 형形이니, 나누어 둘로 만들 필요가 있겠는가.

조공이 "'혼란함은 다스려짐에서 생겨야 한다.' 이하의 세 구句는 모두 아군의 본래 형태를 훼손하여 실정을 숨기는 것이다." 하였으니, 이제 그 말을 따른다.

수數, 세勢, 형形 세 구句를, 혹자는 "나의 혼란함을 다스리고자 한다면 분수分數로써 가지런히 해야 하고, 나의 겁내는 병사들을 용감하게 하고자 한다면 병세兵勢로써 진작시켜야 하고, 나의 약한 군세를 강하게 하고자 한다면 군형軍形으로써 군세를 확장하여야 한다."라 하고, 혹자는 "다스려짐을 혼란한 것으로 꾸미나 진짜 혼란함이 아닌 것은 십, 백, 천, 만의 분수가 밝기 때문이요, 용맹한 자를 겁쟁이로 꾸미나 진짜 겁쟁

---

6) 허동許洞 : 976~1015. 북송北宋 초기의 문신이자 학자로, 자는 동천洞天이고, 벼슬이 오강현주부烏江縣主簿에 이르렀다. 병법에 밝아 그가 지은 ≪호검경虎鈐經≫은 중국 10대 병서 중 하나로 알려져 있다.

7) 두우杜佑 : 735~812. 당나라 중기의 문신이자 학자로 자는 군경君卿이다. 3대에 걸쳐 재상을 지냈으며 사학史學에 정통하여 역사서 ≪통전通典≫을 지었는데, 여기에 ≪손자≫를 인용하고 풀이한 글이 많이 있어 이를 ≪손자십가주≫에 넣고 ≪손자십일가주孫子十一家註≫라 하였다.

이가 아닌 것은 분발하여 나가고 빨리 공격하는 기세를 자세히 살피기 때문이요, 강한 군대를 약한 군대로 꾸미나 진짜 약한 군대가 아닌 것은 공격하여 점령하고 굳게 수비하는 형세가 치밀하기 때문이다." 하였다.

장예張預는 "다스려졌으면서도 혼란한 것처럼 보임은 오직 분수分數가 있는 자만이 능하고, 용감하면서도 겁이 많은 것처럼 보임은 오직 병세兵勢를 아는 자만이 능하고, 강하면서도 약한 것처럼 보임은 오직 군형軍形을 아는 자만이 능하다." 하여, 혹은 치治·용勇·강强 세 글자를 중요시하고, 혹은 난亂·겁怯·약弱 세 글자를 중요시하였다. 이는 모두 고르게 중시하고 정확하게 가리켜서 본래의 뜻을 미루는 말만 못하니, 다 억지로 해석한 것이다.

과연 이 여러 설과 같다면 끝맺음도 아니고 시작도 아니어서 남겨두어도 유익함이 없고 제거하여도 해로울 것이 없다. 옛사람은 글자를 금金처럼 아꼈으니, 어찌 이처럼 쓸데없는 말을 하였겠는가.

기섭紀燮[8]은 "근본을 가지고 대비함은 정병正兵을 이른다."라고 하였으니, 잘못이다. 어찌 형태를 속여 적을 오게 하면서 정병으로 상대하는 자가 있겠는가.

---

8) 기섭紀燮 : 당나라 때의 학자로, 맹씨孟氏와 가림賈林과 두우杜佑의 ≪손자≫ 주석을 모으고 자신의 주석을 붙인 ≪기섭집주손자紀燮集注孫子≫를 지었다.

소길蕭吉[9)]은 "재주가 없는 사람은 중요한 일을 성공하도록 책임 지우면 또한 임무를 감당해내지 못한다. 그러므로 책망하지 않는 것이다." 하였고, 진호陳皥[10)]는 "전투를 잘하는 자는 오로지 기세에서 구하여, 이로운 상황을 발견하면 속히 전진해서 적에게 선두를 빼앗기지 않고, 오로지 임기응변에 맡겨서 사람들에게 성공을 책임 지우지 않으나, 만일 부득이해서 사람을 쓰게 되면 반드시 가려서 쓴다." 하였다.

왕세정王世貞은 "'사람을 가려서 기세에 맡긴다.〔能擇人而任勢〕'는 것은 일에 성공할 수 있는 사람을 쓰고 일에 성공할 수 없는 사람은 곧 쓰지 않는 것이다. 그러나 지극히 긴요하지 않은 사람이라도 한때의 일에 성공할 수 있으면 가려 써서 한때의 기세에 맡기는 것도 무방하다." 하였다.

여러 설이 본문에 합당하지 못할 뿐만 아니라, 비록 자기가 쓰는 일반적인 글이라도 하자를 면치 못했으니, 이해할 수 없다.

이 편은 네 조항을 고르게 나누었으니, 처음 부분의 분分·수數와 형形·명名, 허虛·실實은 그다지 미진한 뜻이 없다. 그러므로 아랫글에 간략히 거듭하였고, 곧바로 기奇·정正과 연

---

9) 소길蕭吉 : 수隋나라 때의 도가道家 인물로 자는 문휴文休이고 벼슬이 태부소경太府少卿에 이르렀다. 박학다재博學多才하고 음양陰陽과 역산曆算, 양생술養生術 등에 정통하였는바, 음양과 오행의 원리를 밝힌 ≪오행대의五行大義≫를 지었으며, 병법에도 관심이 많아 ≪손자≫에 주석을 내었다.

10) 진호陳皥 : 당나라 때 ≪손자≫의 주석가로, ≪손자십가주≫에 들어 있다.

접하여 비유하고 오로지 논하였으니, 이미 스스로 분명하다. 다만 후세의 여러 설로 인하여 후학들에게 더욱 의혹을 주었으므로 이제 아래와 같이 분변하여 해석한다.

≪손자≫에 이른바 '기세가 험하고 절도가 짧다.'는 것과 '분분운운紛紛紜紜'과 '혼혼돈돈渾渾沌沌'은 기奇·정正의 체體이고, '정병으로 교전하고 기병으로 승리한다.'는 것은 그 용用이니, 옛날에 이른바 기와 정은 대략 여기에서 벗어나지 않았다. 그런데 이위공李衛公은 "큰 병력을 모아 싸우는 것이 정병이요, 장군이 직접 출동시키는 것이 기병이다." 하였고, 또 "정병은 장수가 군주에게서 받은 것이고, 기병은 장수가 직접 출동시키는 것이다." 하였으니,[11] 이는 기·정이 나뉘게 된 이유를 말한 것이다.

장수가 처음 군주에게 명령을 받고서 군대를 집결하기만 하고 아직 부대를 나누지 않았으니, 어찌 기와 정을 나누겠는가. 이때에는 오직 정병이라고만 이름할 수 있고, 도성문 밖을 나와 정벌을 전담함에 이르러서는 오직 장수가 부리는 대로 하여 정병에서 기병이 나누어진다.

그러나 이로 말미암아 분산과 집합이 생겨서 기·정의 설이 나오게 되었다. 이위공이 "군대는 해산하여 흩어져 있으면 합치는 것을 기병으로 삼고, 합쳐져 있으면 흩어지는 것을 기병

11) 이위공李衛公은……하였으니 : 이 내용은 모두 ≪이위공문대≫ 상권에 보인다.

으로 삼는다."(≪이위공문대≫ 중권) 하였으니, 이는 별도로 하나의 기·정이다.

전세戰勢를 가지고 기·정을 말한 경우가 있다. 이위공이 "무릇 군대는 앞으로 전진하는 것을 정병이라 하고, 뒤로 퇴각하는 것을 기병이라 한다."(≪이위공문대≫ 상권) 하였으니, 이는 또 하나의 기·정이다.

그러나 이로 인하여 후퇴하는 군대는 모두 기병이라는 의심을 불러 일으켰다. 이에 이미 깃발과 북으로 호령하는 것을 보고 진짜로 패하는 것과 기병을 분변해서 곽읍霍邑의 전투를 비호하는 의논이 또한 여기에 근본하게 되었다. 이위공의 말에 "군대를 정의正義로 출동한 것은 정병이요, 우군右軍이 조금 퇴각한 것은 기병이다." 하였으니, 이미 조금 퇴각한 것을 기병이라 한다면 〈철기鐵騎가〉 가로질러 돌격함을 정병이라 하지 않을 수가 없는데, 기奇와 정正이 서로 바뀌어서 올바른 가르침이 될 수 없자, 마침내 '정병이 변하여 기병이 되고 기병이 변하여 정병이 된다.'는 말을 가지고 부연하였다. 이는 우군이 비록 정병이었으나 다소 퇴각하였기 때문에 변하여 기병이 되고, 철기가 비록 기병이었으나 적을 담당하여 싸웠기 때문에 변하여 정병이 되었다고 한 것이다.[12)]

---

12) 그러나……것이다 : 이 단락에 나오는 인용문은 모두 ≪이위공문대≫ 상권의 곽읍霍邑 전투에 대한 태종과 이위공의 질의와 대답에 보인다. 곽읍 전투는 태종이 수隋나라의 송로생宋老生을 물리친 전투이다. 이때 고

기병과 정병은 군대에 있지 않은 곳이 없으니, 이와 같이 말하더라도 크게 잘못되지 않는다. 다만 앞에서 〈이위공이〉 말한 '군대를 정의로 출동한 것은 정병〔正〕이다.'의 정正은 기·정의 정正이 아니니, 어찌 이것을 정병이라 이름할 수 있으며, 우군이 퇴각한 것은 미리 계책한 퇴각이 아니니, 어찌 이것을 기병이라 이름할 수 있겠는가. 우군이 적을 맡은 것은 정병이고 철기가 가로질러 돌격한 것은 기병이다. 이것이 바로 정병으로 교전하고 기병으로 승리한다는 설이니, 바로 기·정의 대세大勢인 것이다. 설령 우군이 이유가 있어서(적을 유인하기 위하여) 퇴각했다면 이것은 전세의 기·정이니 본래 상관이 없는데, 이위공이 갑자기 허다한 쓸데없는 말을 끼워 넣어서 하자를 면치 못하였다. 그러므로 지금 이것을 분변하여 바로잡는 것이다.

기계技械로 기·정을 말한 경우가 있으니, 당나라 태종은 굳센 말을 치달려서 충돌함을 기병이라 하고, 강한 궁노弓弩를 사용하여 기각掎角[13]함을 정병이라 하였으며, 척계광戚繼光[14]은

조高祖 이연李淵과 태자 건성建成은 성 동쪽에 포진하고, 태종은 성 남쪽에 포진하였는데, 송로생의 군대가 성을 나와 공격하면서 선봉이 빠른 속도로 고조의 진영을 압박하니, 적을 보고 당황한 건성이 말에서 떨어졌다. 이를 본 송로생이 공세를 취하니, 고조와 건성의 군대가 모두 퇴각하여 패색이 짙어졌는데, 태종이 남쪽 언덕에서 두 철기를 거느리고 가파른 언덕을 달려 내려가 적군의 대열을 무찔러 적을 큰 혼란에 빠뜨리자, 당나라 군대가 다시 진격하여 적을 대파하고 곽읍을 점령하였다.

길고 짧은 병기를 병사들에게 주어서, 등패藤牌와 낭선狼筅, 장창長槍과 당파鎲鈀를 사용하는 자를 정병이라 하고 표창鏢槍과 화통火筩, 궁弓·시矢를 사용하는 자를 기병이라 하였으니, 이는 또 다른 한 기·정이다.

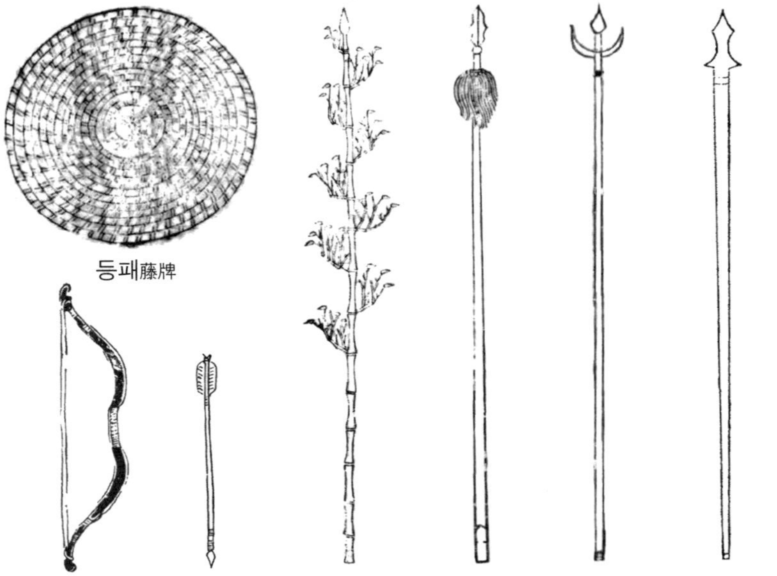

등패藤牌 궁弓 시矢 낭선狼筅 장창長槍 당파鎲鈀 표창鏢槍

---

13) 기각掎角 : 서로 협조하여 적을 꼼짝 못하게 해서 물리친다는 뜻으로, ≪춘추좌씨전≫ 양공襄公 14년 조의 '〈사슴을 잡을 적에〉 진晉나라 사람들은 뿔을 잡고 제융諸戎은 다리를 잡는다.〔晉人角之 諸戎掎之〕'라는 구절에서 나왔다.

14) 척계광戚繼光 : 1528~1588. 명나라 중기의 명장으로, 자는 원경元敬, 호는 남당南塘, 시호는 무의武毅이며, 벼슬이 태자태보太子太保에 이르렀다. 그가 지은 ≪기효신서紀效新書≫는 중국 10대 병서 중에 하나이다.

그러나 무릇 이것은 모두 기·정의 나누어진 명칭인데, 기세에 총괄되어서 기세가 부리는 바에 따라 예속되니, 이 또한 이른바 기세에 맡긴다는 것이다. 그러므로 이위공이 "군마馬軍에도 정병이 있고 궁노를 사용하는 군대에도 기병이 있다."(≪이위공문대≫ 상권)라고 대답하였으니, 예컨대 북쪽 오랑캐와 싸울 적에는 반드시 말을 이용하니, 적을 담당하여 싸우는 자가 마군의 정병이 아니겠는가. 〈손빈孫臏이〉 마릉馬陵에서 노수弩手를 매복시킨 것은 노수의 기병이 아니겠는가.[15] 또 기병과 정

마릉馬陵 전투

15) 마릉馬陵에서……아니겠는가 : B.C. 341년 위나라가 한韓나라를 공격하자, 이를 구원하기 위해 제나라는 전기田忌를 장수로 삼고 손빈을 군사軍師로 삼아 위나라로 쳐들어갔다. 이에 방연龐涓은 위나라로 돌아와 제군齊軍을 추격하였는데, 손빈은 방연이 저녁 무렵 마릉에 도착할 것으로 예측하고, 도끼로 큰 나무를 찍어 하얗게 만들고 여기에 '방연이 이 나무 아래에서 죽을 것이다.〔龐涓死此樹下〕'라고 써놓았다. 그런 다

병은 평소 나누는 것이 아니니, 조공의 '부대를 나눈다는 설'[16]은 전술을 가르치는 데 버릴 수가 없으니, 이는 때로 기와 정을 평소 나누는 것이요, 옆에서 공격함은 진실로 기병이나 이위공의 '기·정에 구애될 것이 없다.'는 대답[17]은 자못 권도權道(시의적절한 방도)로 하는 말에는 무방하지만 원대함을 이루기에는 장애가 될 듯하다.

오직 번병番兵과 한병漢兵의 명칭을 변경하고 복장을 바꾸는 것을 기·정이 상생하는 것으로 삼은 것이 가장 이치에 맞는다.[18] 이 말의 뜻은 번병과 한병의 기량이 이미 다른데 적진을

음, 제군 가운데 궁노를 잘 쏘는 병사 1만여 명을 뽑아 마릉의 길 양쪽에 매복시키면서 이곳에서 불빛이 보이면 일제히 발사하라고 명하였다. 방연이 과연 밤중에 이곳에 이르렀는데, 나무의 흰 부분에 글씨가 쓰여 있는 것을 보고 내용을 확인하기 위해 횃불을 들어 올리자, 곧바로 매복해 있던 제나라의 노수들이 일제히 활을 쏘니, 위군은 큰 혼란에 빠졌다. ≪사기 권65 손자열전孫子列傳≫

16) 부대를 나눈다는 설 : "다섯으로 하나를 대적할 경우에는 세 부대를 정병으로 삼고 두 부대를 기병으로 삼으며, 둘로 하나를 대적할 경우에는 한 부대를 정병으로 삼고 한 부대를 기병으로 삼는다."는 말을 가리킨 것이다. 조조의 이 말은 본서 〈모공謀攻〉의 부록에 보인다.

17) 이위공의……대답 : ≪이위공문대≫ 상권에 "기병騎兵에도 정병이 있으니 완전히 기병奇兵이라고 말할 수 없고, 궁노에도 기병이 있으니 완전히 정병이라고 말할 수 없으니, 어찌 일정하여 바뀌지 않음이 있겠습니까." 하였다.

18) 오직……맞는다 : 번병番兵은 흉노匈奴나 이민족의 군대를 이르고, 한병漢兵은 중국의 군대를 이른다. 이 구절은 ≪이위공문대≫ 상권의 "번

대해 갑자기 변경하면 적이 대응할 방도를 잃게 되니, 이른바 '적이 번병이라고 생각하였으나 실제로는 한병이요, 적이 한병이라고 생각하였으나 실제로는 번병이다.'(≪이위공문대≫ 상권)라는 것이다. 또한 이른바 '우리의 정병을 적이 보고서 기병이라고 오인하게 하고, 우리의 기병을 적이 보고서 정병이라고 오인하게 한다.'(≪이위공문대≫ 중권)는 것이니, 또한 이른바 '기奇와 정正은 적의 허虛와 실實을 나타나게 하는 것이다.'라는 것이다. '적의 허와 실을 나타나게 한다.'는 것은 적이 비록 실하나 허약하게 만들 수 있음을 이른다. 그러나 이는 다만 그 한 부분을 가리켰을 뿐이니, 이끌어 펴며 종류에 따라 확장하면 '적이 비록 얼굴을 마주하고 있더라도 우리의 기·정을 알지 못한다.'(≪이위공문대≫ 중권)는 것이 거의 여기에 가까울 것이다.

요컨대 기와 정은 내용이 다른 병가의 명칭이다. 그러므로 방향에 따라 명칭을 달리하니, 다만 체體·용用으로 나누어 말하면 분산과 집합, 전진과 후퇴, 길고 짧음과 빠르고 느림이 이미 모두 형태가 달라서 각자 기와 정이 됨에 무방하다. 그러

병은 기마전에 뛰어나니 기마전은 속전속결에 유리하고, 한병은 궁노에 뛰어나니 궁노는 서서히 싸우는 데 유리한바, 이는 자연히 각각 그 형세에 맡기는 것입니다. 그러나 기병과 정병으로 나눌 수 있는 것이 아닙니다. 신이 일찍이 말씀드린 '번병과 한병을 반드시 칭호를 바꾸고 복장을 바꿔야 한다.'는 것은 기병과 정병이 상생相生하는 방법입니다." 라는 내용을 가리켜 말한 것이다.

나 나누어 말할 수 있는 것은 또한 이 몇 가지일 뿐이다.

아! 옛날에 이른바 기·정이란 것은 간략하고 분명하여 알기가 쉬웠는데, 후세에 분분하게 명칭을 세워서 더욱더 의혹이 심해져 마침내 초학자들에게 손쓸 곳이 없어서 말이 기·정에 이르면 모두들 하한河漢[19]처럼 여기게 하였으니, 이는 병학兵學이 더욱 쇠퇴한 이유이다.

이에 나의 천견淺見을 동지들에게 보이니 나의 좁은 식견이 큰 도움이 된다고 말하는 것이 아니요, 나의 재주를 다하여 대방가大方家에게 배우기를 청하는 것이니, 그 불가함을 스스로 알지 못하는 것이다.

19) 하한河漢 : 은하수를 이르는바, 말한 내용이 막연하여 그 뜻을 알기 어려움을 비유하는데, 이는 ≪장자≫ 〈소요유逍遙遊〉의 "그 말은 하늘의 은하수와 같아서 끝없이 크기만 하였습니다.〔猶河漢而無極也〕"라는 구절에서 유래하였다.

제6편 허虛와 실實〔虛實〕

이정李靖은 "기奇와 정正은 적의 허虛와 실實을 나타나게 하는 것이다."(≪이위공문대≫ 중권) 하였으니, 기와 정, 허와 실은 서로 연관되는 것이다. 앞 편은 기와 정을 자세히 말하고, 허와 실에 대해서는 약간 그 단서를 열어놓았다. 그러므로 이 편에서는 마침내 오로지 허와 실을 논한 것이다. 처음에는 적의 허·실을 살핌을 말하고, 그 묘용妙用을 미루어 적의 허·실을 나타나게 함에 이르면 적의 목숨(운명)이 내 손안에 들어 있으니, 바로 용병의 극치이다. 그러나 기·정을 잘하면 이것(허·실)은 서서히 이루어지는 것이요, 특별한 속임수나 교묘한 계책이 있는 것이 아니다. 그러므로 〈허실虛實〉을 다음에 둔 것이다.

손자가 말하였다.

무릇 전장戰場에 먼저 와 있으면서 적을 기다리는 자는 편안하고, 뒤늦게 전장으로 달려가 응전하는 자는 수고롭다. 그러므로 전쟁을 잘하는 자는 적이 오도록 만들고 적에게 끌려가지 않는 것이다.

孫子曰 凡先處戰地而待敵者는 佚하고 後處戰地而趨戰者는 勞라 故로 善戰者는 致人而不致於人이니라

조사趙奢가 먼저 북산北山을 점거함[1]은 전장에 먼저 와 있는 것이요, 고환高歡이 위곡渭曲으로 달려감[2]은 전장에 뒤늦게 달려간 것이다. 수고로움과 편안함, 주인主人과 객客의 형세를 듣지 못한 장수가 없으나, 적이 오도록 만드는 자가 있고 적에게 끌려가는 자가 있는 것은 장수의 능하고 능하지 못함일 뿐인 것이다.

---

1) 조사趙奢가……점거함 : 전국시대에 진秦나라가 한韓나라를 공격해 알여閼與를 포위하였다. 조나라에서는 조사를 장군으로 임명하여 알여를 구원하게 하였는데 조사는 조나라 노성에서 30리쯤 떨어진 곳에 성벽을 굳게 구축하고 진출하지 아니하여 진나라 장수를 안심시키고 있다가 급히 출동하여 알여에서 50리 떨어진 곳에 도착, 병력 1만 명을 출발시켜 북산을 점거하고 진나라 군대를 막게 하였다. 진나라가 오자 조사는 맹공을 가하여 대승을 거두었다. ≪사기 권81 염파인상여열전廉頗藺相如列傳 부附 조사趙奢≫

2) 고환高歡이……달려감 : 고환(496~547)은 동위東魏의 승상丞相으로 뒤에 아들 고양高洋이 북제北齊를 창건하여 신무제神武帝로 추존된 인물이다. 위곡渭曲은 지명으로 고환이 서위西魏의 승상 우문태宇文泰(507~556)와 큰 전투를 벌여 대패한 곳이다. 서위 대통大統 3년(537), 고환이 서위를 정벌하고자 10만 대군을 이끌고 원정하였다가, 위곡에 배수진을 치고 기다린 우문태의 1만 군대에 대패하였다. ≪주서周書 권2 문제文帝 하下≫

적이 스스로 오게 할 수 있는 것은 이익으로 적을 유인하기 때문이요, 적이 오지 못하게 할 수 있는 것은 해로움을 적에게 보여주기 때문이다. 그러므로 적이 편안하면 능히 수고롭게 하고, 적이 배부르면 능히 굶주리게 하고, 적이 안심하면 능히 동요하게 해야 한다.

能使敵人自至者는 利之也요 能使敵人不得至者는 害之也라 故로 敵佚이어든 能勞之하고 飽어든 能飢之하고 安이어든 能動之니라

이것은 바로 적이 오도록 유인하는 방법이다. 적이 오도록 유인하면 적의 전진과 후퇴, 굶주림과 배부름, 편안함과 수고로움의 권세가 내 손안에 달려 있고, 적에게 끌려가는 자는 이와 반대이다.

적이 달려오지 않는 곳으로 출동하며 적이 예상하지 않은 곳으로 달려가야 한다. 천 리를 행군하고도 수고롭지 않은 것은 사람(적병)이 없는 지역을 가기 때문이요, 공격하여 반드시 점령하는 것은 적이 지키지 않는 곳을 공격하기 때문이요, 지키면 반드시 견고한 것은 적이 공격하지 않는 곳을 지키기 때문이다.

그러므로 공격을 잘하는 자는 적에게 지킬 곳을 알지 못하게 하고, 수비를 잘하는 자는 적에게 공격할 곳을 알지 못하게 하는 것이다. 미묘하고 미묘하여 형체가 없음에 이르고, 신묘하

고 신묘하여 소리가 없음에 이른다. 그러므로 능히 적의 사명司命(운명을 좌우하는 자)이 되는 것이다.

出其所不趨하고 趨其所不意니 行千里而不勞者는 行於無人之地也요 攻而必取者는 攻其所不守也요 守而必固者는 守其所不攻也라 故로 善攻者는 敵不知其所守하고 善守者는 敵不知其所攻하나니 微乎微乎여 至於無形이요 神乎神乎여 至於無聲이라 故로 能爲敵之司命이니라

적의 허·실을 살펴서 알면 적이 달려오지 않는 곳으로 출동하고, 적이 예상하지 않은 곳으로 달려가 사람이 없는 지역을 가듯이 하여, 비록 천 리를 행군하더라도 수고롭지 않은 것이다. 이는 적이 예상하지(수비하지) 않은 지역을 말한 것이니, 등애鄧艾가 털방석으로 몸을 싸고서 음평陰平으로 진출한 것[3] 처럼 할 필요가 있겠는가.

미루어서 적이 지키지 않는 곳을 공격하고 적이 공격하지 않는 곳을 수비함에 이르러서도 모두 다 허와 실을 묘용으로 삼는다. 그러므로 극치에 이르게 되면 적에게 지킬 바와 공격할 바를 알지 못하게 하여, 볼 만한 형체가 없고 들을 만한 소

3) 등애鄧艾가……진출한 것 : 삼국시대 위魏나라의 등애가 촉한蜀漢을 정벌할 적에 음평陰平에서 경곡景穀의 길을 따라 사람이 없는 지역으로 700리를 행군하였는데, 털방석으로 몸을 싸고서 협곡을 통과하여 강유江油에 이르러, 촉한의 수장守將 마막馬邈의 항복을 받고 면죽관綿竹關에서 촉한의 위장군衛將軍 제갈첨諸葛瞻을 격파하니, 촉한의 후주後主인 유선劉禪이 항복을 청하였다. ≪삼국지 권28 등애열전鄧艾列傳≫

리가 없음에 이르게 할 수 있다.

≪시경≫ 〈대아大雅 문왕文王〉에 "상천上天의 일은 소리도 없고 냄새도 없다." 하였으니, 은미하고 신묘함이 여기에 가까울 것이다. 진실로 이와 같게 한다면 비록 적의 운명을 쥐고 있다고 말하더라도 괜찮을 것이다.

진격하는데도 적이 막지 못하는 것은 적의 빈 곳을 공격하기 때문이요, 후퇴하는데도 적이 추격하지 못하는 것은 신속하게 행동하여 적이 미칠 수가 없기 때문이다.

그러므로 우리가 적과 싸우고자 하면 적이 비록 보루를 높이 쌓고 해자를 깊이 파고 수비하더라도 우리와 싸우지 않을 수 없는 것은 적이 반드시 구원해야 할 곳을 공격하기 때문이요, 우리가 싸우고자 하지 않으면 비록 땅에 금만 긋고 지키더라도 적이 우리와 싸우지 못하는 것은 적이 가는 곳을 어긋나게 하기 때문이다.

進而不可禦者는 衝其虛也요 退而不可追者는 速而不可及也라 故로 我欲戰이면 敵雖高壘深溝라도 不得不與我戰者는 攻其所必救也요 我不欲戰이면 雖畫地而守之라도 敵不得與我戰者는 乖其所之也니라

허虛한 틈을 타서 진격하면 우리를 막지 못하고, 바람처럼 신속히 행동하면 우리를 추격하지 못할 것이니, 이는 또 적이 달려오지 않는 곳으로 출동하고 적이 예상하지 않은 곳으로

달려가는 것에서 더 진보한 것이다. 그러나 이것은 오히려 허와 실을 살피는 것이다.

이익으로 적을 유인하여 따라오지 않으면 적이 반드시 구원해야 할 곳을 공격하고, 계책으로 적을 해롭게 하는데도 적이 오면 적이 오판하여 다른 데로 가게 하는 것은 바로 실하면서도 허하게 만들 수 있는 것이니, 이런데도 오히려 나의 계책을 따르지 않을 자가 있겠는가.

그러므로 적의 허·실을 나타나게 하고 우리의 허·실은 드러남이 없게 하면, 우리는 전일專一하고 적은 분산될 것이다. 우리는 전일하여 하나가 되고 적은 분산되어 열이 되면 이는 열을 가지고 하나를 공격하는 것이니, 우리는 많고 적은 적게 된다. 많은 병력으로 적은 병력의 적을 공격하면 우리가 상대하여 싸우는 자들이 적게 된다.

우리가 공격할 곳을 적이 알지 못하게 하여야 하니, 우리가 공격할 곳을 적이 알지 못하면 적이 대비하는 곳이 많게 되고, 적이 대비하는 곳이 많게 되면 우리가 상대하는 적의 병력이 적게 된다. 그러므로 앞쪽을 대비하면 뒤쪽이 적어지고 뒤쪽을 대비하면 앞쪽이 적어지며, 왼쪽을 대비하면 오른쪽이 적어지고 오른쪽을 대비하면 왼쪽이 적어지며, 대비하지 않는 곳이 없으면 적어지지 않는 곳이 없게 되니, 〈적의 병력이〉 적어지는 까닭은 우리를 대비하기 때문이요, 〈우리의 병력이〉 많아지는 까닭은 적이 여러 곳에서 우리를 대비하게 하기 때문이다.

故로 形人而我無形이면 則我專而敵分하리니 我專爲一하고 敵分爲十이면 是는 以十攻其一也니 則我衆敵寡라 能以衆擊寡면 則吾之所與戰者約矣라 吾所與戰之地를 不可知니 不可知면 則敵所備者多하고 敵所備者多면 則吾所與戰者寡矣라 故로 備前則後寡하고 備後則前寡하며 備左則右寡하고 備右則左寡하며 無所不備면 則無所不寡하니 寡者는 備人者也요 衆者는 使人備己者也니라

윗글에서 말한 것처럼 이익으로 적을 유인하여 적이 싸우러 오게 하고, 해로움을 적에게 보여주어 적이 추격을 중지하게 해서, 적이 편안하면 수고롭게 만들고 적이 배부르면 굶주리게 만드는 것은 모두 적의 허・실을 나타나게 하는 것이요, 적이 달려오지 않는 곳으로 출동하고 적이 예상하지 않는 곳으로 달려가서, 진격하는데도 적이 막지 못하고 후퇴하는데도 적이 추격하지 못하게 하는 것은 모두 우리의 허・실을 드러나지 않게 하는 것이다.

적에게 지킬 곳과 공격할 곳을 알지 못하게 하면 적의 병력이 분산되고, 나에게 있어 형태도 없고 소리도 없게 하면 우리의 병력이 전일하게 된다. 우리가 싸우고자 하면 적이 반드시 구원해야 할 곳을 공격하고, 우리가 싸우고자 하지 않으면 적이 가는 곳을 어긋나게 한다. 그리하여 전쟁의 주도권이 적에게 있지 않게 하고 싸울 지역을 적이 알 수 없게 하면, 적이 두렵고 의혹에 빠져 사방의 여러 곳에 병력을 배치해서 우리

를 방비할수록 적의 병력이 더욱 적어질 것이니, 방비하는 곳이 열 곳이면 적의 병력이 또한 열로 분산된다.

그러므로 비록 병력의 수는 본래 적과 우리가 대등하였더라도 우리의 병사 열 명으로 적의 병사 한 명을 공격할 수 있으니, 저들은 우리를 대비하느라 병력이 분산되어 적어지고, 우리는 싸우는 상대가 적어져서 병력이 많아지기 때문이다.

그러므로 전투할 지역을 알고 전투할 날짜를 알면 천 리나 먼 곳에 가서도 적과 큰 전투를 벌일 수 있다. 전투할 지역을 알지 못하고 전투할 날짜를 알지 못하면 왼쪽이 오른쪽을 구원하지 못하고 오른쪽이 왼쪽을 구원하지 못하며, 앞쪽이 뒤쪽을 구원하지 못하고 뒤쪽이 앞쪽을 구원하지 못하는데, 하물며 먼 경우에는 수십 리이고 가까운 경우도 몇 리나 떨어져서 전투하는 경우이겠는가.

故로 知戰之地하고 知戰之日이면 則可千里而會戰이요 不知戰地하고 不知戰日이면 則左不能救右하고 右不能救左하며 前不能救後하고 後不能救前이어든 而況遠者數十里며 近者數里乎아

전투할 날짜는 전투할 지역에 덧붙여 말한 것이다. 윗글을 이어서 적의 허·실을 나타나게 하는 자는 주도권이 항상 자신에게 있어서, 전투할 날짜와 전투할 지역을 미리 헤아려 알 수 있다. 그러므로 천 리나 먼 곳에 가서도 약속에 달려가듯

공격할 수 있는 것이다.

그러나 적에게 우리의 허·실을 드러내 보이는 자는 이미 장소(상황)에 따라 병력을 분산 배치하여 전투할 때에 병력이 적어져서 많은 적을 상대하지 못한다. 그리하여 비록 병력을 철수하여 구원하고자 하여도 왼쪽과 오른쪽, 앞과 뒤가 서로 미치지 못하는데, 더구나 분산 배치한 병력이 몇 리와 몇십 리의 먼 거리에 있음에랴.

오吳나라를 헤아려보건대 월越나라 사람의 병력이 비록 많으나 또한 어찌 승리에 유리함이 있겠는가. 그러므로 "승리는 만들 수 있다."라고 한 것이니, 적의 병력이 비록 많으나 우리와 싸우지 못하게 할 수 있는 것이다.

以(吾)〔吳〕度之컨대 越人之兵이 雖多나 亦奚益於勝哉리오 故로 曰勝可爲也라하니 敵雖衆이나 可使無鬪니라

손자가 오나라를 보좌하여 패자霸者가 되게 한 것은 월나라 사람의 실정과 형태를 잘 헤아려 대응하였기 때문이다. 그러므로 당시의 일을 들어서 이 편에 드러내기를 "월나라의 병력이 비록 많더라도 승리에 유리함이 없어서 우리 마음대로 승리할 수 있으니, 어찌 우리와 싸울 수 있겠는가."라고 한 것이다.

≪손자≫ 〈군형軍形〉에 "승리는 알 수는 있어도 만들 수는 없다." 하였는데 여기에서 "승리를 만들 수 있다."라고 한 것은,

저 〈군형〉에서는 적이 굳게 수비하여 틈탈 만한 기회가 없음을 가지고 말하였고, 여기서는 이미 적의 형태를 드러나게 하여 적이 이미 사정거리 안에 들어온 것을 가지고 말한 것이다.

그러므로 적을 헤아려 득실得失의 계책을 알며, 적을 격동시켜 적의 동정動靜의 이치를 알며, 형태를 보여주어 죽고 사는 땅을 알며, 적을 협공挾攻하여 적의 유여有餘하고 부족한 곳을 아는 것이다.

故로 策之而知得失之計하고 作之而知動靜之理하고 形之而知死生之地하고 角之而知有餘不足之處니라

'계책〔策〕'은 설공薛公이 경포黥布의 세 가지 계책을 헤아린 것[4]과 같은 것이고, '격동시킴〔作〕'은 악백樂伯이 적을 격동시킨

4) 설공薛公이……헤아린 것 : 경포는 항우 밑에서 큰 공을 세웠다가 한 고조에게 귀순하여 회남왕淮南王에 봉해진 인물이다. 고조 11년(B.C. 196)에 경포가 배반하자, 고조가 설공에게 물으니, "만일 경포가 상책上策으로 나오면 산동山東 지방은 한나라의 소유가 아닐 것이요, 중책中策으로 나오면 승패를 알 수 없고, 하책下策으로 나오면 폐하께서 베개를 높이 베고 누우셔도 한나라에 아무 일이 없을 것입니다." 하였다. 고조가 "경포의 계책이 장차 어디로 나오겠는가?" 하니, 설공은 "경포는 여산驪山에서 부역하던 무리로서 스스로 만승萬乘의 군주가 되었으니, 이 때문에 모두 자신을 위하고 후손을 돌아보지 아니하여 반드시 하책으로 나올 것입니다."라고 대답하였는데, 경포가 과연 하책을 따르

것[5]과 오기吳起가 적을 살펴본 것[6]과 같은 방법이요, '형태를 보여줌〔形〕'은 진탕陳湯이 오손烏孫을 계산하고[7] 건숙蹇叔이 두 언덕을 예상한 것[8]과 같은 것이 이것이다. '적을 협공함〔角〕'은

다가 멸망하였다. ≪사기 권91 경포열전黥布列傳≫

5) 악백樂伯이……격동시킨 것 : 악백은 춘추시대 초楚나라 장왕莊王의 신하이다. B.C. 597년, 초나라와 진晉나라가 싸우다가 초나라 임금이 진나라에 화친을 청하고 진나라가 이를 허락하여 결맹할 날짜를 정하였는데, 악백이 허백許伯을 마부로, 섭숙攝叔을 거우車右로 삼아 전차戰車를 몰고 나가 진나라 군영까지 쳐들어갔다가 무사히 돌아왔다. ≪춘추좌씨전 선공宣公 12년≫

6) 오기吳起가……살펴본 것 : 위魏나라 무후武侯가 적을 살펴보는 방법에 대해 묻자, 오기는 "천하고 용감한 자에게 경무장한 정예병을 거느리고 가서 적을 시험하게 하되, 되도록 패하여 달아나고 얻는 것을 힘쓰지 않게 하여 적이 추격해오는 것을 살펴야 한다."라고 대답하였다. ≪오자 논장論將≫

7) 진탕陳湯이……계산하고 : 진탕(?~B.C. 6)은 전한前漢 원제元帝 때의 무신이다. 흉노匈奴의 질지선우郅支單于가 한나라를 배반하고 한나라의 사신을 살해하자, 당시 서역부교위西域副校尉로 있던 진탕이 서역도호西域都護 감연수甘延壽와 함께 황제의 칙서勅書를 위조하고 여러 성의 병력을 징발하여 흉노를 불시에 공격해서 질지선우를 목 베었다. ≪한서 권70 진탕전陳湯傳≫

오손烏孫은 본래 한나라 때에 천산북로天山北路 주변에 살던 터키계 유목 민족을 이르나, 여기서는 흉노匈奴를 가리켜 말하였다.

8) 건숙蹇叔이……예상한 것 : B.C. 628년 진秦나라의 대부였던 기자杞子가 정鄭나라에 있으면서 사람을 보내 목공穆公에게 "정나라가 나에게 북문北門의 자물쇠를 관장하게 하였으니, 만일 군대를 은밀히 출동하면 정나라를 얻을 수 있다."고 고하자, 목공이 건숙과 상의하였다. 건숙이

힘으로 다툼이요, '유여'와 '부족'은 견고함과 하자이다.

그러므로 병력을 드러내 보임(군대의 운용, 또는 기만술欺瞞術)의 극치는 우리의 허·실을 드러내 보임이 없음에서 지극하니, 우리의 허·실을 드러내 보임이 없으면 깊이 숨어든 간첩도 엿보지 못하고 지혜로운 자도 도모하지 못한다.

형태(적의 내부 정황)를 따라 사람들(병사)에게 승리하도록 만들었지만 사람들이 〈그 이치를〉 알지 못한다. 사람들은 모두 내(장수)가 승리한 형태만 알고, 내가 승리하게 만든 형태는 알지 못한다. 그러므로 싸우면 승리하여 후회함이 없으니, 적의 형태에 대응하기를 무궁무진하게 하는 것이다.

故로 形兵之極은 至於無形이니 無形이면 則深間不能窺하고 智者不能謀하니 因形而措勝於衆호되 衆不能知라 人皆知我所以勝之形하고 而莫知吾所以制勝之形이라 故로 其戰勝不復(복)이요 而應形於無窮이니라

반대하였으나 목공은 정나라를 공격하게 했다가 효산殽山에서 대패하였다. 이때 건숙이 출전하는 자신의 아들에게 "진나라 장수는 반드시 우리 군대를 효산에서 막을 것이다. 효산에는 두 언덕이 있는데, 남쪽 언덕은 하후夏后 고皐의 무덤이 있는 곳이고, 북쪽 언덕은 문왕文王이 비바람을 피했던 곳이다. 네가 반드시 이 두 언덕 사이에서 죽을 것이니, 내가 그곳으로 가서 너의 시신을 거두리라." 하였는데, 그 후 과연 그의 말대로 되었다. ≪춘추좌씨전 희공僖公 32년≫

우리가 이미 드러내 보인 허·실이 없고 적의 허·실을 나타나게 한 것도 형태가 없으면, 단지 깊이 숨어든 간첩과 지혜롭게 계책을 세우는 적도 따라서 엿보고 도모할 수 없을 뿐만 아니라, 바로 우리의 병사로서 나의 지시를 따르는 자들도 오직 승리함만 알고 내가 적의 형터를 따른 방법을 알지 못하게 된다.

예컨대 한신韓信이 배수진을 쳐서 조나라를 격파하고는 병법의 '사지死地에 빠진다.'는 말을 인용하여 장수들의 의혹을 풀어주었고,[9] 이광필李光弼이 평야에 진영을 설치했다가 이윽고 밤중에 은밀히 떠나가고 잔약한 병사들만 남겨두어 지키게 해서 끝내 고정휘高庭暉를 항복시킨 것[10]과 같은 것이 이것이다.

---

9) 한신韓信이……풀어주었고 : B.C. 204년에 한나라 장군인 한신이 수만의 병력을 거느리고 조나라를 공격하여 대승을 거두었다. 전투가 끝난 뒤에 여러 장수들이 병법에서 금기로 여기는 배수진을 사용한 까닭을 묻자, 한신은 "병법에 '사지에 빠진 뒤에 살고 망할 땅에 놓인 뒤에 보존된다.'고 말하지 않았는가. 또 나는 평소에 어루만져 복종하는 병사와 군관軍官을 얻은 것이 아니니, 이는 이른바 '장꾼을 몰아서 싸운다.'는 것이다. 이들에게 살 땅을 주면 모두 달아날 것이니, 어떻게 쓰겠는가?"라고 대답하였다. ≪사기 권92 회음후열전淮陰侯列傳≫

10) 이광필李光弼이……항복시킨 것 : 이광필(708~764)은 당나라 현종玄宗·숙종肅宗 때의 명장으로 안녹산安祿山과 사사명史思明의 난을 평정한 인물이며, 고정휘高庭暉는 안녹산이 죽은 뒤에 반란군의 수장이 된 사사명의 부장이다. 사사명이 하청河清에 주둔하자 이광필이 야수도野水渡에 진영을 설치하였으나 사사명 군대의 기습을 예상하고 병사들을 일

복復은 후회한다는 말이니,[11] 잃음이 없으면 어찌 후회하겠는가. ≪논어≫에 "자기 사욕을 이겨 예로 돌아온다."[12] 하였고, ≪주역≫에 "멀리 가지 않고 돌아온다."[13] 한 것이 이것이다.

군대의 형태는 물을 형상하니, 물의 형태는 높은 곳을 피하여 낮은 곳으로 달려가고, 군대의 형태는 적의 견실한 곳을 피하여 허약한 곳을 공격한다. 그리하여 물은 땅에 따라 흐르고 군대는 적에 따라 승리하는 것이다. 그러므로 군대는 일정한 형세가 없고 물은 일정한 형태가 없는 것이니, 적의 변화에 따라 승리하는 것을 신묘하다 이른다.

夫兵形은 象水하니 水之形은 避高而趨下하고 兵之形은 避實而擊虛하나니 水因地而制流하고 兵因敵而制勝이라 故로 兵無常勢하고 水無常形하니 能因敵變化而取勝者를 謂之神이니라

부만 잔류시켜 놓고 기다렸다가 적장賊將 이일월李日越을 사로잡아 후대하니, 고정휘가 마침내 항복하였다. ≪자치통감 권221 당기唐紀37 숙종황제肅宗皇帝 상上≫

11) 복復은……말이니 : '복復'은 잃었다가 다시 되찾거나 다른 길로 가다가 다시 원래의 길로 돌아오는 것이므로, '후회하는 말'이라고 한 것이다.

12) 자기……돌아온다 : '자기 사욕私慾을 이겨 예禮로 돌아온다〔克己復禮〕'는 것은 인仁을 실천하는 방법으로 ≪논어≫ 〈안연顔淵〉에 보인다.

13) 멀리……돌아온다 : 이 내용은 잘못을 하였으나 곧바로 돌아와 개과천선하는 것으로 ≪주역≫ 복괘復卦 초구初九 효사爻辭에 보인다.

물로 군대를 비유함은 두 가지 모두 잘 이해되어서 간략하고 합당하고 간절하고 명백하니, 어찌 다시 주석할 필요가 있겠는가. 군대는 일정한 형세가 없어서 적의 형태를 따르고, 물은 일정한 형태가 없어서 성질이 아래로 달려간다. 적의 변화를 따름은 변화를 적에게 맡기고 내가 이용하는 것이다.

≪삼략≫ 〈상략上略〉에 "변동함에 일정함이 없어서 적에 따라 바꾸고 변화한다." 하였고, ≪울료자≫ 〈무의武議〉에 "적이 희면 우리도 희게 만들고, 적이 붉으면 우리도 붉게 만들어야 한다."는 것이 이것이다.

그러므로 오행五行은 항상 이기는 것이 없고 사시四時는 일정한 자리(위치)가 없으며, 해(낮의 길이)는 짧고 긺이 있고, 달은 죽고 삶(차고 기욺)이 있는 것이다.[14)]

故로 五行은 無常勝하고 四時는 無常位하고 日有短長하고 月有死生이니라

윗글에 물을 군대에 비유하고 신묘함에 비견함을 인하여 말

14) 오행五行은……것이다 : 오행은 금金·목木·수水·화火·토土로, 금은 목을, 목은 토를, 토는 수를, 수는 화를, 화는 금을 돌려가면서 이기며, 사시는 봄·여름·가을·겨울로, 봄은 동쪽, 여름은 남쪽, 가을은 서쪽, 겨울은 북쪽에 해당하는데, 이 역시 변화하므로 이렇게 말한 것이다. 해는 동지冬至부터는 길어지고 하지夏至부터는 짧아지며, 달은 초사흘에는 초승달이 생기고 그믐에는 달빛이 보이지 않으므로 '죽고 삶이 있다.'고 말한 것이다.

하였다. 그러므로 다시 조화의 묘함을 인용해서 거듭 비유하여 맺은 것이다.

○〈군형軍形〉은 군대가 처음 형태를 이룬 것이고, 〈병세兵勢〉는 기세로써 사람을 부려 사람들이 스스로 싸우게 하는 것이고, 〈허실虛實〉은 적의 변화를 따라 승리를 쟁취하는 것이니, 〈군형〉·〈병세〉·〈허실〉 세 편이 서로 연하여 시작과 끝이 되었다. 그러므로 〈군형〉의 도度와 양量, 수數와 칭稱은 다만 진陣의 형태만 있을 뿐이요, 〈병세〉의 '기세가 험하고 절도가 짧은 것'과 '분분운운紛紛紜紜하고 혼혼돈돈混混沌沌함'은 바로 전세戰勢이며, 〈병세〉의 '이익을 가지고 적을 움직이게 하고 근본(기본의 자세)을 가지고 적을 대비함'은 적에게 형태를 드러내 보임을 처음으로 말했으나, 허·실의 형체가 없음은 바로 형태를 따라 승리하도록 만들기 때문이다.

형形은 형태가 있으나 숨겨져 있으므로 막아놓은 물로 비유하였고, 세勢는 형태가 없으나 드러나 보이므로 나무와 돌로 비유하였고, 허실은 변화하므로 오행과 사시와 해와 달로 비유한 것이다.

역대 주석에 대한 비평

이탁오李卓吾가 "〈군형〉에서는 '승리는 알 수 있으나 만들 수는 없다.' 하였고, 여기서는 '승리를 만들 수 있다.'고 말하였다. 〈군형〉에서는 공격과 수비를 가지고 말하였으니, 적이 잘 수비하고 있으면 우리가 어떻게 승리할 수 있겠는가. 여기서는 허・실을 가지고 말하였으니, 실로써 허를 공격한다면 승리함에 무슨 어려움이 있겠는가." 하였으니, 앞뒤가 서로 모순되어 이에 대한 변론이 없을 수 없다.

'각지角之'의 '각角'을 구주에는 '촉觸'으로 훈訓하였으니, 잘못인 듯하다. '불복不復'을 제가諸家들은 모두 '예전의 계책을 다시 인습하지 않는 것'이라 하였으니, 또한 통한다. 그러나 글의 뜻이 자못 짧다.

〈'적의 변화에 따라 승리함〔能因敵變化而取勝〕'에 대하여〉 주녹강朱鹿岡은 "만약 '이而'자가 '인적因敵'의 아래에 있고 '변화취승變化取勝' 네 글자가 하나로 연결되면 변화가 자신에게 소속되는데, 지금 '이而'자가 '변화'의 아래에 있으면 변화가 적에게 소속된다." 하였으니, 이 말이 맞다.[15)]

---

15) 주녹강朱鹿岡은……맞다 : 원문의 "能因敵變化而取勝"을 "能因敵而變化取勝"으로 바꾸어야 함을 말한 것이다.

제7편 군대의 전쟁〔軍爭〕

〈시계始計〉는 싸우기 전에 승부를 비교하는 것이고, 〈작전作戰〉은 전쟁에 앞서 수고로움과 비용을 계산하는 것이고, 〈모공謀攻〉은 앉아서 수판을 움직여 적을 굴복시키는 것이니, 모두 군대의 기모機謀이고 군대가 전쟁하는 일이 아니다.

〈군형軍形〉은 군대에 형태가 있는 것이고, 〈병세兵勢〉는 성세聲勢(기세)를 확장하는 것이며, 〈허실虛實〉은 변하여 지극하고 신묘하게 변화하고 고무함이 지극한 것이다. 마치 푸줏간 백정의 손놀림이 음률(절도)에 맞지 않음이 없고,[1] 계자季子가 음악을 구경함이 소소韶箾에서 그친 것[2]과 같으니, 말 또한 여기에서 끝날 수 있다.

---

1) 푸줏간……없고 : ≪장자≫ 〈양생주養生主〉에 "푸줏간 백정이 문혜군文惠君을 위해 소를 잡았는데, 손이 닿는 곳과 어깨를 기대는 곳과 발을 딛는 곳과 무릎으로 누르는 곳마다, 획획 뼈를 발라내는 소리와 칼로 가르는 소리가 음률(절도)에 모두 맞았다."라고 보인다.

2) 계자季子가……그친 것 : 계자는 춘추시대 오왕吳王 수몽壽夢의 넷째 아들인 계찰季札을 이르며, 소소韶箾는 순舜임금의 음악이다. 계찰이 예악禮樂에 밝아 노魯나라로 사신 가서 주周나라의 음악을 듣고 열국列國의 치란과 흥망성쇠를 예견하였으며, 소소무韶箾舞를 보고서는 "아무리 성

그러나 여섯 개의 깃털을 들어도 솜털이 빠져 있으면 어떻게 온전한 새가 될 수 있겠는가. 그러므로 〈군쟁軍爭〉 이하는 여러 병법을 모아 차례로 엮어서 대부분 비슷한 종류끼리 서로 따르게 하여 문장이 혹 이어지지 않으나, 중요한 대목의 글자〔字眼〕를 들어 제목으로 삼았으니, 편의 제목을 미리 세워 결구結構의 뜻을 다해서 머리와 꼬리가 서로 관통하고 단순에 이루어진 문체가 아니다.

그러므로 〈군쟁〉은 군대가 유리한 곳으로 달려가는 것으로 네 가지 다스림을 덧붙였고, 〈구변九變〉은 임기응변을 통달하는 것으로 다섯 가지 위험을 경계하였으며, 군대를 주둔함과 적을 살펴봄을 함께 논하면서 치병治兵을 놓았고, 육지六地와 육패六敗를 서로 이으면서 장수의 도道를 끼워넣었다.

분노와 노여움에 대해 지극히 경계하고 신중히 함은 자못 〈화공火攻〉과 상관이 없고, 마땅히 은미하고 치밀히 행동하여 적의 실정을 탐지하여야 하므로 오로지 간첩을 사용함을 〈용간用間〉에서 논하였는데, 이는 모두 병법을 논함에 없어서는 안 되는 것으로, 안목을 갖

대한 덕德이라 해도 이보다 더할 수 없으니, 훌륭하기 그지없습니다. 설령 다른 악무樂舞가 있다 하더라도 나는 감히 더 보기를 청하지 않겠습니다."라고 하였다. ≪춘추좌씨전 양공襄公 29년≫

춘 자가 쉽게 볼 수 있는 것이다. 그런데 주석가들이 억지로 이것을 끌어다가 맞추고자 함은 또한 유독 어째서인가.

〈구지九地〉 한 편에 이르러서는 장인匠人의 마음이 더욱 공교로워 따로 한 문장을 지어냈으니, 마치 기마驥馬가 태항산太行山에서 곤궁하고 배가 여량呂梁을 지나오는 것[3]과 같아서, 거의 죽었다가 살아나고 거의 위태로웠다가 편안해졌다. 병가에서 남모르게 간직하고 있는 비밀을 남김없이 노출하여, ≪손자≫ 전서全書의 후미를 장식하는 글이 되었는바, 몽장蒙莊의 〈천하天下〉[4]와 맹견孟堅의 〈서전敍傳〉[5]과 함께 수습하여 맺은 방법이 동일하니, 이는 바로 이 한 권의 단락을 나눈 것으로, 독자들이 알지 않으면 안 되는 것들이다.

---

3) 기마驥馬가……지나오는 것 : 기마는 천리마를 이르고, 태항산太行山은 중국 하남성河南省과 산서성山西省 경계에 있는 대협곡인데, 길이 험준하기로 유명하다. 여량呂梁은 중국 사수泗水에 있는 여울로, 물살이 급하고 험하기로 이름난 곳이다.

4) 몽장蒙莊의 〈천하天下〉 : 몽장蒙莊은 장주莊周로, 그가 몽현蒙縣 사람이기 때문에 이렇게 칭한 것이다. 장주가 지은 ≪장자≫ 33편 가운데 〈천하〉가 맨 마지막에 있으므로 이렇게 말한 것이다.

5) 맹견孟堅의 〈서전敍傳〉 : 맹견은 후한後漢 중기의 문신이자 역사가로 ≪한서漢書≫의 편찬자인 반고班固(32~92)의 자字인바, ≪한서≫의 〈서전〉이 맨 마지막에 있으므로 이렇게 말한 것이다.

손자가 말하였다.

무릇 용병하는 방법은 장수가 군주에게 명령을 받아 군대를 합치고 병력을 모아서 화문和門을 마주하여 머물 적에는 군쟁軍爭보다 더 어려운 것이 없다. 군쟁의 어려움은 우회하는 길을 직선의 길로 만들고 환란을 이로움으로 만드는 것이다. 그러므로 길을 우회하되 이익으로써 적을 유인해서 적보다 뒤에 출발하고 적보다 먼저 도착하여야 하니, 이는 우회와 직선의 계책을 아는 것이다.

孫子曰 凡用兵之法은 將受命於君하여 合軍聚衆하여 交和而舍에 莫難於軍爭이니 軍爭之難者는 以迂爲直하고 以患爲利라 故로 迂其途而誘之以利하여 後人發하고 先人至하니 此는 知迂直之計者也라

군문軍門을 '화和'라 하니, '교화交和'는 적과 마주하여 주둔함을 이른다. ≪오자≫ 〈도국圖國〉에 "나라에서 화합하지 못하면 군대를 출동할 수 없고, 군대에서 화합하지 못하면 나아가 진을 칠 수 없고, 진영에서 화합하지 못하면 나아가 싸울 수 없고, 싸움터에서 화합하지 못하면 결코 승리할 수 없다." 하였다. '사舍'는 머무는 것이니, 진영과 보루를 만들어 머무는 것이다.

군쟁은 바로 〈구지九地〉의 쟁지爭地[6]이니, 적이나 우리나 얻

6) 〈구지九地〉의 쟁지爭地 : '구지九地'는 아래에 보이는 편명이다. 쟁지는 피아가 다투는 땅으로 〈구지九地〉에 "우리가 얻어도 이롭고 적이 얻어

으면 모두 이로우므로 다투지 않을 수 없다. 그러나 적이 만약 먼저 점거하였는데 우리가 가서 다투면, 적이 장차 편안함으로써 수고로운 우리를 상대하고 높은 곳에 의지하여 기세를 탈 것이니, 이는 필패必敗의 방도이다. 그러므로 병법에 "공격하면서 그 뒤로 달려가지 말라." 한 것이다.

적이 비록 나보다 먼저 출발하여 직선의 길로 가더라도, 모름지기 계책을 내어 적을 오판하게 만들어서 적을 딴 곳으로 가게 하고, 이익으로 유인하여 적을 지체하게 만들며, 우리가 도리어 적의 환난을 이롭게 여겨 우회하는 길을 따라 뒤늦게 출발해서 먼저 싸움터에 이르러야 하니, 이것이 그 어려운 이유이다.

우리는 우회하는 길을 직선으로 만들고, 적은 직선의 길을 우회하게 만든다. 그러므로 "우회와 직선의 계책을 안다."라는 구절로 끝맺은 것이다.

그러므로 군대가 적과 다툼은 자신을 이롭게 하기 위한 것이나, 무리(오합지졸)를 동원하여 다툼은 위태로움이 되는 것이다.

故로 軍爭爲利나 衆爭爲危니라

도 이로운 곳을 쟁지라 한다."라고 보인다.

군쟁이 비록 이로움이 되나 무리(오합지졸)를 동원하여 다투면 위태로우니, 자세한 내용이 아랫글에 보인다.

전군全軍을 동원하여 유리한 곳을 다투면 제때에 도착하지 못하고, 행군속도가 느린 군대(보병)를 버리고 유리한 곳을 다투면 군수물자를 버리게 된다. 이 때문에 갑옷을 벗고 급히 달려가서 밤낮으로 쉬지 않고 행군속도를 배가하여 백 리를 달려가 유리한 곳을 다투면 삼군三軍의 세 장군이 사로잡히게 되고, 굳센 자가 먼저 도착하고 피로한 자가 뒤에 도착하게 되니, 그 법은 군대의 10분의 1만 도착한다.

50리를 달려가 유리한 곳을 다투면 상장군上將軍이 쓰러지니 그 법은 군대가 반만 도착하고, 30리를 달려가 유리한 곳을 다투면 군대의 3분에 2가 도착한다. 이 때문에 군대는 군수물자가 없으면 망하고 양식이 없으면 망하고 저축이 없으면 망하는 것이다.

擧軍而爭利면 則不及하고 委軍而爭利면 則輜重捐이라 是故로 卷甲而趨하여 日夜不處하고 倍道兼行하여 百里而爭利하면 則擒三將軍이요 勁者先하고 疲者後니 其法이 十一而至하고 五十里而爭利하면 則蹶上將軍하니 其法이 半至하고 三十里而爭利하면 則三分之二至라 是故로 軍無輜重則亡하고 無糧食則亡하고 無委積(자)則亡하나니라

'권卷'은 묶다〔束〕와 같으니, 갑옷을 말아 묶음은 신속히 행군

하고자 해서이다. '처處'는 쉬다〔息〕와 같다. 삼군의 세 장군은 상군上軍·중군中軍·하군下軍의 장수이다. 이는 위의 글을 이어 군쟁의 위태로움을 말한 것이다. 전군을 이끌고 가면 행군속도가 느려서 제때에 도착하지 못하고, 경무장한 군대로 급히 달려가면 군수물자를 버리게 되고, 만약 다투는 곳이 더욱 멀어지면 군대의 행군이 더욱 이어지지 못해서 다시는 부대를 정돈하지 못하여, 반드시 굳센 자가 먼저 이르고 피곤한 자가 뒤에 이르며, 적이 길을 가로막고 차단함을 만나면 혹 세 장군이 사로잡히거나 상장군이 쓰러진다.

가장 가까운 경우는 〈하루에 30리를 달려가는 것으로〉 비록 태반太半이 도착할 수 있으나, 만일 병기와 양식과 저축이 모두 없게 되면 어찌 망하지 않을 수 있겠는가. 이 때문에 위태로움에 이르는 것이다.

그러므로 제후들의 계책을 알지 못하는 자는 미리 외교하지 못하고, 산림山林과 험조險阻와 저택沮澤[7]의 지형을 알지 못하는 자는 행군하지 못하고, 향도鄕導를 사용하지 않는 자는 지리地利를 얻지 못하는 것이다.

---

7) 산림山林과……저택沮澤 : 유인의 ≪손무자직해≫에 "지세가 높은 것이 산山이고 나무가 빽빽이 모인 것이 림林이며, 구덩이가 험險이고 한 번 높고 한 번 낮은 것이 조阻이며, 진흙이 있어서 저습한 것이 저沮이고 여러 물이 모여 흐르지 않는 것이 택澤이다."라고 풀이하였다.

故로 不知諸侯之謀者는 不能豫交하고 不知山林險阻沮澤之形者는 不能行軍하고 不用鄕導者는 不能得地利하나니라

한 번 높고 한 번 낮은 것을 조阻라 한다. '저沮'는 습지이다. 여러 물이 모이는 곳을 택澤이라 한다. '향도'는 지방의 토착민을 앞세워 길을 인도하게 하는 것이다. 위의 글을 이어서 전군을 총동원하거나 군대(보병)를 버리는 것이 모두 불가함을 말하였다.

그렇다면 장수는 어찌하여야 하는가? 오직 미리 외교를 하면 전쟁할 장소에 먼저 도착하여 병력을 확보해서 이웃 나라의 도움을 받아 스스로 군수물자를 공급할 수 있다. 지형의 험하고 막힘을 알고 향도를 사용함은 더더욱 급선무가 된다.

당시 열국列國의 지형이 서로 교차하여 다투는 지역이 세 나라에 소속한 땅이 많았으므로 그 같이 이와 같은 것이다.

그러므로 군대는 속임수를 근본으로 세우고, 이익으로 적을 출동하게 하고, 분산하고 합치는 것을 변화로 삼는 것이다. 이 때문에 빠름이 바람과 같고 느림이 숲과 같으며, 적을 침략할 적에는 불꽃과 같이 급하게 하고 움직이지 않을 적에는 산과 같이 안정되게 하며, 〈적이 우리를〉 알기 어려움이 그늘과 같게 하고 출동할 적에는 천둥벼락과 같게 하며, 지방을 노략질하여 병력을 분산 배치하고 땅을 넓혀 편리한 곳을 점거해야

하며, 〈승산을〉 저울질하고 나서 출동하여, 먼저 우회와 직선의 계책을 아는 자는 승리하니, 이것이 군대가 서로 다투는 방법이다.

故로 兵은 以詐立하고 以利動하고 以分合爲變者也라 故로 其疾如風하고 其徐如林하고 侵掠如火하고 不動如山하고 難知如陰하고 動如雷霆이라 掠鄕分衆하고 廓地分利하여 懸權而動하여 先知迂直之計者勝하니 此는 軍爭之法也라

위의 글을 이어 군대가 서로 다투는 방법은 먼저 반드시 제후들과 외교하여야 하고, 지형의 험하고 막힘을 알고, 향도를 활용하여야 함을 말하였다.

그러나 유리한 곳에 달려가는 자는 속임수가 아니면 스스로 성공할 수가 없다. 그러므로 반드시 분산하고 합치는 것으로 변화를 삼고 여러 방법과 계략으로 적을 오판하게 해서 적이 〈우리의 전략을〉 측량하지 못하게 하여, 바람의 빠름과 같고 숲의 느림과 같게 하며 불꽃처럼 급하게 노략질하고 산처럼 우뚝이 솟아 안정하며 음지陰地처럼 비밀스러워 알기가 어렵고 우레처럼 신속히 출동하여 막지 못하게 하여야 하니, 이는 모두 그 길을 우회하되 적보다 뒤늦게 출발하고 적보다 먼저 도착하는 방법이다.

이윽고 적의 지역을 노략질하여 병력을 분산 배치하고 땅을 넓혀 편리한 곳을 나누어 점거해야 한다. 그러므로 능히 노략질한 물자를 쌓아 양식을 풍족하게 하여 적지에 깊이 쳐들어가면서도 더욱 견고한 것이다. 그러나 이것은 모두 지극히 위

험한 일이니 경거망동해서는 안 되고, 반드시 피아를 저울질해서 승산勝算을 발견하고서 비로소 출동하여야 한다. 이렇게 한 뒤에야 비로소 우회와 직선의 계책을 안다고 이를 수 있어서 승리가 우리 편에 있게 되는 것이다.

이 절節은 '속임수를 근본으로 세움〔以詐立〕' 이하 세 구句로 시작하였으나 긴요한 부분은 오로지 분산하고 합침에 있으니, 적이 이미 먼저 출발하고 우리가 그 뒤로 달려갈 경우 기병奇兵을 출동시키지 않으면 어떻게 성공할 수 있겠는가. 그러므로 반드시 기奇와 정正을 상생하여 속임수로써 적의 귀와 눈을 어지럽게 해야 하는 것이다.

≪군정軍政≫[8]에 "〈전투 중에는〉 말소리가 서로 들리지 않기 때문에 징〔金〕과 북〔鼓〕을 사용하고, 눈으로는 서로 보이지 않기 때문에 깃발을 사용한다." 하였으니, 징과 북과 깃발은 사람의 귀와 눈을 통일시키는 것이다. 사람의 귀와 눈이 이미 통일되면 용감한 자가 홀로 전진할 수 없고 겁이 많은 자가 홀로 후퇴할 수 없으니, 이것은 많은 병력을 운용하는 방법이다.

軍政曰 言不相聞故로 爲之金鼓하고 視不相見故로 爲之旌旗라하니 夫金鼓旌旗者는 所以一人之耳目也라 人旣專一이면 則勇者不得獨進하고 怯者不

8) ≪군정軍政≫ : 고대 병법서 중 하나로 서주西周 시기의 병서로 보이나 지금은 실전되었고, 작자 또한 미상이다.

得獨退하나니 此는 用衆之法也라

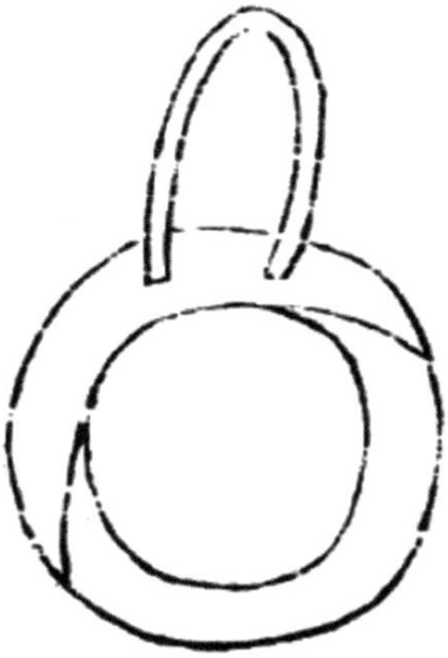

징〔金〕

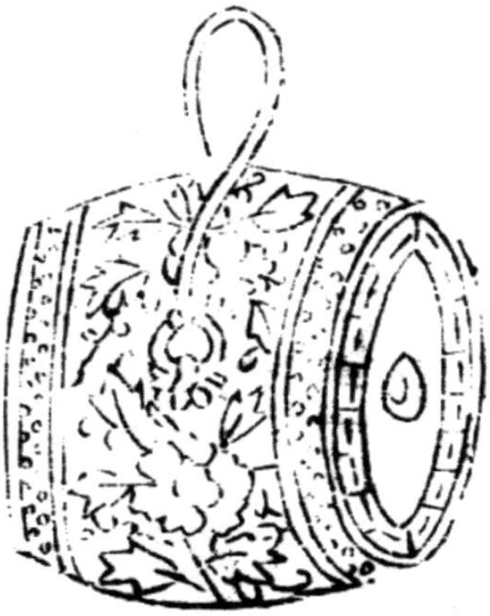

북〔鼓〕

≪군정≫은 옛 병가의 말이다. 금金은 징이니, ≪시경≫ 〈소아小雅 채기采芑〉에 "징 치는 사람이 북을 친다." 하였다. 깃털을 쪼개어 깃대에 매단 것을 정기旌旗라 하고, 북은 큰 북과 작은 북의 통칭이다. 징과 북과 정기는 사람의 보고 들음을 통일시켜 전진하고 후퇴하는 절도로 삼는 것이다. 병사가 미리 출전하여 적의 수급首級 두 개를 베어오면 홀로 나갔다 하여 주살誅殺하고,[9] 등 뒤에 상처를 입으면 홀로 후퇴했다 하여 죽이

9) 병사가……주살誅殺하고 : 이 내용은 ≪울료자≫ 〈무의武議〉에 다음과 같이 보인다. "오기吳起가 진秦나라와 싸울 적에 교전하기 전에 한 병사가 자신의 용맹을 주체하지 못하고 앞으로 나가 적의 수급 두 개를 베어 가지고 돌아오자, 오기가 그 자리에서 그의 목을 베었다. 이때 군리

니,[10] 용맹스런 자와 겁이 많은 자를 어찌 통일시키지 않을 수 있겠는가.

이 절節은 형形·명名[11]을 가지고 아랫글 '삼군의 기氣를 빼앗을 수 있고'의 구절을 일으킨 것이다.

그러므로 야간 전투에는 불과 북을 많이 사용하고, 주간 전투에는 깃발을 많이 사용하니, 이는 사람(적)의 귀와 눈을 어지럽게 하는 것이다.

故로 夜戰에 多火鼓하고 晝戰에 多旌旗는 所以變人之耳目也라

밤에는 깃발을 볼 수 없으므로 불로 대신하는 것이다. 밤에 징을 말하지 않고 낮에 다만 깃발을 든 것은 호문互文이다.[12]

軍吏가 '이는 용력이 뛰어난 병사이니, 목을 베어서는 안 됩니다.' 하고 간諫하였으나, 오기는 '용력이 뛰어난 병사임은 분명하지만 나의 명령을 따른 것이 아니다.' 하고, 참수하였다."

10) 등 뒤에……죽이니 : 이 내용은 위 경문의 '용감한 자가 홀로 전진할 수 없고 겁이 많은 자가 홀로 후퇴할 수 없으니'를 설명하기 위해 조희순이 앞 문장과 대구對句를 맞춘 것으로 다른 병서에는 보이지 않는다.

11) 형形·명名 : 형은 정기旌旗와 휘치麾幟(깃발)의 형체를 이르고, 명은 징과 북, 피리와 젓대의 명성名聲(소리)을 이른다.

12) 밤에……호문互文이다 : 호문이란 똑같은 내용이 중복될 경우 두 번 다 쓰지 않고 각각 한 가지만 씀을 이르는바, 곧 '징〔金〕'을 밤과 낮에 모두 사용하는 것이다.

변變은 어지럽히는 것이요, 사람은 적敵을 이른다. 불과 북과 정기를 많이 사용하여 적으로 하여금 귀와 눈이 놀라 마음에 두려워하게 함을 말한 것이다. 옛 책에 "일제히 북을 쳐서 초楚나라 군대를 놀라게 하였다."[13] 하였고, ≪오자≫ 〈논장論將〉에 "적을 놀라게 하여 패주시킬 수 있다." 하였다.

그러므로 삼군三軍(적군)의 기氣를 빼앗을 수 있고 장군(적장)의 마음을 빼앗을 수 있는 것이다. 이 때문에 아침 기운은 예리하고 낮 기운은 태만하고 저녁 기운은 지쳐서 돌아가려 한다. 용병을 잘하는 자는 적의 예리한 기운을 피하고 나태하여 돌아갈 적에 공격하는 것이니, 이는 기운을 잘 다스리는 자이다.

故로 三軍은 可奪氣요 將軍은 可奪心이라 是故로 朝氣銳하고 晝氣惰하고 暮氣歸라 善用兵者는 避其銳氣하고 擊其惰歸하나니 此는 治氣者也라

---

13) 일제히……하였다 : 이 내용은 춘추시대 채蔡나라의 성자聲子가 초楚나라에 빙문 가서 영윤令尹 자목子木과 나눈 대화에 "요각繞角의 전투에 진군晉軍이 도주하려 하자, 석공析公이 '초군楚軍은 경솔하여 쉽게 놀라게 하여 동요시킬 수 있으니, 일제히 북을 울리면서 야음을 틈타 공격하면 초군은 반드시 도망갈 것입니다.'라고 하였습니다. 진인晉人이 그 말을 따르니, 과연 초군은 밤에 흩어져 도망하였습니다."라고 보인다. ≪춘추좌씨전 양공襄公 26년≫

범려范蠡가 "적의 양절陽節이 다하기를 기다리고 우리의 음절陰節이 가득 차기를 기다려서 빼앗는다."[14] 하였고, ≪춘추좌씨전≫의 '조귀曹劌가 제齊나라 사람이 세 번 북 치기를 기다려 공격해서 제군齊軍을 패퇴시킨 것'[15]이 모두 기운을 다스린 것이다.

이정李靖이 "생명을 간직하고 피를 가지고 있는 자(사람)가 고무되어 싸워서, 비록 죽더라도 돌아보지 않는 것은 기운이 그렇게 만드는 것이다. 오기吳起의 사기四機[16] 중에 기기氣機를 앞에 두었으니, 사람들이 스스로 싸우게 하면 그 예봉銳鋒을 당해낼 수 있는 자가 없다."(≪이위공문대≫ 하권) 하였고, 또 "이른

---

14) 적의……빼앗는다 : 양절은 강강剛强한 기세를 이르고, 음절은 침착하고 안정된 기세를 이른다. 이 내용은 ≪이위공문대≫ 중권에 보인다.

15) 조귀曹劌가……패퇴시킨 것 : 조귀는 춘추시대 노魯나라의 대부이다. 제齊나라가 노나라를 침략했을 때, 조귀는 제나라가 세 번 북을 치기를 기다렸다가 북을 쳐서 공격하여 제나라를 대패시키고, 그 이유를 "전쟁의 승패는 용기에 달려 있다. 북이 첫 번째 한 번 울리면 용기가 진작되고, 두 번째 울리면 용기가 쇠하고, 세 번째 울리면 용기가 고갈된다. 제군이 북을 세 번째 울렸을 때 저들은 이미 용기가 고갈되고 아군은 한창 용기가 왕성하였기 때문에 승리한 것이다."라고 하였다. ≪춘추좌씨전 장공莊公 10년≫

16) 오기吳起의 사기四機 : ≪오자≫ 〈논장論將〉에 "무릇 군대에는 네 가지 기機가 있으니, 첫 번째는 기기氣機이고 두 번째는 지기地機이고 세 번째는 사기事機이고 네 번째는 역기力機이다."라고 보인다. 기기는 병사들의 사기를 진작시킴을 이른다.

바 아침 기운이 예리하다는 것은 시간을 제한하여 말한 것이 아니요, 하루의 처음과 끝을 들어 비유한 것이다."(≪이위공문대≫ 하권) 하였다.

살펴보건대 '아침 기운은 예리하고 낮 기운은 태만하고 저녁 기운은 지쳐서 돌아가려 한다.'는 것은 하루를 가지고 말한 경우가 있으니, 옛사람이 아침을 피하고 저녁을 기다려 승리한 경우가 매우 많으며, 또한 군대를 주둔한 처음과 끝을 가지고 말한 경우가 있으니, ≪오자≫ 〈논장論將〉에 "적군이 군대를 오랫동안 주둔하고 이동하지 않아 적의 장병들이 태만해지고 군대가 대비함이 없으면 은밀히 군대를 출동시켜 습격할 수 있다." 하였다.

아군我軍을 다스림으로써 적이 혼란하기를 기다리고 아군을 침착하게 함으로써 적이 떠들기를 기다려야 하니 이는 마음을 다스리는 것이요, 가까이 있는 아군으로 멀리서 온 적을 기다리고 편안한 아군으로 수고로운 적을 기다리고 배부른 아군으로 굶주린 적을 기다려야 하니 이는 힘을 다스리는 것이요, 바르고 정돈된 적의 깃발을 맞아 싸우지 말고 당당한 적의 진영을 공격하지 말아야 하니, 이는 변화를 다스리는 것이다.

以治待亂하고 以靜待譁하니 此는 治心者也요 以近待遠하고 以佚待勞하고 以飽待饑하니 此는 治力者也요 無邀正正之旗하고 勿擊堂堂之陣이니 此는 治變者也라

다스려짐과 혼란함이 마음에 달려 있음은 굳이 말할 필요가 없으니, 병사들의 마음이 흔들리기 때문에 시끄럽게 떠드는 것이다. 위魏나라 무제武帝(조조曹操)가 전투에 임해서 의사를 편안하고 한가롭게 하여 전투하고자 하지 않을 듯이 함은 마음을 잘 다스린 것이다. 생명을 간직하고 피를 가지고 있는 자는 모두 기운을 간직하고 있으므로 기운은 병사에게 소속시키고, 장수가 유능하면 군대를 정돈하여 여유가 있으므로 마음은 장수에게 소속시켰다. 수고로움과 편안함, 굶주림과 배부름은 장수와 병사가 똑같다.

위의 글에 불과 북, 정기旌旗를 많이 설치함은 진실로 적의 귀와 눈을 어지럽히고자 한 것이요, 지금 정정당당하게 적을 대함은 변變과는 거리가 멀다. 군대를 주둔하고 공격하지 않음은 변화를 다스리는 것이다.

그러므로 용병하는 방법은 높은 언덕에 있는 적을 향하여 싸우지 말고, 언덕을 등지고 있는 적은 맞서 싸우지 말고, 거짓으로 패하여 달아나는 적은 추격하지 말고, 정예로운 적은 공격하지 말고, 미끼로 내놓은 적은 취하지 말고, 돌아가는 적은 막지 말고, 포위된 적은 반드시 한쪽을 비워주고, 궁지에 빠진 적은 압박하지 말아야 하니, 이는 용병하는 방법이다.

故로 用兵之法은 高陵勿向하고 背邱勿逆하고 佯北(배)勿從하고 銳卒勿攻하고 餌兵勿食하고 歸師勿遏하고 圍師必闕하고 窮寇勿追니 此는 用兵之法也라

큰 언덕을 능陵이라 하고 토산土山을 구邱라 하니, '높은 언덕에 있는 적은 향하여 싸우지 말고 언덕을 등지고 있는 적은 맞서 싸우지 말라.'는 것은 모두 형세가 순하지 않아서이다. 말뜻은 대략 같으나, 향하여 싸우지 말라는 것과 맞서 싸우지 말라는 것은 그 크고 작음에 따라 나눈 것이다. 거짓으로 패주함은 진짜 패주함과 유사하니, 장수가 마땅히 살펴야 한다.

'예졸銳卒'은 선발된 선봉대이니, 한漢나라 이릉李陵이 기이한 재주가 있는 검객劍客을 데리고 스스로 한 부대를 담당하였고,[17] 명明나라 상석영商石英이 12명의 기병騎兵으로 4백 명의 적을 죽인 것[18]이 이것이다. '이병餌兵'은 이익으로써 우리를 유인하는 것이니, '식食'은 고기가 미끼를 먹는 것과 같다. 돌아가는 군대는 다만 후미를 추격해야 하니, 앞을 가로막으면 적들이 분발하여 싸우게 된다. 적을 포위할 적에 한쪽을 비워주면 적이 살 길을 보고서 결사적으로 싸우지 않으며, 궁지에

---

17) 한漢나라……담당하였고 : 이릉은 전한前漢 무제武帝 때의 장군으로, 천한天漢 2년(B.C. 99) 흉노匈奴를 공격할 적에 무제가 그를 이사장군貳師將軍 이광리李廣利의 부하로 삼아 치중대輜重隊를 이끌고 군량 수송을 담당하게 하자, 이릉은 "신臣이 거느리고 있는 병사들은 모두 오吳·초楚 지방의 기이한 재주가 있는 검객으로서 힘이 호랑이를 겨드랑이에 끼워 죽일 수 있고 활을 쏘면 명중시킬 수 있으니, 스스로 한 부대를 담당하여 선우單于(흉노의 왕)의 군대를 분산시키겠습니다."라고 한 내용을 축약한 것이다.

18) 명明나라……죽인 것 : 이 내용은 자세하지 않다.

빠진 적을 추격하면 결사적으로 싸운다.

이 절節은 마땅히 따로 한 단락이 되어야 하니, 위의 글에 '공격하지 말라.'는 것을 빌려 이어놓은 것이다.

역대 주석에 대한 비평

'군대가 적과 다툼은 자신을 이롭게 하기 위한 것이나, 무리를 동원하여 다툼은 위태로움이 되는 것이다.'를 왕봉주王鳳洲는 "부오部伍를 따라 질서정연하게 행군하면 올바른 군대가 되고, 부오를 따라 행군하지 않으면 무리(오합지졸)가 될 뿐이다." 하였는데, 이 말은 '굳센 자가 먼저 도착하고 피로한 자가 뒤에 도착하게 된다.'는 글에 들어맞고, 또 '군대를 동원하여 유리한 곳을 다툰다.'는 구句와 중복되지 않는다.

장예張預는 "권갑卷甲은 갑옷을 다 입는 것과 같으니, 〈갑옷을 다 입고 나아간다 함은〉 경무장한 군대와 중무장한 군대가 모두 출동함을 이른다." 하였으니, 이는 이미 본지에 어긋나고, 또 병서에 이러한 뜻풀이가 없다.

'그 빠름이 바람과 같다.'는 이하 여섯 구句를 혹은 기奇와 정正, 분산과 집합이라 하고, 혹은 '적의 빈틈을 탈 만하면 마땅히 신속히 타야 하고, 적에게 빈틈이 없으면 마땅히 느리게 해야 한다.'라고 해서, 모두 분명하게 지적하여 말한 자가 없다. 유리한 곳에 달려감은 여러 날이 걸리는 일이 아니요, 기·정을 자주 변경함은 범연泛然한 듯하여 군대의 다툼에 간절하지 않으니, 그 지론에 근거가 없는 것이 당연하다.

'지방을 노략질하여 병력을 분산배치하고 땅을 넓혀 편리한 곳을 점거해야 한다.〔掠鄕分衆 廓地分利〕'는 구句에 대해 두목杜牧은 "적의 향읍鄕邑과 취락聚落에 지키는 병사가 없고 육축六畜(가축)과 재물과 곡식이 노략질하기 쉬우면 모름지기 번番을 나누어 차례를 정해서 병사들을 모두 출동하게 하여야 한다." 하고, 장예는 "용병하는 방도는 대체로 적에게서 양식을 이용하기를 힘쓴다. 그러나 향읍의 백성들이 저축한 것이 많지 않으면 반드시 군대를 나누어 장소에 따라 노략질하여야 재용財用을 충분히 마련할 수 있고, 탁 트이고 평탄한 지역에서는 반드시 군대를 나누어 유리한 곳을 지켜서 적이 얻지 못하게 하여야 한다." 하였으니, 모두 지루하고 구차한 해석이어서 감히 옳다고 여기지 못하겠다.

'높은 언덕에 있는 적은 향하여 싸우지 말라.'는 이하 여덟 구를 장분張賁은 본편에서 분리하여 아래 편의 '절지絶地에서는 머물지 말라.'는 것과 합해 아홉 가지 변화의 수數에 채웠다. 무릇 옛글을 바꾸는 경우는 반드시 옛것을 따르면 말이 되지 않고 고치면 확실하여 의심이 없는 뒤에야 비로소 고칠 수 있는데, 〈장분의 말은〉 오히려 의심스러운 것을 그대로 제쳐놓는 것만 못하다. 지금 이 여덟 가지는 모두 떳떳한 이치로서 이른바 '변變'이라는 것이 없고, 더구나 아홉 가지 지세〔九地〕의 변이 분명할 뿐만이 아니니, 그렇다면 어찌 전혀 거리낌 없이 떼고 붙일 수 있겠는가.

구주에 "이餌는 물고기에게 주는 미끼이다. 적이 갑자기 음식을 버리고 떠나가면 먼저 모름지기 맛보기로 시험해보아야지 곧바로 〈적이 버린 음식을〉 먹어서는 안 되니, 이는 해독이 있음을 우려해서이다." 하였으니, 옳지 않다.

제가들은 반드시 이 한 편을 연결된 글이라고 생각하여, ≪군정軍政≫의 형形·명名 한 단락[19]과 편 끝의 여덟 구句[20]를 억지로 〈군쟁軍爭〉에 끌어다가 맞추었다. 이 때문에 허다한 병통이 모두 이로부터 생겨나서 문장을 이루지 못하였다.

---

19) ≪군정軍政≫의……한 단락 : 본편의 경문 중에 ≪군정≫에서 말한 "말소리가 서로 들리지 않기 때문에 징과 북을 사용하고, 눈으로는 서로 보이지 않기 때문에 깃발을 사용한다."는 구절을 이른 것이다.

20) 편 끝의 여덟 구句 : '높은 언덕에 있는 적은 향하여 싸우지 말라.' 이하의 내용을 가리킨다.

제8편 아홉 가지 용병用兵 방법〔九變〕

이 편은 장수가 마땅히 임기응변을 통달하여야 하고, 일정한 법식에 구애되어서는 안 됨을 논하였다. 그러므로 첫머리에 구변九變과 오리五利를 논하였으니, 구변은 대부분 해로운 상황에 있으면서 이로움을 생각하는 일이고, 오리는 이로운 상황에 있으면서 해로움을 생각하는 일이니, 모두 변통하여 마땅하게 하는 것이다. 만일 이로움과 해로움을 겸하여 생각하지 못하면, 제후諸侯를 패자와 왕자의 군대가 되게 할 수 없고, 또 성질이 편벽되어 오위五危의 경계를 범함을 면치 못할 것이다.

○ 구변九變은 구지九地의 변통이니, 그 조목과 방법이 이미 본편本篇에 자세히 나와 있는데, 여기에서 도리어 변통을 논한 것은, 중점이 변통에 있고 지형에 있지 않기 때문이다. 그러므로 다시 하나하나 말하지 않고 다만 가장 긴요한 것 몇 가지 일만을 요약하였다. 이는 독자들이 구변을 별도로 찾을까 우려해서이니, 바로 다음 편에서 말한 비지圮地, 구지衢地, 위지圍地, 사지死地 등 구지의 변통과 같은 것이다.

다만 산지散地, 경지輕地, 교지交地는 그다지 크게 변통할 것이 없고, 쟁지爭地는 또 오로지 이것을 논한 편이 따로 있다. 그러므로 그 나머지에서 절지絶地를 들고 중지重地를 뺐으니, 〈절지絶地를〉 구변에 들어 있지 않다 하여 끝내 없애고자 하지는 않은 것이다.

그러므로 구지 가운데 객전客戰을 논한 것에서 오직 절지, 구지, 중지, 경지, 위지, 사지로 요약한 것은 또한 중점이 객전에 있기 때문이다. 그러나 요약한 것이 넷에 그치고 다시 절지를 끼워 넣어서 다섯 가지 이로움〔五利〕에 연결하고 구역을 나누지 않았으니, 독자들의 의혹이 불어남이 당연하다. 그러므로 장분張賁은 〈군쟁軍爭〉편 끝에 있는 여덟 구句를 '절지무류絶地無留'와 합쳐 아홉으로 만들고, 비지, 구지, 위지, 사지를 〈구지〉의 착간錯簡이라 하였으니, 그의 말대로 하면 이는 별도로 구변이 있는 것이요, ≪손자≫에서 말한 '구지의 변통'이라는 것이 아니다. 그러나 다섯 가지 이로움은 오히려 온전할 수 있다.

그런데 정령鄭靈은 "비지로부터 '지유소부쟁地有所不爭'에 이르기까지가 아홉이 되고, '무사無舍'로부터 '부쟁不爭'에 이르기까지가 변통이 되며, 중간에 '무사無舍'·'무류無留'·'불유不由'를 한 이로움으로 삼고 '합교合交'를 한 이로움으로 삼고 '모전謀戰'을 한 이로움으로 삼고 '불격不擊'을 한 이로움으로 삼고 '불공부쟁不攻不爭'을 한 이로움으로 삼고 군명君命은 아홉 가지 가운데 두루 붙어 있다." 하였으니, 이는 구변의 다섯 가지가 오리五利의 네 가지와 합쳐져서 구변이 되고, 오리가 다시 구변 가운데의 물건이 되어서 그 하나가 남게 된다. 그리하여 구변의 전체와 비교하면 오히려 그 넷이 남으니, 장차 어떻게 결말을 지어야 하는가. 이른바 오리란 것이 또 어찌 합병하여 절차가 없음이 이와 같단 말인가.

하씨何氏는 "'비지무사圮地無舍'로부터 '군명유소불수君命有所不受'까지는 그 숫자가 열인데, 군명君命과 지형은 일이 똑같지 않으므로 마땅히 정령의 설을 따라야 한다." 하였고, 왕봉주王鳳洲는 또 하씨의 설을 따라 "구九는 수數의 지극함이니, 구변은 용병의 변화하는 법에 아홉 가지가 있는 것이고, 구지의 변은 구지를 만나 대처함에 변화하는 법이 있는 것이다." 하여, 구변의 명칭을 별도로 달리하고자 하였고, 유인劉寅은 다시 장분의 설을 따랐다.

아! 바닷가에 사는 자가 냄새나는 사람을 쫓아다니는 것[1)]은 기호가 비록 달라도 다른 사람에게 해는 없지만, 나는 한갓 병서만 읽었을 뿐 변통할 줄을 몰라서 남의

---

1) 바닷가에……쫓아다니는 것 : ≪여씨춘추呂氏春秋≫ 〈우합遇合〉에 "어떤 사람이 몸에 냄새가 심하게 나자, 친척·형제·처첩과 알고 지내는 사람들이 같이 있지 못하였다. 이에 괴로워하다가 홀로 바닷가에서 살았는데, 바닷가에 사는 사람 중에 한 사람이 그의 냄새를 좋아하여 밤낮으로 쫓아다녀서 떠나갈 수가 없었다." 하였는데, 사람은 각자 취향이 다름을 말한 것이다.

나라를 그르치는 자가 조괄趙括 한 사람으로 그치지 않을까 두려워하노라.[2)]

손자가 말하였다.

무릇 용병하는 방법은 장수가 군주에게 명령을 받고서 군대를 합치고 무리(병력)를 모으되, 비지圮地에서는 머물지 말고, 구지衢地에서는 외국과 외교를 맺고, 절지絶地에서는 머물지 말고, 위지圍地에서는 도모하고, 사지死地에서는 싸워야 한다.

孫子曰 凡用兵之法은 將受命於君하여 合軍聚衆호되 圮地無舍하고 衢地合交하고 絶地無留하고 圍地則謀하고 死地則戰이니라

이것은 아홉 가지 용병의 방법 중에 네 가지인데, 절지絶地는 제외되어 있다. 아래의 〈구지九地〉에서 자세히 논하였으니, 여기서는 다시 덧붙여 말하지 않는다.

---

2) 나는……두려워하노라 : 조괄趙括은 아버지 조사趙奢에게 병법을 배웠으나 병법을 쉽게 말하며 신중한 태도가 없으므로, 조사는 조나라에서 만일 조괄을 장수로 임명하면 반드시 패전할 것이라고 우려했었다. 뒤에 조왕이 그를 장수로 삼아 진秦나라와 싸우려 하자, 인상여藺相如가 "조괄은 다만 아버지의 병서를 읽었을 뿐, 변통을 모릅니다."라고 간하였으나, 결국 장수가 되어 장평長平의 전투에서 크게 패하여 조나라 군대 40만 명이 죽임을 당하였다.

가지 않아야 할 도로가 있고, 공격하지 않아야 할 적의 군대가 있고, 공격하지 않아야 할 적의 성城이 있고, 다투지 않아야 할 적의 땅이 있고, 받아들이지 않아야 할 군주의 명령이 있는 것이다.

途有所不由하고 軍有所不擊하고 城有所不攻하고 地有所不爭하고 君命有所不受니라

이것은 바로 다섯 가지 이로운 것〔五利〕이다. 이로운 상황에 있으면서 해로움을 생각하기 때문에 이로움이 되는 것이니, 모두 이익에 부합하면 출동하고, 이익에 부합하지 않으면 중지하는 것이다.

그러므로 장수가 구변九變의 이로움에 통달한 자는 용병할 줄을 아는 것이니, 장수가 구변의 이로움을 통달하지 못하면 비록 지형을 알더라도 지형의 이로움을 얻지 못하고, 군대를 다스림에 있어 구변의 방법을 알지 못하면 비록 다섯 가지 이로움을 알더라도 훌륭한 사람을 쓰지 못할 것이다.

故로 將通於九變之利者는 知用兵矣니 將不通九變之利면 雖知地形이나 不能得地之利矣요 治兵에 不知九變之術이면 雖知五利나 不能得人之用矣니라

구변은 지형에 따라 변에 대처하는 것이니, 그 권도權道(시의

적절한 방도)가 지형에 있으므로 다만 지형만 알고 변통할 줄을 모르면 지형의 이로움을 얻지 못하는 것이요, 오리五利는 기회에 따라 참작하여 헤아리는 것이니, 그 권도가 사람에게 있으므로 다만 그 이로움만 알고 해로움을 생각할 줄 모르면 훌륭한 사람을 쓰지 못하는 것이다. 그러나 구변과 오리는 모두 권도이다. 중인中人 이하는 권도에 참여할 수가 없으니, 구변의 방법을 알지 못하면 오리를 유추할 수가 없고, 지형의 이로움을 얻지 못하면 또한 훌륭한 사람을 쓰지 못할 것이다.

구지는 오로지 말하면 진실로 세勢이고, 변과 상대해 말하면 형形이니, 지형을 가지고 구변의 이로움을 말한 것은 변하여 마땅하게 하는 것이므로 이로운 것이요, 치병治兵을 가지고 구변의 방법을 말한 것은 대개 장수가 마땅히 알아야 할 바를 말한 것이다.

이 때문에 지혜로운 자의 사려는 반드시 이로움과 해로움을 겸하여 생각한다. 〈해로운 것을〉 이로운 것과 겸하여 생각하면 힘써야 할 일을 펼 수 있으며, 〈이로운 것을〉 해로운 것과 겸하여 생각하면 환란을 해결할 수 있다.

是故로 智者之慮는 必雜於利害니 雜於利而務可信也요 雜於害而患可解也니라

'잡雜'은 서로 비교하여 헤아려 살핌이다. 해로움 속에 있으

면서 이로움을 생각하여 힘써야 할 일을 펼 수 있음은 바로 구변의 이로움이니, 예컨대 위지圍地와 사지死地의 해로움 속에 있으면서 전투를 도모하는 임기응변에 대처함과 같은 것은 이롭게 하여 펴는 것이요, 이로움 속에 있으면서 해로움을 생각하여 환란을 풀 수 있음은 바로 오리五利의 활용이니, 예컨대 성을 공격하여 땅을 다투는 이로움 속에 있으면서 공격하지 않고 다투지 않는 것은 그 후환을 우려해서이다.

이 때문에 이웃의 제후들을 굴복시킴은 해로움으로써 하고, 이웃의 제후들을 사역시킴은 부강한 기업基業으로써 하고, 이웃의 제후들을 달려오게 함은 이익으로써 하는 것이다.

是故로 **屈諸侯者**는 **以害**요 **役諸侯者**는 **以業**이요 **趨諸侯者**는 **以利**니라

해로운 바가 있기 때문에 부득이 굴복하는 것이니 약소국인 정鄭나라와 송宋나라가 강대국인 진晉나라와 초楚나라에 있어서와 같은 경우요,[3] 상대방의 부강한 기업을 두려워하기 때문

---

3) 약소국인……경우요 : 춘추시대 진晉나라 문공文公 이후, 진·초楚 두 나라가 패권을 다투는 와중에, 두 나라 사이에 있던 정나라와 송나라는 어느 한쪽의 동맹국이 되지 않으면 안 되었는데, 진나라에 붙으면 초나라의 공격이 뒤따르고, 초나라에 붙으면 진나라의 공격이 뒤따라 오랫동안 곤궁하였는바, 이러한 내용이 ≪춘추좌씨전≫에 자세히 보인다.

에 가서 사역하는 것이니 약소국의 군대가 전차戰車와 토공土功을 내고 삼태기와 삽을 갖추는 것과 같은 것이요, 이로운 바가 있기 때문에 스스로 달려오는 것이니 약소국의 제후들이 강대국에 와서 조회하고 군대를 청하는 따위가 이것이다.

이 절節은 이로움과 해로움을 빌려 마침내 패자의 전략을 언급하였으니, 이는 장수가 임기응변을 적용하지 못하고 이로움과 해로움을 겸하여 생각하지 못하면, 또한 해로움으로써 제후들을 굴복시키지 못하고 이로움으로써 제후들을 달려오게 하지 못함을 말한 것이다. 제齊나라 환공桓公과 진晉나라 문공文公 뒤에 진晉나라와 초楚나라가 패권을 다투어서 손무자에 이를 때까지도 그러하였으므로 그의 말이 이와 같은 것이다.

그러므로 용병하는 방법은 적이 쳐들어오지 않음을 믿지 말고 우리가 대비함이 있음을 믿어야 하며, 적이 공격하지 않음을 믿지 말고 적이 우리를 공격할 수 없는 대비가 있음을 믿어야 하는 것이다.

故로 用兵之法은 無恃其不來요 恃吾有以待之하며 無恃其不攻이요 恃吾有所不可攻也니라

바로 이른바 '먼저 〈수비를 잘하여 적이〉 승리할 수 없게 만들어놓는다.'는 것이니, 승리할 것을 생각하고 실패할 것을 경

계함도 이로움 속에서 해로움을 생각하는 일이다. 그러므로 이것으로써 끝맺은 것이다.

이 때문에 장수에게는 다섯 가지 위태로움이 있으니, 장수가 필사적으로 싸우려 하면 적장이 그를 죽일 수 있고, 장수가 반드시 살려 하면 적장이 그를 사로잡을 수 있고, 장수가 화를 잘 내고 성질이 급하면 적장이 그를 업신여길 수 있고, 장수가 청렴하고 결백하면 적장이 그에게 모욕을 줄 수 있고, 장수가 백성을 사랑하면 적장이 그를 번거롭게 할 수 있으니, 무릇 이 다섯 가지는 장수의 잘못이니, 용병하는 재해이다. 군대를 전복시키고 장수를 죽임은 반드시 이 다섯 가지 위태로움 때문이니, 살피지 않으면 안 된다.

故로 將有五危하니 必死는 可殺이요 必生은 可虜요 忿速은 可侮요 廉潔은 可辱이요 愛民은 可煩이니 凡此五者는 將之過也니 用兵之災也라 覆軍殺將이 必以五危니 不可不察也니라

장수가 필사적으로 싸우려 한 경우는 제齊나라 공손하公孫夏가 군중軍中에 우빈虞殯을 노래하게 하고,[4] 진秦나라 부등苻登이

4) 제齊나라……하고 : 공손하公孫夏는 춘추시대 제나라의 장수이며, 우빈虞殯은 장송곡葬送曲이다. B.C. 484년, 노魯나라 애공哀公이 오吳나라 군주와 회합하여 제나라를 정벌하였는데, 이때 공손하가 자신의 병사들에게 우빈을 노래하게 하였는바, 이는 필사의 각오를 드러낸 것으로

갑옷에 '사휴死休'라는 글자를 새기게 한 것[5]과 같은 것이 이것이요, 장수가 반드시 살려고 한 경우는 겁이 많고 나약하여 군대를 버리고 먼저 도망한 자가 모두 여기에 해당한다.

장수가 화를 잘 내고 성질이 급한 경우는 조구曹咎가 자신을 욕함으로 인하여 범수氾水를 건넌 것[6]과 같은 것이 이것이며, 장수가 청렴하고 결백하면 탐욕스럽다는 모욕을 참지 못하고, 장수가 백성을 사랑하면 명령에 달려감에 피로하니, 이는 모두 성질이 한쪽으로 편벽되고 또한 경도經道만을 지키고 변통할 줄을 모르는 잘못이다. 그러므로 상대방이 제재할 수 있는 것이다.

결국 공손하는 패전하였다. ≪춘추좌씨전 애공哀公 11년≫

5) 진秦나라……한 것 : 부등(343~394)은 남북조시대南北朝時代 전한前秦의 5대 황제로 부견苻堅의 손자이다. 황제에 즉위한 부등은 진秦나라의 모든 장병들에게 필사의 각오로 복수할 것을 다짐하고자 갑옷에 '사휴死休(복수를 함에 반드시 죽고야 말겠다는 의미)'라고 새기게 하였다. 그러나 끝내 패망하였다. ≪자치통감 권106 진기晉紀28≫

6) 조구曹咎가……건넌 것 : 항우가 위魏나라 지역을 평정하러 가면서 당시 대사마大司馬인 조구에게 절대로 한나라 군대와 교전하지 말고 수비만 하라고 당부하였으나, 한나라 병사들이 며칠 동안 큰 소리로 조구를 겁쟁이라고 욕하자, 조구는 크게 노하여 군대를 거느리고 범수를 건너다가 한군의 공격을 받고 대패하여 자결하였다. ≪사기 권8 고조본기高祖本紀≫

역대 주석에 대한 비평

오리五利는 대처하는 바가 어떠한가에 달려 있는데, 주석가들이 분분하게 미리 그 조목을 갖추고자 하였으니, 어찌 끝이 있겠는가.

오리는 바로 구변九變 속에 있으니, 논변함이 편의 해제에서 말한 바와 같다.

'제후들을 굴복시킨다.' 이하의 세 구句는 주석가들이 제후를 적국으로 오인하여, 마침내 "음탕한 음악을 선물하고 미녀를 보내서 적국의 정령政令을 깨뜨리고 적국 군주의 마음을 미혹하여 혼란시킨다." 하였으니, 지나치다. 병서 가운데서 말한 제후는 모두 일반적으로 이웃나라를 논한 것일 뿐이다.

제9편 군대의 출동과 주둔〔行軍〕

이 편은 군대를 주둔함에 있어 네 가지 이로움과 적을 살펴보는 32개의 조항을 논하였으니, 모두 근엄하고 순정醇正하여 속이는 꾀가 전혀 없으며, 다음은 사려가 없어 적을 깔봄을 경계하고, 오직 힘을 합치고 적을 헤아림을 귀하게 여겼으며, 다음은 군대의 법을 다뤘다.

문장이 비록 연결되지 않으나 모두 군대를 운용하는 요점이니, 하나로 이루어진 문장이라고 말하더라도 괜찮을 것이다.

손자가 말하였다.

무릇 군대를 주둔시키고 적을 살펴볼 적에, 험한 산을 지나갈 경우에는 골짜기에 의지하고 생지生地를 살펴보아 높은 곳에 주둔하며, 적이 높은 곳을 점거하였으면 올라가 싸우지 말아야 하니, 이는 산에 군대를 주둔하는 방법이다.

孫子曰 凡處軍相敵에 絶山依谷하고 視生處高하고 戰隆無登이니 此는 處山之軍也니라

'처處'는 머물러 주둔함이요, '상相'은 살펴봄이요, '절絶'은 지

나감이다. 골짝에 의지하여 물과 풀을 가까이하는 것은 목축을 편리하게 하기 위한 것이다. 다만 지형이 높기만 하고 물이 없음은 마속馬謖이 패한 이유이다.[1] '시視'는 살펴봄이니, 땅이 높고 양지바른 곳을 생지生地라 하고, 땅이 낮고 습한 곳을 사지死地라 한다.

'생지를 살펴보아 높은 곳에 주둔한다.' 한 것은 바로 〈지형地形〉의 '반드시 먼저 높고 양지바른 곳에 주둔한다.'는 것이요, '적이 높은 곳을 점거하였으면 올라가 싸우지 말라.' 한 것은 바로 〈군쟁軍爭〉의 '높은 언덕에 있는 적을 향하여 싸우지 말라.'는 것이다. 촉한蜀漢의 선주先主가 마안산馬鞍山에 올라가 자기 주위를 호위하게 하였는데, 육손陸遜이 병력을 이끌고 와서 압박하자, 모두 흙이 무너지듯 패한 것[2]은 이미 패한 형세에 있었기 때문이다.

---

1) 다만……이유이다 : 건흥建興 6년(228)에 촉한의 승상 제갈량이 위魏나라를 정벌하기 위해 군대를 거느리고 한중漢中으로 나가 기산祁山으로 향할 적에, 제갈량은 평소에 아끼던 마속을 선봉으로 발탁하여 위나라 장수 장합張郃과 가정街亭에서 싸우도록 하였는데, 마속이 제갈량의 지휘를 어기고 산 위에 진을 쳤다가 장합에게 포위되고 마침내 식수가 떨어져 대패하였다. ≪삼국지 권39 동유마진동려전董劉馬陳董呂傳≫

2) 촉한蜀漢의……패한 것 : 222년 유비가 대군을 이끌고 오吳나라를 정벌하였다가 육손의 화공火攻에 대패하고 마안산으로 철수한 다음 군대를 진열하여 자기 주위를 호위하게 하였는데, 육손이 제군諸軍을 독촉하여 사면으로 압박하니, 유비의 군대가 흙이 무너지고 기와가 부서지듯 패하여 죽은 자가 만 명으로 헤아렸다. ≪자치통감 권39 위기魏紀 1≫

물(강)을 통과할 적에는 반드시 강에서 멀리 떨어져 있어야 하며, 객客(적군)이 물을 건너오면 강가에서 맞아 싸우지 말고, 적군이 강을 절반쯤 건너왔을 적에 공격하면 유리하다. 적과 싸우려 할 경우에는 강에 가까이 붙어서 적을 맞아 싸우지 말며, 생지를 살펴보아 높은 곳에 주둔하고, 흐르는 강물을 마주하여 주둔하지 말아야 하니, 이는 강가에 군대를 주둔하는 방법이다.

絶水에 必遠水요 客絶水而來어든 勿迎之於水內하고 令半濟而擊之면 利요 欲戰者는 無附水而迎客하고 視生處高하여 無迎水流니 此는 處水上之軍也니라

적이 강을 절반쯤 건너갔을 적에 압박(공격)하는 것은 반드시 패배시키는 방도이다. 그러므로 우리가 강을 건너가 싸우고자 하면 적이 우리를 압박하는 것을 막아야 하는 것이다. 이 때문에 반드시 강에서 약간 떨어져 있은 뒤에 먼저 건너간 자가 철저히 경비하게 되면, 그런 뒤에 다 건너는 것이 옳다.

적이 만약 강을 건너와서 싸우려 하는데 적이 다 건너오기를 기다려서 강가에서 맞아 싸운다면 이는 적에게 결사적으로 싸울 수 있는 땅을 주는 것이니, 이는 우리의 이로움이 아니다. 우리가 싸우고자 하면서 강가에 붙어서 적을 맞이하면 저들이 반드시 패할 것을 방비하여 건너오려 하지 않을 것이니, 싸움을 바라는 것이 아니다.

생지生地를 살펴보아 높은 곳에 주둔함은 머무는 곳마다 모

두 이로운 것이요, 흐르는 강물을 마주하지 않는 것은 적이 우리에게 강의 물줄기를 터트릴까 우려하고 폭우를 방비하고 적이 강물에 독약을 넣을까 두려워해서이다.

갯벌과 늪지대를 통과하게 되면 오직 빨리 떠나가 지체하지 말되, 만약 갯벌과 늪 가운데에서 교전하게 되면 반드시 수초가 있는 곳을 의지하고 여러 나무를 등지고 있어야 하니, 이는 갯벌과 늪지대에 군대를 주둔하는 방법이다.

絶斥澤이어든 唯亟去無留로되 若交軍於斥澤之中이면 必依水草而背衆樹니 此는 處斥澤之軍也니라

땅이 소금기가 많은 갯벌이면 수초가 적고, 땅이 저습하면 병사들에게 질병이 생기기 쉬우므로 머물러서는 안 되나, 반드시 부득이한 경우라면 수초가 있는 곳이 소금기가 많은 갯벌 중에 좋은 곳이요, 여러 나무를 등질 수 있는 곳이 저습한 지역 중에 땅이 단단한 곳이다.

평지와 고원에서는 평탄한 곳에 주둔하되, 높은 언덕을 오른쪽과 뒤쪽에 두고, 앞에는 사지(낮은 곳)를 두고 뒤에는 생지(높은 곳)를 두어야 하니, 이는 평지와 고원에 군대를 주둔하는 방법이다.

平陸은 處易하되 右背高하며 前死後生이니 此는 處平陸之軍也니라

높고 평평한 것을 육陸이라 한다. 이易는 평지이다. 약간 높은 곳을 선택하되, 오른쪽과 뒤쪽에 두는 것은 또한 형세에 편리하기 때문이다.

무릇 이 네 가지 군대를 주둔하는 방법 가운데 편리한 지역은 황제黃帝가 네 제왕帝王과 싸워서 승리한 이유이다.

凡此四軍之利는 黃帝之所以勝四帝也니라

황제黃帝

신농씨神農氏

치우蚩尤

사제四帝는 염제炎帝[3]의 후손과 제후諸侯 중에 천자天子의 칭호를 참람하게 쓴 자를 이르니, 치우蚩尤[4] 또한 그중에 하나이

---

3) 염제炎帝 : ≪사기≫ 〈황제기黃帝紀〉에 "황제가 염제와 반천阪泉에서 싸우고 치우蚩尤와 탁록涿鹿에서 싸우고 북쪽으로 훈육獯鬻을 쫓아냈다."라고 하였는데, 저자는 염제를 신농씨神農氏로 보고 황제가 싸운 것은 염제의 후손으로 본 것이다.

4) 치우蚩尤 : 황제 당시 구여족九黎族의 우두머리로, 머리가 구리로 되어

다. 황제가 처음 군대를 운용하여 병법을 후세에 전해주었으므로 ≪울료자≫에도 황제의 형벌과 덕이라는 말이 있으나,[5)] 이제 상고할 수 없다.

모든 군대는 높은 곳을 좋아하고 낮은 곳을 싫어하며, 날씨가 맑고 건조한 시기를 귀하게 여기고 날씨가 흐리고 습한 시기를 천하게 여긴다. 병사들의 생기生氣를 길러주고 견실堅實한 곳에 주둔하여 군대에 아무런 질병이 없으면 이것을 필승이라 하는 것이다. 구릉과 제방에는 반드시 군대를 양지바른 곳에 주둔하되, 구릉과 제방을 오른쪽과 등뒤에 두어야 하니, 이는 군대의 이로움이요 지형의 도움이다. 상류에 빗물이 불어나 물거품이 떠내려오거든 물을 건너려는 자는 물거품이 가라앉기를 기다려야 한다.

凡軍은 **好高而惡**(오)**下**하고 **貴陽而賤陰**이니 **養生處實**하여 **軍無百疾**이면 **是**

있고 이마가 쇠로 되어 있으며 불을 뿜어냈다는 전설적인 인물인데, 황제가 지남거指南車를 만들어 탁록에서 싸워 물리쳤다 한다.

5) ≪울료자≫에도……있으나 : 이 내용은 ≪울료자≫ 〈천관天官〉에 보인다. 양梁나라 혜왕惠王이 "황제의 형벌과 덕德이라는 말이 백 번 싸워 백 번 승리할 수 있다고 하니, 이러한 것이 있는가?"라고 묻자, 울료자가 "형벌로써 정벌하고 덕으로써 지키는 것은 이른바 천관天官의 시일時日과 음양陰陽의 향배向背라는 것이 아니니, 황제는 사람의 일을 다했을 뿐입니다." 하였다.

謂必勝이라 丘陵隄防에 必處其陽而右背之니 此는 兵之利요 地之助也라 上雨水沫至어든 欲涉者는 待其定也니라

높은 곳을 좋아하고 낮은 곳을 싫어하며, 날씨가 맑고 건조한 시기를 귀하게 여기고 날씨가 흐리고 습한 시기를 천하게 여김은 군대를 주둔하는 편리함이니, 《오자》 〈응변應辯〉에 이른바 "날씨가 흐리고 습하면 출동을 중지하고 날씨가 맑고 건조하면 출동하되 높은 곳을 귀하게 여기고 낮은 곳을 천하게 여긴다."는 것이 이것이다.

실實은 땅이 견실하여 무르고 건즈하지 않음을 이르니, 양지바른 곳을 향하고 견실한 곳에 주둔함은 우리의 생기를 길러서 전염병에 걸리는 근심이 없게 하고, 필승의 형세가 있게 하는 것이다.

구릉은 산에 속하고 제방은 물에 속하니, 모두 양지에 주둔하고[6] 〈구릉과 제방을〉 오른쪽과 등뒤에 두어야 하니, 이는 바로 땅의 이로움을 얻고 군대의 도움이 되기 때문이다. 물이 불어나려 하면 물거품이 먼저 일어나니, 물거품이 가라앉기를 기다리면 물의 깊고 얕음을 알 수 있다.

이 절節은 군대를 주둔하는 방법을 총결總結하였다.

무릇 땅에 절간絶澗·천정天井·천뢰天牢·천라天羅·천함天

6) 모두……주둔하고 : 산의 남쪽과 물의 북쪽을 양지라고 한다.

陷・천극天隙이 있으면 반드시 빨리 떠나가고 가까이하지 말아야 한다. 우리가 이곳을 멀리하면 적이 가까이하고, 우리가 이곳에서 적을 맞이하면 적이 이곳을 등지게 된다.

凡地에 有絕澗, 天井, 天牢, 天羅, 天陷, 天隙이어든 必亟(극)去之하고 勿近也니 吾遠之면 敵近之하고 吾迎之면 敵背之니라

산골짝의 물을 시내〔澗〕라 하니, '절간絕澗'은 매우 높은 벼랑에 있는 시내이다. '정井'은 사방이 높고 가운데가 낮아서 물이 모이는 곳이다. '뢰牢'는 감옥이니 멀리 조망할 수 없는 곳이요, '라羅'는 그물이니 숲과 나무가 빽빽하여 전진과 후퇴에 장애되는 곳이요, '함陷'은 구덩이이다. '극隙'은 두 산의 사이가 가까워 좁은 틈이 있는 것과 같은 것이다.

무릇 이 여러 지형은 모두 군대를 주둔하는 데 불리하므로 우리는 빨리 이런 곳을 멀리 떠나가고 적이 가까이 다가오기를 바라는 것이다.

군대 부근에 험조險阻한 곳과 저습한 웅덩이에 물억새와 갈대, 숲이 우거진 곳이 있으면 반드시 적이 매복하였는가 철저히 수색하여야 하니, 이는 적의 복병伏兵과 간사한 첩자가 숨을 수 있는 곳이기 때문이다.

軍旁에 有險阻, 潢井에 蒹葭, 林木 翳薈(예회)者어든 必謹覆索之니 此는 伏姦之所也니라

'황潢'은 웅덩이와 못이다. '겸蒹'은 갈대와 비슷한데 가늘어서 발을 만들기에 알맞다. '가葭'는 갈대이다. '예회蘙薈'는 초목이 무성하고 빽빽하게 뒤엉켜 있는 모습이다. 지형이 깊은 오지이고 나무와 풀이 무성하게 자라고 있는 경우에는 복병이 숨어 있고 간사한 첩자가 숨어 있으므로 두세 번 철저히 수색해야 한다.

이들은 모두 군대를 주둔할 적에 마땅히 피해야 할 곳이다.

적이 가까이 있으면서 조용한 것은 험한 지형을 믿기 때문이요, 〈적이〉 멀리 와서 도전하는 것은 우리를 나오게 하려는 것이요, 적이 평탄한 곳에 주둔하고 있는 것은 이익으로 우리를 유인하기 위한 것이요, 여러 나무가 움직이는 것은 적이 오기 때문이요, 여러 초목草木으로 장애물을 많이 만드는 것은 우리를 의심하게 하는 것이요, 새가 날아오르는 것은 적이 매복하기 때문이요, 짐승이 놀라 뛰쳐나오는 것은 적의 복병이 숨어 있기 때문이다.

敵近而靜者는 恃其險也요 遠而挑戰者는 欲人之進也요 其所居易者는 利也요 衆樹動者는 來也요 衆草多障者는 疑也요 鳥起者는 伏也요 獸駭者는 覆也라

≪울료자≫ 〈병령兵令 상上〉에 "쏘는 화살이 서로 미치지 않고 긴 칼날이 서로 접하지 않았을 적에 적이 시끄럽게 떠들지

않는 것을 '비밀스럽다〔秘〕'고 이른다." 하였으니, 주둔하는 곳이 비록 가까우나 반드시 우리의 화살이 미치지 못하는 지역이므로 지형의 험함을 믿고 고요히 있는 것이다. 적이 멀리 와서 도전함은 편안함으로써 수고로운 우리를 상대하고자 하는 것이요, 평지에 주둔하면서 약함을 보임은 우리에게 미끼를 주는 것이다. 길을 내기 때문에 나무가 움직이는 것이요, 복병이 숨어 있는 곳에는 풀이 깔려 있으므로 속임수를 써서 우리를 의심하게 하는 것이다. 새가 날 때에는 기심機心을 잊으나〔忘機〕[7] 사람에게 놀라면 높이 날기 때문에 아래에 복병이 있음을 아는 것이다.

'복覆'은 덮치는 것이니, 남(우리)이 대비하지 않았을 때 덮치려고 행군할 적에 길을 따르지 아니하여 짐승을 놀라게 하는 것이다.

먼지가 높이 일면서 직선으로 올라가는 것은 적의 전차戰車가 오기 때문이요, 먼지가 낮게 일면서 넓게 퍼지는 것은 적의

---

7) 기심機心을 잊으나〔忘機〕: 원문 '망기忘機'는 기심을 잊는다는 뜻으로, 기심은 기회를 보아 상대방을 해치려는 마음을 이른다. ≪열자列子≫ 〈황제黃帝〉에 "어떤 사람이 바닷가에 무심히 앉아 있자, 백로와 백구들이 무수히 날아와 함께 놀았는데, 다음날 기회를 엿보아 잡으려는 마음을 품자, 바닷새들이 눈치를 채고는 일절 가까이 오지 않았다."라고 보인다.

보병이 오기 때문이요, 먼지가 흩어지면서 여기저기서 나오는 것은 적이 나무를 채취하기 때문이요, 먼지가 적게 일어나면서 오가는 것은 적이 군영을 설치하기 대문이다.

塵高而銳者는 車來也요 卑而廣者는 徒來也요 散而條達者는 樵採也요 少而往來者는 營軍也라

전차는 무거우면서 빠르고 보병은 가벼우면서 느리며, 땔나무를 채취할 적에는 반드시 부대를 나누어 사방으로 나가고, 진영을 설치할 적에는 반드시 오고 가며 자세히 살피니, 먼지가 상황에 따라 달라짐은 또한 그 실정이다.

〈적의 사자使者가 왔을 적에〉 말이 겸손하면서 더욱 대비하는 것은 진격하기 위한 것이요, 사자의 말이 완강하면서 군대가 급히 전진하는 것은 후퇴하기 위한 것이요, 적이 경무장한 전차인 경거輕車로 먼저 출동하여 옆에 주둔하는 것은 진을 치기 위한 것이요, 적이 약속이 없으면서 화친을 청하는 것은 계략을 꾸미는 것이요, 적이 분주히 병사와 전차들을 진열하는 것은 표表를 세우고 달려가려는 것이요, 적이 반쯤 전진하고 반쯤 후퇴하는 것은 유인하려는 것이요, 적이 병장기에 기대어서 있는 것은 굶주려 있기 때문이요, 적의 병사들이 물을 길어 먼저 마시는 것은 목마르기 때문이요, 적이 이로움을 보고도 진격하지 않는 것은 지쳐 있기 때문이다.

辭卑而益備者는 進也요 辭强而進驅者는 退也요 輕車先出하여 居其側者는 陣也요 無約而請和者는 謀也요 奔走而陳兵車者는 期也요 半進半退者는 誘也요 仗而立者는 饑也요 汲而先飮者는 渴也요 見利而不進者는 勞也라

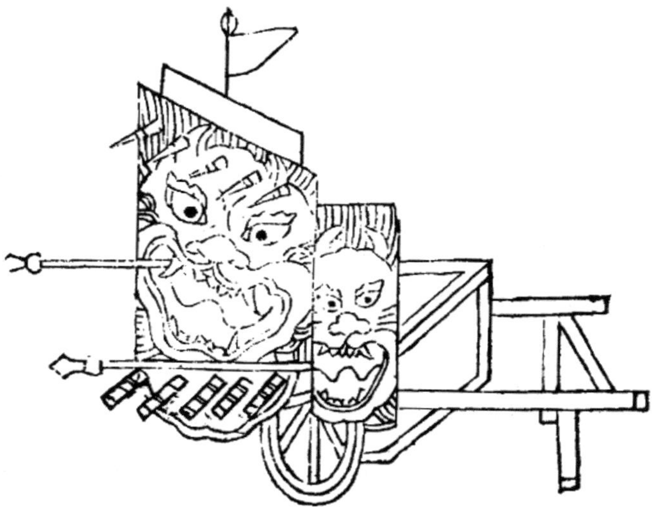

경거輕車

적의 사자가 겸손한 말을 하면서 우리 진영을 엿보아 더욱 대비함은 우리를 교만하게 만들어 대비를 해이하게 하려는 술책이요, 완강한 말을 하면서 적군이 급히 전진하는 것은 우리에게 싸움을 대비하게 해서 자기들이 떠나감을 예상하지 못하게 하려는 술책이다. 옆은 적진의 옆이니, 경무장한 전차인 경거輕車가 먼저 출동함은 진영을 설치할 자리를 표시하여 경계를 삼으려는 것이다. 평소의 약속이 없다면 어찌 갑자기 화친을 청하겠는가. 마땅히 다른 계략을 방비하여야 한다. '기期'는

맹세하고 경계함이니, 표表를 세우고 달려가려는 것이다. 반쯤 전진하고 급히 물러가지 않음은 우리에게 장차 쫓아올 것처럼 보이려는 술책이다. 굶주려 기운이 없으면 병장기에 기대고, 목마르면 물을 길어 갈 겨를이 없으며, 노고가 몸에 간절하면 이익에 달려갈 마음이 없게 된다.

〈적의 진영에〉 새가 모이는 것은 진영이 비어 있기 때문이요, 적이 밤중에 함성을 지르는 것은 두려워하기 때문이요, 적의 병사들이 소요하는 것은 적의 장수가 후중厚重하지 못하기 때문이요, 적의 깃발이 움직이는 것은 적의 대오가 혼란스럽기 때문이요, 적의 장교가 노여워하는 것은 적이 지쳐 있기 때문이요, 적이 말을 잡아 말고기를 먹는 것은 군대에 양식이 없기 때문이요, 취사도구를 매달아놓고 자기의 막사로 돌아가지 않는 것은 〈적이 병사들을〉 궁지로 몰아 결사적으로 싸우려 하기 때문이요, 적장이 간곡하고 다정하게 천천히 병사들과 말하는 것은 병사들의 마음을 잃었기 때문이요, 적장이 자주 상을 내리는 것은 군색하기 때문이요, 적장이 자주 벌을 내리는 것은 곤궁하기 때문이요, 먼저 병사들을 포학하게 대하다가 뒤에 그 병사들을 두려워하는 것은 정밀하지 못함이 지극하기 때문이요, 적이 와서 우리에게 사례하는 것은 휴식하고자 하기 때문이다.

적군이 분노하며 서로 대치해 있으면서 오랫동안 교전하지 않고 또 서로 떠나가지 않으면 반드시 〈적의 계략을〉 삼가 살펴야 한다.

烏集者는 虛也요 夜呼者는 恐也요 軍擾者는 將不重也요 旌旗動者는 亂也요 吏怒者는 倦也요 殺馬食肉者는 軍無糧也요 懸缻(부)不返其舍者는 窮寇也요 諄諄翕翕하여 徐與人言者는 失衆也요 數(삭)賞者는 窘也요 數罰者는 困也요 先暴而後畏其衆者는 不精之至也요 來委謝者는 欲休息也라 兵怒而相迎하여 久而不合하고 又不相去어든 必謹察之니라

진영과 보루가 비어 있으면 까마귀와 새가 두려워하지 않고 와서 모이니, ≪춘추좌씨전≫에 "성 위에 까마귀가 있으니, 제齊나라 군대가 도망간 듯하다."[8] 하였다. 사람들이 밤중에 두려운 마음이 생기면 일부러 함성을 질러 스스로 강하게 한다. 군대가 자주 놀라고 소요하는 것은 믿는 바가 없어서이니, ≪삼략≫ 〈상략〉에 "장수가 용맹함이 없으면 사졸들이 두려워하고, 장수가 경망스럽게 행동하면 병사들이 신중하지 못하다." 하였다. 장교와 사졸이 일정한 직책이 없으면 진열한 병사들이 대오를 멋대로 종횡하기 때문에 깃발이 움직이는 것이요, 윗사람의 명령을 감당하지 못하기 때문에 장교가 노여워하는 것이다.

군중軍中에서는 말〔馬〕에 의지하여야 강해지니, 연고가 없으면 죽이지 말아야 하는 것이다. 취사도구를 매달아놓아 다시

8) 성 위에……듯하다 : 이 내용은 ≪춘추좌씨전≫ 양공襄公 18년 조에 보이는바, 겨울 10월에 진晉·제齊 두 나라가 싸웠는데, 제齊나라 군주가 진나라 군대의 강성함을 보고 밤중에 도망했을 때의 일이다.

밥을 짓지 않음을 보이고 야외에서 거처하고 자기의 막사로 돌아가지 않음은 장차 사력을 다해 싸우려는 것이다.

순순諄諄과 흡흡翕翕은 다정하게 위로하고 권면하는 모습이다. 형세가 군색하면 병사들이 배반할까 우려되므로 자주 상을 내려 장병들을 기쁘게 하고, 군대가 곤궁하면 태만해지므로 자주 벌을 내려 경계하는 것이니, 곤궁함이 오히려 군색함보다는 형편이 나은 것이다.

너그러움과 사나움을 적절히 배합하여 쓰지 못함은 장수가 정밀하지 못한 것이다. 적이 연고 없이 와서 사례함은 곤궁함이 지극하여 휴식하고자 하거나 그렇지 않으면 계략을 만들어 놓고 우리를 기다리는 것이다.

피아 양군兩軍이 분노하여 서로 대치하게 되면 얼굴과 말소리에 드러나는 것이 반드시 거칠고 사나운데, 적이 오랫동안 교전하지 않고 또 떠나가지 않는다면 반드시 계략이 있는 것이다. 혹은 병력을 나누어 뒤를 노략질하고 혹은 우리가 반드시 구원해야 할 곳을 습격하여 우리 진영이 움직이기를 기다려서 기회를 타려는 것이니, 이때에는 살펴도 이미 늦다.

이상은 모두 적을 살펴보는 방법이다. 가개종賈開宗은 "비슷한 것에 현혹되어서 적의 계략에 넘어가서는 안 된다." 하였고, 허동許洞은 옛 병법을 반대로 사용하라는 의논이 있으니,[9]

---

9) 허동許洞은……있으니 : 허동의 《호령경虎鈐經》 〈역용고법逆用古法〉에 "군대를 동원할 때 먼저 적장敵將의 재주를 살펴 적장이 병법으로 군사들

장수가 자세히 살펴봄에 달려 있는 것이다.

군대는 병력이 더 많은 것을 귀하게 여기지 않고, 무용武勇으로 경솔하게 진격하지 말고 충분히 힘을 길러서 적의 허실虛實을 헤아려 적에게서 승리를 쟁취할 뿐이다. 깊은 사려가 없어 적을 깔보는 자(장수)는 반드시 적에게 사로잡힌다.

兵은 非貴益多요 惟無武進하고 足以併力하여 料敵取人而已니 夫惟無慮而易敵者는 必擒於人이니라

'무진武進'은 용맹을 믿고 경솔하게 진격하는 것이고, '병력併力'은 기운을 합하고 힘을 축적하는 것이다. 적군에게 승리를 쟁취하는 것은 병력兵力이 많음에 달려 있는 것이 아니요, 용맹을 믿고 경솔하게 진격하지 말고 우리의 힘을 합치고 적을 자세히 헤아림에 달려 있는 것이다. 이미 이 세 가지를 잘하고 병력이 충분히 적에게서 승리를 쟁취할 수 있으면 가능하니, 어찌 굳이 병력이 많음을 귀하게 여길 것이 있겠는가.

손권孫權은 3만 명의 병력을 동원하여 조조曹操의 80만 대군

을 부리지 못하고 용감함만을 자기의 임무로 여긴다면 우리는 옛 병법을 순히 따라 상대하고, 만일 적장이 옛 병법을 잘 사용하면 우리는 옛 병법을 거꾸로 변용하여 상대한다. 용병用兵의 기이함은……새로운 지혜보다 기이한 것이 없으니, 새로운 지혜는 옛 병법을 본받지 않는 것이 아니라 옛 병법을 본받으면서 반대로 사용하는 것이다."라고 하였다.

을 막게 하였는데, 주유周瑜가 "3만 명이면 충분히 쓸 수 있다." 하였으니,[10)] 이 세 가지에 능하면 3만 명의 병력으로 충분히 적과 싸워 승리를 쟁취할 수 있고, 이와 반대라면 사려가 없어 적을 깔보는 자는 적에게 사로잡히게 되니 병력이 많더라도 〈승리를〉 자신할 수 없다.

주유周瑜

이 절節은 적을 제압하여 승리하는 것이 병력의 많고 적음에 달려 있지 않고, 적을 알고 자기를 앎에 달려 있음을 논하였다.

병사들이 친근하게 따르지 않는데 벌을 주면 복종하지 않으니

10) 손권孫權은……하였으니 : 후한後漢 헌제獻帝 건안建安 13년(208) 7월, 조조가 천하를 통일하기 위해 남방에 있던 유비와 손권을 정벌하고자 하였다. 손권은 유비와 연합하고 주유에게 수군水軍 3만 명을 주었는데, 이때 사람들은 3만의 병력으로는 조조의 80만 대군을 상대하기 어렵다고 하였으나, 주유는 "이 정도면 충분하다."라고 하였다. 그는 유명한 적벽대전赤壁大戰에서 조조의 80만 대군을 대파하였다. ≪삼국지 권1 무제기武帝紀≫

복종하지 않으면 쓰기 어렵고, 병사들이 이미 친근하게 따르는데 형벌을 제대로 시행하지 못하면 병사들을 쓸 수 없게 된다. 그러므로 문교文敎로 명령하고 무벌武罰(무력으로 벌을 줌)로 통일시키면, 이것을 일러 반드시 승리를 쟁취한다고 하는 것이다.

명령이 평소 행해지고, 이런 상태에서 백성(병사)들을 부리면 백성들이 복종하고, 명령이 평소 행해지지 않는데, 이런 상태에서 백성들을 부리면 백성들이 복종하지 않으니, 명령이 평소 행해진다는 것은 〈장수가〉 병사들과 서로 마음이 맞는다는 것이다.

卒未親附而罰之면 則不服이니 不服則難用이요 卒已親附而罰不行이면 則不可用也라 故로 令之以文하고 齊之以武면 是謂必取라 令素行하고 以敎其民이면 則民服이요 令不素行하고 以敎其民이면 則民不服이니 令素行者는 與衆相得也라

'친親'은 사랑함이요, '복종하지 않음'은 이반離叛하는 것이요, '쓰기 어려움'은 은혜가 없기 때문이요, '쓸 수 없음'은 은혜가 고갈되어 태만해졌기 때문이다. 그러므로 문교로 명령하고 무벌로 통일시키는 것이다.

≪사마법≫ 〈천자지의天子之義〉에 "문文과 무武는 좌左와 우右이다." 하였고, ≪울료자≫ 〈병령兵令 상上〉에 "무는 표면表面이 되고 문은 이면裏面이 된다." 하였으니, 이 때문에 문과 무를 어느 한 가지도 폐할 수 없는 것이다. 그러나 요컨대 은혜를 위엄보다 먼저 베풀어야 하므로 "은혜를 쌓기를 게을리하지

않으면 한 명으로 만 명을 취한다."(≪삼략≫ 〈상략〉)라고 하였으니, '취取'는 승리를 쟁취하는 것이다.

역대 주석에 대한 비평

구주舊註에 '시생視生'의 '생生'을 '양지바른 곳을 향하는 것'이라 하고, '전사후생前死後生'의 '생生'을 '높은 곳'이라 하였으니, 똑같은 글자에 해석이 다를 수는 없는 것이요, '시視'를 또 '목전目前'으로 해석하였으니, 본래의 훈고訓詁에 따라 '살펴봄'으로 보는 것만 못하다.

가림賈林은 "산을 차지하면 후환이 없고 골짝에 의지하면 물과 풀이 있다." 하였으니, 산과 골짝을 나누어 점거한 것으로 봄에 가깝지 않겠는가.

장예張預는 "복伏과 간姦은 마땅히 두 가지 일(복병과 간사한 첩자)이 되어야 한다." 하였으니, 이 말이 옳다.

장예는 "적이 험한 곳을 버리고 평탄한 곳을 점령하는 것은 반드시 이로움이 있어서이다." 하였는데, 평탄한 지역에 이로움이 있다는 말을 나는 듣지 못하였다.

'적의 진영에 새가 모이는 것은 진영이 비어 있기 때문이다.'라고 하였으나, 옛사람 중에 북에다가 양羊을 묶어놓아 북을 울리게 하고서 은밀히 도망한 자가 있었고,[11] 혹은 '측백나무로 막사를 만들면 새가 내려앉지 않는다.'[12] 하였으니, 장수된 자가 마땅히 알아야 할 바이다.

'가까이 있으면서 조용하다.' 이하의 세 구句는 적의 주둔지를 살펴보는 것이요, '여러 나무가 움직인다.' 이하의 두 구는 초목을 살펴보는 것이요, '새가 날아오른다.' 이하의 두 구는 새와 짐승을 살펴보는 것이요, '먼지가 높이 일면서 직선으로 올라간다.' 이하의 네 구는 먼지를 살펴보는 것이요, '말이 겸손하다.' 이하의 두 구는 적의 말〔辭〕을 살펴보는 것이요, '경무장한 전차인 경거로 먼저 출동한다.' 이하의 일곱 구는 적의 동정動靜을 살펴보는 것이요, '적의 진영에 새가 모이는 것은 진영이 비어 있기 때문이다.' 이하의 네 구는 적의 형체를 살펴보는 것이요, '적의 장교가 노여워하는 것은 적이 지쳐 있기 때문이다.' 이하의 세 구는 적의 장교와 병사들을 살펴보는 것이요, '적장이 간곡하고 다정하다.' 이하의 여섯 구는 적장을 살펴보는 것이다.

---

11) 옛사람……있었고 : 남송南宋 영종寧宗 때의 명장인 필재우畢再遇(1147~1217)의 고사를 든 것이다. 영종 개희開禧 연간에 금金나라와 싸워 사주泗州를 탈환하고 우이盱眙를 안정시켰으며 초주楚州를 방어하였는데, 정예병인 금군金軍을 상대하기 위해 변화무쌍한 진격과 후퇴를 거듭하였는바, 한번은 적군이 너무 많아 상대하기가 힘들자, 군대를 퇴각시키면서 적의 추격을 우려하여, 진영에 기치旗幟를 남겨두고 양을 묶어 앞발을 북 앞에 두어서 계속 북을 두드리게 하여 적이 아군의 퇴각을 알지 못하게 하였다. ≪속송편년자치통감續宋編年資治通鑑 권13 송 영종宋寧宗 2≫

12) 측백나무로……않는다 : 출전이 분명하지 않다.

제10편 지형地形의 활용〔地形〕

이 편에서 '육지六地(여섯 가지 지형)'의 아래에 '육패六敗(여섯 가지 패전)'를 이어놓은 것은 같은 종류끼리 모은 것이고, '필승必勝'과 '필패必敗'의 그句 아래는 〈앞 내용에〉 이어서 승패의 기미를 논한 것이고, '차라리 군주君主의 명령을 어긴다.'는 것은 〈다른 내용을〉 빌려와서 연접한 것이며, 다음 '치병治兵' 한 단락은 같은 종류도 아니고 빌린 것도 아니며 전편前篇에 미진한 뜻을 거듭 밝힌 것이다.

끝에는 다시 지형을 거두어서 피아彼我를 참고하여 맺어서 처음과 끝이 서로 돌아보는 뜻이 있다.

손자가 말하였다.

지형은 통형通形인 곳이 있고, 괘형掛形인 곳이 있고, 지형支形인 곳이 있고, 애형隘形인 곳이 있고, 험형險形인 곳이 있고, 원형遠形인 곳이 있다.

우리도 갈 수 있고 적도 올 수 있는 것을 통형通形이라 하니, 통형인 곳에서는 높고 양지바른 곳을 먼저 차지하여 군량 수송로를 편리하게 하고서 전투하면 이롭다.

갈 수는 있어도 돌아오기 어려운 것을 괘형掛形이라 하니, 괘형인 곳에서는 적이 대비함이 없으면 출동하여 승리하고, 적이 만약 대비가 있어서 출동하였다가 승리하지 못하면 돌아오기 어려우니, 불리하다.

우리가 출동하여도 불리하고 적이 출동하여도 불리한 것을 지형支形이라 하니, 지형인 곳에서는 적이 비록 우리를 이익으로 유인하더라도 우리가 출동하지 말고, 군대를 이끌고 물러나서 적을 반쯤 나오게 하고서 공격하면 이롭다.

애형隘形인 곳은 우리가 먼저 점령하였으면 반드시 병력을 꽉 채우고 적이 오기를 기다려야 하니, 만약 적이 먼저 점령하여 적군이 가득하면 적을 따라 싸우지 말고, 가득하지 않으면 따라 싸워야 한다.

험형險形인 곳은 우리가 먼저 점령하였으면 반드시 먼저 높고 양지바른 곳에 주둔하여 적이 오기를 기다려야 하니, 만약 적이 먼저 점령하였으면 병력을 이끌고 물러나고 적을 따라 싸우지 말아야 한다.

원형遠形인 곳은 피차의 거리가 약간 먼 것이 서로 비슷해서 도전하기 어려운 곳이니, 이러한 곳에서 싸우면 불리하다. 무릇 이 여섯 가지는 지형地形에 따라 승리하는 길이다. 〈이것을 살펴 승리하는 것은〉 장수의 지극한 임무이니, 살피지 않으면 안 된다.

孫子曰 地形이 有通者하고 有掛者하고 有支者하고 有隘(애)者하고 有險者하고 有遠者하니 我可以往이요 彼可以來를 曰通이니 通形者는 先居高陽하여 利糧道以戰則利라 可以往이나 難以返을 曰掛니 掛形者는 敵無備하면 出而勝之하고 敵若有備하여 出而不勝이면 難以返이니 不利라 我出而不利하고 彼出而不利를 曰支니 支形者는 敵雖利我나 我無出也하고 引而去之하여 令敵半出而擊之면 利라 隘形者는 我先居之어든 必盈之而待敵이니 若敵先居之어든 盈而勿從하고 不盈而從之라 險形者는 我先居之어든 必居高陽以待敵이니 若敵先居之어든 引而去之하고 勿從也라 遠形者는 勢均하여 難以挑戰이니 戰而不利라 凡此六者는 地之道也요 將之至任이니 不可不察也니라

앞 편에 사군四軍(네 군데의 편리한 주둔 지역)의 이로움은 행군行軍에 중점을 돌려서 그 방법을 총론하였고, 지금 이 여섯 가지 지형은 바로 지형에 의거하여 적을 제압하여 승리하는 것이다.

통형通形은 바로 평평한 육지의 사통오달하는 곳이니, 병법에는 반드시 높은 양지바른 곳에 먼저 주둔해야 한다고 하였으나, 적들이 먼저 올 수 있으므로 적이 우리의 군량 수송로를 차단함을 방비해야 하는 것이다. '전투하면 이롭다.'는 것은 지형이 진실로 이로움을 말한 것이다. 이롭지 못함이 있는 것은 지형과 상관이 없으니, 아랫글의 이로움과 불리함도 이와 같다.

괘형掛形은 뒤가 높고 앞이 낮아서 모습이 걸려 있는 것과 같은 것이니, 적이 대비하지 않고 우리가 또 아래를 향해 달려가

면 승리하기가 참으로 쉬우나, 적이 만약 대비함이 있으면 우리가 높은 곳으로 올라가게 되어 돌아오기 어렵고, 또 적이 측면이나 배후에서 공격할까 염려된다.

병법에 "적이 높은 곳을 점거하였으면 올라가 싸우지 말라."(≪손자병법≫ 〈행군行軍〉) 하였으니, 우리가 이미 높은 곳에 주둔하였는데, 괘형이 이롭지 않음은 어째서인가? '적이 높은 곳을 점거하였으면 올라가 싸우지 말라.'는 것은 한쪽은 높고 한쪽은 낮아서 병기와 칼날이 서로 접할 수 있는 곳을 말한 것이요, 괘형은 오고 가는 거리가 다소 먼 것을 이른다. 높은 곳에 올라가 분격奮擊함은 승리하지 못하고서 돌아오는 것과 진실로 차이가 있으니, 이른바 '해가 저물고 갈 길이 멀며, 또 병사들의 사기가 저상沮喪되어 있다.'(≪울료자≫ 〈병교兵敎 하下〉)는 것이다.

지형支形은 두 보루 가운데 험함이 있는 곳이다. 적과 우리가 반드시 험한 곳을 통과하다가 서로 만나게 되므로 먼저 나가는 것이 불리하니, 오직 적에게 유인되지 말고 반대로 적을 유인해서 적이 반쯤 나오기를 기다려 공격하면 우리는 힘이 한 곳으로 모이고 적은 분산하게 된다. 어찌하여 보루 가운데 험한 곳을 먼저 점거하지 않는가? 험하여 주둔할 수가 없어서이니, 절간絶澗·천정天井 등과 같은 것이다.

애형隘形은 두 산 가운데로 통하는 골짝이니, 병법에 '반드시 일제히 골짝 어귀에 군대를 주둔시켜 마치 물이 그릇에 가득하듯이 하면 적의 병력이 비록 많더라도 쓸 곳이 없을 것이요,

혹 적이 이미 먼저 점거하였더라도 골짝 어귀를 꽉 채울 줄을 모르면 따라서 공격해야 한다.'는 것이니, 승부는 사람에게 달려 있고 지형에 달려 있지 않기 때문이다. 예컨대 두 마리의 쥐가 구멍 속에서 싸우는 것과 같아서 장수가 용맹한 쪽이 이기는 것이다.

험형險形에서는 먼저 점거함이 이로우니, 뒤늦게 다투어서는 안 된다.

원형遠形은 두 보루의 거리가 먼 것이니 먼저 도전하는 자가 수고로운바, 이는 피차가 똑같은 것이요, 강하고 약한 것이 대등함을 말한 것이 아니다. 어찌하여 다소 가까이 접근하지 않는가? 적이 틈을 타고 공격할까 염려해서이다.

무릇 이 여섯 가지 지형은 형태에 따라 주둔을 달리해야 하니, 장수가 마땅히 살펴보아야 할 바이다.

그러므로 군대는 패주하는 것이 있고, 해이한 것이 있고, 빠지는 것이 있고, 무너지는 것이 있고, 혼란한 것이 있고, 패배하는 것이 있으니, 무릇 이 여섯 가지는 하늘과 땅의 재앙이 아니요 장수의 잘못인 것이다.

피아彼我의 강하고 약함과 용맹하고 비겁함이 대등할 적에 아군 한 명으로 적군 열 명을 공격하는 것을 '패주시키다'라 하고, 병사들이 강하고 장교들이 약한 것을 '해이하다'라 하고, 장교들이 강하고 병사들이 약한 것을 '빠진다'라 하고, 편장偏將

이 분노하여 복종하지 않고 적을 만났을 적에 서로 원망하여 스스로 싸우려 하는데도 장수가 군대를 제대로 통솔하지 못하는 것을 '무너진다'라 하고, 장수가 나약하고 엄격하지 못하며 가르치는 방도가 분명하지 못하여 장교와 병사들이 일정한 직책이 없어서 군대를 종縱으로 횡橫으로 어지럽게 진열한 것을 '혼란하다'라 하고, 장수가 적을 제대로 헤아리지 못하여 적은 병력으로 많은 적과 교전하고 약한 병력으로 강한 적을 공격하며 선발된 선봉 부대가 없는 것을 '패배한다'라 한다.

무릇 이 여섯 가지는 패하는 길이다. 〈이것을 살펴 승리하는 것은〉 장수의 지극한 임무이니, 살피지 않으면 안 된다.

故로 兵은 有走者하고 有弛者하고 有陷者하고 有崩者하고 有亂者하고 有北者하니 凡此六者는 非天地之災요 將之過也라 夫勢均에 以一擊十曰走요 卒强吏弱曰弛요 吏强卒弱曰陷이요 大吏怒而不服하고 遇敵에 懟而自戰호되 將不知其能曰崩이요 將弱不嚴하고 教道不明하여 吏卒無常하여 陳兵縱橫曰亂이요 將不能料敵하여 以少合衆하고 以弱擊强하며 兵無選鋒曰北라 凡此六者는 敗之道也요 將之至任이니 不可不察也니라

'아군 한 명으로 적군 열 명을 공격함'은 추鄒나라가 초楚나라를 대적하는 격이니,[1] 패주만 하여도 다행이다. 혹 군대의 강

1) 추鄒나라가……격이니 : 추나라는 전국시대 약소국이고 초나라는 강대국으로, ≪맹자≫ 〈양혜왕梁惠王 상上〉에 "맹자가 제齊나라 선왕宣王에게 묻기를 '추나라가 초나라와 전쟁을 하면, 왕께서는 누가 이기리라고 생

하고 약함과 용맹하고 비겁한 세勢에 큰 차이가 나면 적은 병력으로 많은 병력을 이긴 사례가 많다. 그러므로 '세균勢均'이라는 글자를 쓴 것이다.

병사들이 강하고 장교가 약하면 아랫사람들이 윗사람의 명령을 태만히 하니, 마치 활이 풀어져 있는 것〔解弛〕과 같다. 장교가 강하고 병사들이 약하면 병사들의 힘을 헤아리지 않고 경솔하게 교전하니, 이렇게 하면 반드시 실패한다. '대리大吏'는 편장이다. '붕崩'은 필읍邲邑의 전투에서 선곡先穀이 편사偏師(1군)를 거느리고 먼저 황하를 건너가자, 순림보荀林父가 다시 군대를 정돈하지 못하여 흙이 무너지듯이 패한 것과 같은 사례[2)]가 이것이다.

'혼란'은 ≪울료자≫ 〈담제制談〉에 이른바 "장수가 북을 치는데도 병사들이 서로 시끄럽게 떠들면서 화살을 꺾고 창을 부

각하십니까?' 하니, 선왕이 답하기를 '초나라가 이길 것입니다.' 하였다. 맹자가 말하기를 '그렇다면, 작은 나라는 큰 나라에 맞설 수 없고, 인구가 적은 나라는 인구가 많은 나라에 맞설 수 없고, 약한 나라는 강한 나라에 맞설 수 없습니다.' 하였다."라고 보인다.

2) 필읍邲邑의……사례 : 선곡과 순림보는 모두 진晉나라의 대부로, 초楚나라의 공격으로부터 추鄭나라를 구원하기 위해 출정한 진나라 군대의 지휘를 맡았다. 정鄭나라가 초나라와 화평했다는 말을 듣고 순림보는 회군하고자 하였으나, 선곡이 싸울 것을 주장하며 자신에게 소속된 장병을 거느리고 황하를 건너가자 진나라 군대는 어쩔 수 없이 황하를 건너 초나라 군대와 싸우게 되었는데, 이 전투에서 순림보는 초나라 군대의 기습공격에 대패하였다. ≪춘추좌씨전 선공宣公 12년≫

러뜨리고 극戟을 버리고서 뒤늦게 출발하는 것을 이롭게 여긴다."는 것과 같은 것이다.

이정李靖은 '장교와 병사들이 일정한 직책이 없다.〔吏卒無常〕'는 것을 장신將臣에게 오래 맡기지 않는 것이라고 하였으나, (≪이위공문대≫ 상권) 실정에 적절하지 않으니, 감히 구차히 따를 수 없다.

적고 약한 병력으로 많고 강한 적을 공격하는 경우에는 반드시 적을 자세히 살피고 정예병을 선발해야 하니, 이 두 가지가 없으면 패주와 같을 뿐이다. '선발된 선봉 부대'는 제齊나라의 기격技擊과 위魏나라의 무졸武卒과 같은 것이다.[3] 배北는 패하여 등을 돌리고 도망하는 것이다.

이 절節은 윗글의 여섯 가지 지형을 이어 마침내 여섯 가지 패전을 언급해서 장수가 자세히 살펴야 함을 거듭 경계한 것이다.

무릇 지형이라는 것은 군대의 보조이니, 적을 헤아려 승리할 수 있게 만들어놓고, 지형의 험하고 좁음과 멀고 가까움을 계산하는 것은 상장군上將軍의 도리이다. 이것을 알고 싸우는 자

---

3) 제齊나라의……것이다 : 기격技擊은 치고 찌르는 무예의 일종인데 여기서는 이러한 무예를 구사하는 군대를 이른 것이다. 위魏나라의 무졸武卒은 위나라의 상비군常備軍으로, 위나라는 문후文侯 때 상비군 제도를 도입하여 이를 무졸제武卒制라 하였다.

는 반드시 승리하고, 이것을 알지 못하고 싸우는 자는 반드시 패배한다.

夫地形者는 兵之助也니 料敵制勝하고 計險阨遠近은 上將之道也라 知此而用戰者는 必勝하고 不知此而用戰者는 必敗니라

≪오자≫의 사기四機에서 지기地機가 두 번째를 차지하고,[4] 조조晁錯가 병사를 논할 적에 보병과 전차병과 기병騎兵과 궁노弓弩와 긴 창과 세모진 창과 작은 창과 검劍과 방패를 사용하는 지형을 두루 열거하였으니,[5] 장수는 이와 같이 지형에 알맞은 전투 방법을 강구해야 한다. 그러나 먼저 모름지기 적을 헤아려 승리할 수 있게 만들어놓고, 그런 뒤에 지형의 험하고 좁음과 거리의 멀고 가까움을 헤아려서 지형을 군대의 보조로 삼을 뿐이다.

이 절節은 여섯 가지 지형의 뒤를 이어서 여섯 가지 패전을

4) ≪오자≫의……차지하고 : 이 내용은 ≪오자≫ 〈논장論將〉에 "무릇 군대에는 네 가지 기機가 있으니, 첫 번째는 기기氣機이고 두 번째는 지기地機이고 세 번째는 사기事機이고 네 번째는 역기力機이다."라고 보인다.

5) 조조晁錯가……열거하였으니 : 조조(?~B.C. 154)는 전한前漢 때의 문신으로, '조조鼂錯'로도 표기하는바, 형경학刑名學을 배웠으며 지혜가 뛰어나 지낭智囊(지혜 주머니)으로 불렸다. 조조가 병사를 논한 것은 그가 문제에게 올린 〈언병사소言兵事疏〉로, 조조는 이 상소에서 지형에 따른 병기兵器의 장단점을 논하고 흉노匈奴를 상대하는 방책을 설파하였다. ≪한서 권49 조조전鼂錯傳≫

차례로 말하였으니, 사람들이 지형만 중요한 것으로 인식할까 염려하였기 때문에 지형은 군대의 보조가 될 뿐임을 드러내 밝힌 것이다.

그러므로 싸우는 방도에 반드시 승리할 수 있으면 군주가 싸우지 말라고 지시하더라도 반드시 싸우는 것이 옳고, 싸우는 방도에 승리할 수 없으면 군주가 반드시 싸우라고 지시하더라도 싸우지 않는 것이 옳은 것이다. 그러므로 장수가 전진할 적에는 명예를 구하지 않고 후퇴할 적에는 죄를 피하지 않으며, 오직 백성을 보호하고 군주를 이롭게 하면 이것이 나라의 보배인 것이다.

故로 **戰道必勝**이면 **主曰無戰**이라도 **必戰**이 **可也**요 **戰道不勝**이면 **主曰 必戰**이라도 **無戰**이 **可也**라 **故**로 **進不求名**하고 **退不避罪**하며 **惟民是保而利於主**면 **國之寶也**니라

장수가 이미 병법을 안다면 군주의 명령을 두려워하여 중요한 일을 그르쳐서는 안 되고, 반드시 백성을 보호하고 군주를 이롭게 함을 귀결로 삼아야 함을 말한 것이다.

이 절節은 윗글의 '필승'과 '필패'의 구句를 이어서 장수의 도리를 덧붙여 논하였으니, '다섯 가지 이로움〔五利〕' 가운데 이미 군주의 명령을 받지 않는 경우가 있음을 말하였으나, 여기에서 또 다시 군주의 명령을 받지 않을 지형이 있음을 논한 것이다.

군주가 싸우지 말라고 지시하더라도 반드시 싸움은 전진함에 명예를 구하지 않는 것이요, 반드시 싸우라고 지시하더라도 싸우지 않음은 후퇴함에 죄를 피하지 않는 것이다.

장수가 병사 보기를 어린아이와 같이 하므로 병사들과 함께 깊은 계곡으로 달려갈 수 있고, 병사 보기를 사랑하는 자식과 같이 하므로 병사들과 함께 죽을 수 있는 것이니, 사랑하여도 제대로 명령하지 못하고 친후親厚하여도 제대로 부리지 못하고 혼란하여도 제대로 다스리지 못하면, 비유하건대 교만한 자식과 같아서 쓸 수 없는 것이다.

視卒如嬰兒故로 可與之赴深谿요 視卒與愛子故로 可與之俱死니 愛而不能令하고 厚而不能使하고 亂而不能治하면 譬如驕子하여 不可用也니라

어린아이와 사랑하는 자식은 친후함이 지극하니, 친후함만 알아서 제대로 부리지 못하고 제대로 다스리지 못하여 은혜에 익숙하고 사랑을 믿는다면, 어떻게 이들과 더불어 깊은 계곡으로 달려가고 함께 죽을 수 있겠는가. 그러므로 문교文教로 명령하고 무벌武罰로 통일함을 한 가지도 폐지할 수 없는 것이다.

이정이 "≪손자≫의 '사랑을 위엄보다 먼저 해야 한다.'는 말은 만대에 바뀔 수 없는 것이다."(≪이위공문대≫ 중권) 하였으니, 울료자가 죽이기를 힘쓴 것[6]과 양소楊素가 위엄을 세운 것[7] 같

은 것은 바로 손자와 이위공李衛公(이정)의 죄인인 것이다.

이 절節은 위의 '백성을 보호하고 군주를 이롭게 함'을 이어서 군대를 다스릴 적에도 반드시 은혜와 위엄을 함께 베풀어야 함을 말한 것이다.

장수가, 우리 병사들이 용감하여 적을 공격할 수 있음만 알고 적이 대비함이 있어 공격할 수 없음을 알지 못하면 승산이 절반이요, 적을 공격할 수 있음만 알고 우리 병사들이 적을 공격할 수 없음을 알지 못하면 승산의 절반이요, 적을 공격할 수 있음을 알고 우리 병사들이 적을 공격할 수 있음을 알더라도 지형이 싸울 수 없는 곳임을 알지 못하면 승산이 절반이다.

---

6) 울료자가……힘쓴 것 : 이 내용은 ≪울료자≫ 〈병령兵令 하下〉의 "옛날에 용병을 잘하는 자는 병사의 반을 죽였고, 그 다음은 10분의 3을 죽였고, 그 아래는 10분의 1을 죽였으니, 병사의 반을 죽인 자는 위엄이 해내海內에 가해졌고, 10분의 3을 죽인 자는 힘이 제후에게 가해졌고, 10분의 1을 죽인 자는 명령이 병사들에게 행해졌다."라는 구절을 말한 것이다.

7) 양소楊素가……세운 것 : 양소(544~606)는 수隋나라의 건국에 큰 공을 세워 월국공越國公에 봉해지고 재상이 된 인물이다. 양소는 군대를 다스림이 엄격해서 군령軍令을 어기는 자는 곧바로 참수하여 용서하는 법이 없었다. 적과 대진對陣함에 있어 먼저 1, 2백 명을 적진으로 달려가게 하여 적진을 함락시키면 괜찮지만, 만약 적진을 함락시키지 못하고 돌아오는 자는 그 수효를 불문하고 모두 참수하였다. ≪수서隋書 권48 양소열전楊素列傳≫

이 때문에 병법을 아는 자는 출동하면 혼미하지 않고 조처하면 곤궁하지 않은 것이다. 그러므로 병법에 "적을 알고 자기를 알면 승리하여 마침내 위태롭지 않고, 천시天時를 알고 지리地利를 알면 승리를 온전히 할 수 있다."라고 한 것이다.

知吾卒之可以擊하고 而不知敵之不可擊이면 勝之半也요 知敵之可擊하고 而不知吾卒之不可以擊이면 勝之半也요 知敵之可擊하고 知吾卒之可以擊이로되 而不知地形之不可以戰이면 勝之半也라 故로 知兵者는 動而不迷하고 擧而不窮이라 故로 曰 知彼知己면 勝乃不殆요 知天知地면 勝乃可全이라하니라

〈모공謀攻〉에는 '적을 알고 자기를 아는 것'만 들었는데, 여기서 지형을 참고한 것은 지형이 군대의 보조가 되는 뜻을 총결한 것이다. '미迷'는 미혹됨이요, '궁窮'은 곤궁함이다. 끝에 옛말을 인용하여 적과 자기와 지형을 참고하여야 비로소 전승全勝할 수 있음을 실증하였다.

역대 주석에 대한 비평

'원형세균遠形勢均'을 구주舊註에는 "우리와 적이 군세軍勢의 강약强弱과 병력의 다과多寡가 서로 비슷한 것이다." 하였으니, 잘못이다. 이는 마땅히 서로의 거리가 약간 멀어서 똑같이 먼저 도전하기 어려운 것이다. 육패六敗의 '세균勢均'이 바로 강하고 약함과 용맹하고 비겁함의 군세가 대등한 것이다.

'이졸무상吏卒無常'을 구주에 "장고는 일정한 병졸이 없고, 병

졸은 일정한 장교가 없다." 하였으니, 이는 이위공의 말을 따라[8] 잘못 해석한 것이다. 이는 다만 장수가 엄격하지 않으면 장교와 병사들이 제멋대로 종횡縱橫하여 정해진 규칙을 지키지 않아서 혼란해짐을 말한 것이다.

'장부지기능將不知其能'을 구주에 "부하의 능하고 능하지 못함을 알지 못하고 그의 싸움을 허락하는 것이다." 하였으니, 잘못인 듯하다. 편비編裨(부장副將)가 주장主將에게 복종하지 않고 적을 만나 제멋대로 싸운다면 그가 강하고 사납고 분통을 터뜨려 윗사람의 명령을 따르지 않음을 알 수 있으니, 어찌 다시 그의 능하고 능하지 못함을 논할 것이 있겠는가. '부지기능不知其能'은 '어떻게 할 수 없어서 다시 군대를 제대로 통솔하지 못한다.'는 말과 같다.

---

8) 이위공의 말을 따라 : 이위공의 말은 ≪이위공문대≫ 상권의 "장교와 병사들이 일정한 직책이 없다는 것은 장수의 권세와 임무를 오래 맡기지 않는 것을 말한다."라는 구절을 이른다.

제11편 아홉 가지 지세地勢 [九地]

노소老蘇는 용맹한 자와 겁이 많은 자와 용맹과 겁이 반반인 자로 세 등급의 인물을 가설하여 간쟁諫諍에 비유하였으니,[1] 이제 이것을 빌려 병사들을 비유해보겠다.

귀와 눈을 통일시켜서 용맹한 자와 겁이 많은 자를 똑고르게 함은 기세에서 구해야 하니, 기세로써 적과 싸움은 비유하면 용맹한 자가 상賞을 탐하는 것이요, 여기에 더하여 기운을 다스리고 마음을 다스리고 힘을 다스려 문교文敎로 명령하고 무벌武罰로 통일시킴은 비유하면 용맹과 겁이 반반인 자가 두려워하여 따르는 것이요, 사지死地에 빠뜨림은 비유하면 겁이 많은 자가 호랑이에게 쫓기는 격이니, 이는 병가의 가장 높은 경지이다. 이 이상 다시 한 층이 없고 또한 가장 위험한 경계여서, 다시 앞으로 한 걸음의 여지餘地도 없으니, 이 때문에 가볍게 말할 수가 없고, 또한 감히 갑자기 말할 수

---

1) 노소老蘇는……비유하였으니 : 노소는 북송北宋의 문장가인 소순蘇洵(1009~1066)으로 자는 명윤明允, 호는 노천老泉이다. 본문의 내용은 ≪가우집嘉祐集≫ 권9 〈간론諫論 하下〉에 보인다.

가 없는 것이다.

그러므로 어렵게 여기고 신중히 하다가, 지은 글을 장차 끝마칠 때에 이르러서야 겨우 말했으니, 이미 말을 하였으면 또 활을 당기기만 하고 발사하지 않을 수가 없다.〔引而不發〕[2] 그러므로 한 번만 말하는 데 그치지 않고 여러 번 말하여, 기필코 다 드러내어 남김이 없음에 이른 뒤에야 끝났으니, 이는 손자가 고심苦心한 것이다.

군대를 출동하여 주둔하는 곳이 모두 아홉 가지인데, 얕은 데로부터 점점 깊어져서 사지死地에 이르러 다시 갈 곳이 없게 되었다. 그런데 갑자기 살길을 열어놓아 위태로움과 멸망에서 벗어날 뿐만 아니라, 또 사지를 빌려 공을 세우고 일을 성취할 수 있으니, 이것은 바로 병법에 이른바 '병사들이 위험에 빠진 뒤에야 승패를 결단할 수 있다.'[3]는 것이다. 배우는 자가 마땅히 깊이 음미하여 완색玩索해야 할 것이다.

---

2) 활을……없다〔引而不發〕: 화살을 끼우고 활시위만 잡아당길 뿐 활을 쏘지 않는다는 뜻으로, 남을 가르침에 있어 단지 기본적인 방법만 가르쳐주고, 요령은 배우는 자가 궁리하여 스스로 깨닫게 하는 것을 이른다.

3) 병사들이……있다 : 이 내용은 본편의 "병사들은 이해利害에 빠진 뒤에야 승패를 결단할 수 있다."라는 구절을 약간 바꾸어 인용한 것이다.

손자가 말하였다.

용병하는 방법에는 산지散地, 경지輕地, 쟁지爭地, 교지交地, 구지衢地, 중지重地, 비지圮地, 위지圍地, 사지死地에서 용병하는 방법이 있다.

제후 열국列國이 자기 지역에서 스스로 싸우는 곳을 '산지'라 하고, 남(적)의 지역에 들어가되 깊이 들어가지 않은 곳을 '경지'라 하고, 우리가 얻어도 이롭고 적이 얻어도 이로운 곳을 '쟁지'라 하고, 우리가 갈 수 있고 적이 올 수 있는 곳을 '교지'라 하고, 제후의 땅이 삼면으로 연결되어 있어서 먼저 이르면 천하의 무리를 얻을 수 있는 곳을 '구지'라 하고, 적의 지역에 깊이 들어가서 적의 성읍城邑을 많이 등지고 있는 곳을 '중지'라 하고, 산림山林과 험조險阻와 저택沮澤(저습한 늪지대와 못)이어서 행군하기 어려운 모든 길을 '비지'라 하고, 들어가는 입구는 좁고 돌아오는 길은 우회해야 하며 적의 적은 병력으로 우리의 많은 병력을 공격할 수 있는 곳을 '위지'라 하고, 급히 싸우면 생존하고 급히 싸우지 않으면 망하는 곳을 '사지'라 한다.

이 때문에 산지에서는 싸우지 말아야 하고, 경지에서는 머물러 있지 말아야 하고, 쟁지에서는 오랫동안 적을 공격하지 말아야 하고, 교지에서는 길을 끊지 말아야 하고, 구지에서는 외국과 외교를 맺어야 하고, 중지에서는 노략질하여야 하고, 비지에서는 〈빨리〉 떠나가야 하고, 위지에서는 도모하여야 하고, 사지에서는 〈결사적으로〉 싸워야 하는 것이다.

孫子曰 用兵之法은 有散地하고 有輕地하고 有爭地하고 有交地하고 有衢(구)地하고 有重地하고 有圮(비)地하고 有圍地하고 有死地하니 諸侯自戰其地者 爲散地요 入人之地而不深者 爲輕地요 我得亦利하고 彼得亦利者 爲爭地요 我可以往하고 彼可以來者 爲交地요 諸侯之地三屬에 先至而得天下之衆者 爲衢地요 入人之地深하여 背城邑多者 爲重地요 山林險阻沮澤凡難行之道者 爲圮地요 所由入者隘하고 所從歸者迂하여 彼寡로 可以擊吾之衆者 爲圍地요 疾戰則存하고 不疾戰則亡者 爲死地라 是故로 散地則無戰하고 輕地則無止하고 爭地則無攻하고 交地則無絶하고 衢地則合交하고 重地則掠하고 圮地則行하고 圍地則謀하고 死地則戰이니라

〈행군行軍〉의 '네 가지 이로움〔四利〕'[4]은 군대를 출동하고 주둔시키는 요점을 대략 논한 것이니 지형의 일반적인 것이고, '여섯 가지 지형〔六形〕'은 편리한 곳을 가려 군대의 보조로 삼은 것이니 땅의 형태이고, '아홉 가지 지세地勢〔九地〕'는 주둔한 지역이 각각 다름에 따라 인정人情을 참작하여 이름하였으니, 땅의 세勢이다. 이 가운데 '교지交地'는 통형通形(우리도 갈 수 있고 적도 올 수 있는 것)과 비슷하고 '비지圮地'는 척택斥澤(갯벌과 늪지대)

---

4) 네 가지 이로움〔四利〕: 군대를 주둔함에 있어 이로운 지역을 선택하는 네 가지 방법으로, 산에 군대를 주둔하는 방법〔處山之軍〕, 물가에 군대를 주둔하는 방법〔處水上之軍〕, 갯벌과 늪지대에 군대를 주둔하는 방법〔處斥澤之軍〕, 평지와 고원에 군대를 주둔하는 방법〔處平陸之軍〕을 가리킨다. 제9편 〈행군行軍〉에 네 가지 지형과 이에 주둔하는 유리한 방법을 차례로 서술하고, "무릇 이 네 가지 편리한 지역은 황제黃帝가 네 제왕帝王과 싸워서 승리한 이유이다."라고 결론 지은 것이 보인다.

과 유사한데, 참작하여 마땅하게 함은 사람에게 달려 있으니, 또한 세라고 해도 무방하다. 아홉 가지 지세의 조목을 손자가 이미 직접 설명하였으므로, 이제 다만 그 법을 논한다.

"산지散地에서는 싸우지 말아야 한다." 하였으나, 만약 적이 와서 공격하면 싸우지 않을 수가 없으므로, 아랫글에 "병사들의 마음을 통일시켜야 한다." 하였고, "경지輕地에서는 머물러 있지 말아야 한다." 하였으나, 험하고 막혀 있고 적의 수비가 견고하면 머물지 않을 수가 없으므로, 아랫글에 "병사들이 〈부대가 끊이지 않고〉 연속되게 하여야 한다." 하였으니, 병사들의 마음이 통일되면 자연 흩어져 도망하지 않고, 병사들이 연속되게 하면 곧바로 돌아오기가 어려우니, 이는 모두 앞의 말의 부족한 병폐를 바로잡은 것이다.

쟁지爭地에서는 '오랫동안 적을 공격하지 말라.' 한 것은 '뒤로 달려가 공격하지 말라.'고 한 것이니, 제7편 〈군쟁軍爭〉에 자세히 보인다.

교지交地에서는 '길을 끊지 말라.' 한 것은 '수비를 철저히 하라.'는 것이니, 거점을 연결하여 길을 통하게 하면 좋으나, 이렇게 하지 못하면 수비를 철저히 하여 적이 쳐들어오는 것을 방비하여야 한다.

구지衢地는 위魏나라 무제武帝(조조)가 "내가 적과 서로 대치하고 있는데 옆에 다른 나라가 있는 것이 구지이다." 한 것[5]이 이

5) 위魏나라……한 것 : 이 내용은 조조의 ≪손자약해孫子略解≫에 보인다.

것이다. 협조하는 동맹국 하나를 얻었는데 '천하의 무리'라고 말한 것은 '도와주는 이가 많음이 지극한 경우에는 천하가 순종한다.'[6]는 것과 같으니, 글을 가지고 뜻을 해치지 않는 것이 옳다.

구지衢地에서는 '외국과 외교를 맺어야 한다.'라고 한 것은 '외국과의 결속을 견고히 하여야 한다.'는 것이니, 다른 뜻이 없고 다만 거듭 단속한 것이다. 비지圮地에서는 '빨리 떠나가야 한다.'고 말한 것과 같으니, '그 길에서 빨리 빠져나가야 함'을 말한 것이다. '비圮'는 물에 풀어져 견고하지 못한 땅이니, 이러한 곳에는 진영과 보루를 구축해서는 안 되고, 또 짠 갯벌은 물과 풀을 구하기가 나쁘므로 주둔해서는 안 되는 곳이니, 여기에서 '산림山林과 험조險阻와 저습한 늪지대와 못이어서 행군하기 어려운 모든 길이다.'라고 말한 것은 대개 이러한 따위를 말한 것이다.

좁은 곳을 따라 들어갔는데 적이 막고, 돌아가는 길이 우회하여 먼데 적이 가로막을 경우 기이한 계책이 있지 않으면 어찌 스스로 패망을 면하겠는가. 도모하여 미치지 못하면 적이 비록 포위하고 일부러 한 곳을 비워두더라도 우리가 스스로

---

6) 도와주는……순종한다 : 이 내용은 ≪맹자≫ 〈공손추公孫丑 하下〉에 보인다. 맹자는 인화人和를 강조하면서 "도道를 얻은 자는 도와주는 이가 많고, 도를 잃은 자는 도와주는 이가 적다. 도와주는 이가 적음이 지극한 경우에는 친척이 배반하고, 도와주는 이가 많음이 지극한 경우에는 천하가 순종한다."라고 하였다.

빈 곳을 막아야 하니, 병사들을 사지死地로 나아가게 하고자 해서이다. 그러므로 '위지圍地에서는 도모하여야 한다.'라고 말하였으니, '그 빈 곳을 막음'을 말한 것이다.

사지에서는 극한 상황에 처하면, 오직 병사들을 격려하여 한 번 결사적으로 싸울 뿐이다. 그러므로 '결사적으로 싸워야 한다.'라고 하였으니, '살아남지 못할 각오를 보임'을 말한 것이다.

본편本篇은 오로지 사지를 가지고 의논을 세웠으므로 비록 아홉 가지 지세를 차례로 서술하였으나 정신이 집결되는 것은 모두 결말인 사지에 있으니, 이 때문에 이 사지가 한 편의 큰 두뇌頭腦가 되는 것이다.

옛날에 이른바 '용병을 잘하는 자'란 적으로 하여금 앞뒤가 서로 미치지 못하게 하고, 병력이 많은 부대와 적은 부대가 서로 믿지 못하게 하고, 귀한 사람과 천한 사람이 서로 구원하지 못하게 하고, 윗사람과 아랫사람이 서로 수습하지 못하게 하고, 병사들이 이산하여 모이지 못하게 하고, 병사들이 모여도 정돈되지 못하게 하니, 이익에 부합하면 출동하고 이익에 부합하지 않으면 중지한다.

古之所謂善用兵者는 能使敵人으로 前後不相及하고 衆寡不相恃하고 貴賤不相救하고 上下不相收하고 卒離而不集하고 兵合而不齊하니 合於利而動하고 不合於利而止하니라

'앞뒤가 서로 미치지 못하게 한다.'는 것은 왼쪽이 오른쪽을 구원할 수 없고 오른쪽이 왼쪽을 구원할 수 없게 하는 것이요, '병력이 많은 부대와 적은 부대가 서로 믿지 못하게 한다.'는 것은 모이면 흩어질 수 없고 흩어지면 모일 수 없게 하는 것이다. 장교와 병사들은 신분에 귀천의 차등이 있고, 장수와 부하들은 높고 낮은 등급이 있는데, 자신의 죽음을 구원하기에도 겨를이 없으므로 서로 돌아보고 구휼하지 못해서 심복心腹이 무너지는데도 사지四肢가 거두지 못하게 하는 것이다.

위엄이 진동하면 이산하여 모이지 못하고, 기운을 빼앗기면 모여도 정돈되지 못하니, 적을 이와 같게 만들고, 우리는 다만 이로움과 이롭지 않음에 따라 출동하고 중지하는 것이니, 이렇게 하기 때문에 용병을 잘한다고 말한 것이다.

이 절節이 윗장을 잇지 않고 특별히 따로 의논을 세운 것은 어째서인가? 이는 아랫글에 곧바로 사지와 연결하지 않고, 주인이 되고 객客이 되는 수많은 구어句語를 차례로 말하였기 때문에 다만 '용병을 잘한다.'는 말로 단서를 일으킨 것이다.

감히 묻기를 "적의 병력이 정돈되어 장차 쳐들어오려고 하면 어떻게 상대하여야 합니까?" 하니, 대답하기를 "먼저 적이 아끼는 곳을 빼앗으면 〈우리의 진퇴를〉 적이 따를 것이다."라고 하였다. 군대의 실정은 신속함을 위주로 하니, 〈신속히 하면〉 적이 미처 대비하지 못한 틈을 타고 적이 예상하지 않은 길을 경유하여, 적이 경계(수비)하지 않은 곳을 공격하게 된다.

敢問敵衆整而將來면 待之若何오 曰 先奪其所愛면 則聽矣리라하니 兵之情은 主速하니 乘人之不及하고 由不虞之道하여 攻其所不戒也니라

산지散地가 구지九地의 맨 앞에 있는데, 제후가 스스로 자기 지역에서 싸운다면 바로 적의 침공을 받은 것이다. 그러므로 먼저 주인으로서 객客(적)을 대비하는 방법을 논하였으니, 문답하는 말을 가설한 것이다.

손빈孫臏이 위魏나라를 공격하여 조趙나라를 구원하면서 "형세가 막히면 스스로 포위를 풀 것이다." 하였으니,[7] 이른바 '적이 아끼는 곳을 빼앗는다.'는 것으로, 이하의 내용은 적이 아끼는 곳을 빼앗는 방법이다. 그러나 적이 아끼는 곳을 어찌 대비하지 않고 경계하지 않겠는가. 또한 형태를 드러내 보여 적의 허·실을 나타나게 함에 달려 있을 뿐이다.

'청聽'은 따름〔從〕이다.

---

7) 손빈孫臏이……하였으니 : 이 내용은 ≪사기≫ 권65 〈손자오기열전孫子吳起列傳〉에 보인다. 전국시대에 위나라가 조나라를 공격하여 위기에 처하자, 조나라로부터 구원 요청을 받은 제齊나라는 전기田忌를 대장으로, 손빈을 군사軍師로 삼아 조나라를 구원하게 하였다. 이때 제나라는 손빈의 계책을 따라 조나라로 가지 않고 곧바로 위나라의 수도를 공격하였다. 이 소식을 들은 위나라 군대가 놀라 조나라에 대한 포위를 풀고 급히 위나라로 달려왔는데, 제나라 군대가 계릉桂陵에서 이를 맞이하여 대파하였다.

무릇 객이 되어 전투하는 방도는 깊이 쳐들어가면 병사들의 마음이 전일해지니, 주인이 된 자는 이기지 못한다. 풍요로운 들에서 노략질하여 삼군三軍의 양식이 풍족하면, 병사들을 삼가 잘 먹이고 수고롭게 하지 말아서 기운을 합하고 힘을 축적하며 군대를 운용하고 계책을 세워서 우리의 장병들이 자신의 계책을 측량할 수 없게 하여야 한다. 도망할 곳이 없는 곳으로 병력을 투입하면 병사들이 죽어도 패주하지 않으니, 죽을 각오로 싸운다면 병사들이 힘을 다하지 않을 수 있겠는가.

병사들은 위급한 지역에 깊이 빠져 있으면 두려워하지 않고, 갈 곳이 없으면 단결하고, 적지로 깊이 쳐들어가면 결속하고, 부득이하면 결사적으로 싸운다. 이 때문에 군대가 정돈하지 않아도 경계를 철저히 하며, 요구하지 않아도 사력死力을 다하며, 약속하지 않아도 친해지며, 호령하지 않아도 믿는 것이다. 요상한 일을 금지하고 의심스러운 계책을 제거하면, 병사들이 죽음에 이르더라도 딴 생각이 없게 된다.

우리 병사들이 남긴 재물이 없는 것은 재물을 싫어해서가 아니요, 목숨을 보전함이 없는 것은 장수長壽를 싫어해서가 아니다.[8] 출전 명령을 내리는 날에 병사들 중에 〈출전하지 못하고〉 앉아 있는 자들은 눈물이 옷깃을 적시고, 병으로 누워 있는 자

8) 우리……아니다 : 결전에 앞서 병사들이 자신의 재물과 생명을 아끼지 않고 오직 최후의 일전一戰을 하려는 각오를 다짐을 말한 것이다.

들은 눈물이 턱까지 흘러내리니, 도망할 곳이 없는 곳으로 병력을 투입하면, 전저專諸[9)]와 조귀曹劌[10)]의 용맹이 나오게 된다.

凡爲客之道는 深入則專이니 主人不克이라 掠於饒野하여 三軍足食이어든 謹養而勿勞하여 竝氣積力하고 運兵計謀하여 爲不可測이라 投之無所往이면 死且不北니 死焉이면 不得士人盡力이리오 兵士甚陷則不懼하고 無所往則固하고 入深則拘하고 不得已則鬪라 是故로 其兵이 不修而戒하며 不求而得하며 不約而親하며 不令而信하나니 禁祥去疑하면 至死無所之니라 吾士無餘財는 非惡(오)貨也요 無餘命은 非惡壽也라 令發之日에 士卒이 坐者涕沾襟하고 偃臥者涕交頤(이)하나니 投之無所往이면 則諸劌(저귀)之勇也니라

경지輕地 이하는 모두 〈아군이〉 객이 되므로 다음에 객이 되어 싸우는 방도를 논한 것이다. 경지에서는 머물지 말아야 하니, 그렇다면 머무는 곳은 중지重地인 것이다. 그러므로 "〈중지에서는〉 노략질하여 양식을 풍족히 한다." 하였고, 우리가 이미 깊이 쳐들어갔으면 적은 산지散地에 있으므로 "주인이 된

---

9) 전저專諸 : 춘추시대 오吳나라의 자객刺客으로 오왕 합려闔閭의 왕위 등극을 위해, 생선의 뱃속에 숨긴 비수로 오왕 요僚를 암살한 뒤 호위무사들의 공격을 받고 비장하게 최후를 마친 인물이다. ≪사기 권86 자객열전刺客列傳≫

10) 조귀曹劌 : 춘추시대 노魯나라의 대부로 제齊나라 환공桓公이 노나라를 공격했을 때 노나라 군대를 지휘하여 제나라 군대에 승리를 거둔 명장이다. 유인은 ≪손무자직해≫에서 조귀는 지사智士이지 용사勇士가 아니란 이유로 조귀를 조말曹沫의 오류로 보았다. ≪사기 권32 제태공세가齊太公世家≫

자는 이기지 못한다."라고 한 것이다.

'병사들을 삼가 잘 먹이고 수고롭게 하지 말라.'는 것은 기운을 합하고 힘을 축적하기 위해서이니, 기운을 합하고 힘을 축적함은 장차 결사적으로 적과 싸우기 위해서이다. 그래도 여전히 병사들의 사력을 얻지 못할까 염려되므로 반드시 계책을 은밀히 운용하여 병사들이 자신의 계책을 측량하지 못하게 해서 사지死地로 투입하는 것이니, 만약 병사들이 자신들이 사지로 들어가는 것을 알게 한다면 어찌 기꺼이 스스로 사지에 빠지려 하겠는가.

이렇게 한 뒤에야 물이 새는 배에 앉아 있는 듯하고 불타는 지붕에 엎드려 있는 듯하여,[11] 적을 찾기를 잃어버린 자식을 찾듯이 하고 적을 공격하기를 물에 빠진 사람을 구원하듯이 할 수 있으니,[12] 사지는 사지이나 결코 패배함이 없는 것이다. 이미 한번 죽기로 작정했기 때문에 바라는 것마다 얻지 못함이 없어서 사람마다 사력을 다하는 것이다. '위급한 지역에 깊이 빠져 있으면 두려워하지 않음'은 요행으로 살기를 바라는 희망을 끊기 때문이다.

---

11) 물이……듯하여 : ≪오자≫ 〈치병治兵〉의 "물이 새는 배의 가운데 앉아 있는 것과 같고 불타는 지붕 아래 엎드려 있는 것과 같다."라는 구절을 약간 바꾼 것으로, 장병들이 위기를 느껴 결사적으로 싸움을 비유한 것이다.

12) 적을……있으니 : 이 내용은 ≪울료자≫ 〈공권攻權〉에 보인다.

'고固'는 하나가 됨이요, '구拘'는 결속함이요, '투鬪'는 '곤궁한 짐승도 오히려 싸운다.'[13]는 것이다. '수修'는 정돈함〔飭〕이요, '계戒'는 〈경계하여〉 대비함이요, '구求'는 책함(바람)이요, '득得'은 병사들의 사력을 얻는 것이다.

'요상한 일을 금지하고 의심스러운 계책을 제거함'은 ≪삼략≫ 〈중략〉에 "무당과 축원하는 사람을 금지하여 장교와 병사들은 군대의 길흉을 점쳐 묻지 못하게 하고, 변사辯士들은 적의 훌륭한 점을 말하지 못하게 하여야 하니, 이는 사람들을 미혹하게 하기 때문이다."라고 한 것이 이것이다.

'목숨을 보전함이 없다.'는 것은 목숨을 아끼지 않고 버릴 수 있다고 말함과 같으니, 재물이 무슨 소용이 있겠는가. '영令'은 전투를 준비하라는 명령이다. '눈물이 흘러 옷깃을 적시고 턱까지 흘러내림'은 질병으로 앉아 있고 누워 있는 자들의 심정이다. '저諸'는 전저專諸이고 '귀劌'는 조귀曹劌이니, 모두 옛날의 용사이다.

그러므로 용병을 잘하는 자는 비유하건대 솔연率然처럼 하니, 솔연이란 상산常山에 있는 뱀이다. 그 머리를 치면 꼬리가 이르

13) 곤궁한……싸운다 : 이 내용은 B.C. 506년 오吳나라와 초楚나라의 전투에서 오왕 합려闔閭의 아우인 부개왕夫槪王이 궁지에 몰린 초나라 군대를 공격하려는 합려에게 간한 말이다.

고, 꼬리를 치면 머리가 이르고, 중간을 치면 머리와 꼬리가 함께 이른다.

감히 묻겠습니다. "군대를 솔연이라는 뱀처럼 운용할 수 있습니까?"

대답하였다. "가능하다. 월越나라 사람과 오吳나라 사람은 서로 미워하나[14] 한 배를 타고 물을 건너다가 풍랑을 만나면 왼손과 오른손이 서로 구원해주듯이 한다. 이 때문에 말을 묶어놓고 수레바퀴를 땅속에 묻어두더라도 믿을 수가 없는 것이다. 용맹한 자와 겁이 많은 자를 하나로 통일시킴은 군정軍政의 도道이고, 강한 자와 유약한 자가 모두 사력을 다함은 처지가 그렇게 만드는 이치이다. 그러므로 용병을 잘하는 자가 손을 잡고 한 사람을 부리는 것처럼 하는 것은 〈형세가〉 부득이하기 때문이다."

故로 善用兵者는 譬如率然하니 率然者는 常山之蛇也라 擊其首則尾至하고 擊其尾則首至하고 擊其中則首尾俱至하나니라 敢問兵可使如率然乎아 曰可하다 夫越人與吳人이 相惡也나 當其同舟而濟하여 遇風이면 其相救也 如左右手하니 是故로 方馬埋輪이라도 未足恃也라 齊勇若一이 政之道也요 剛

14) 월越나라……미워하나 : 춘추시대, 오나라와 월나라는 국경을 마주하여 대를 이어 싸웠다. 오왕 합려闔閭는 월왕 구천句踐과의 싸움에서 죽었고, 구천은 합려의 아들 부차夫差와 싸워 패배하여 패망 직전에까지 몰렸다가 온갖 수치를 감수하고 겨우 나라를 유지하였으며, 부차는 무리하게 패권을 추구하다가 국력을 회복한 월나라에 의해 멸망하였다.

柔皆得이 地之理也라 故로 善用兵者 携手若使一人은 不得已也니라

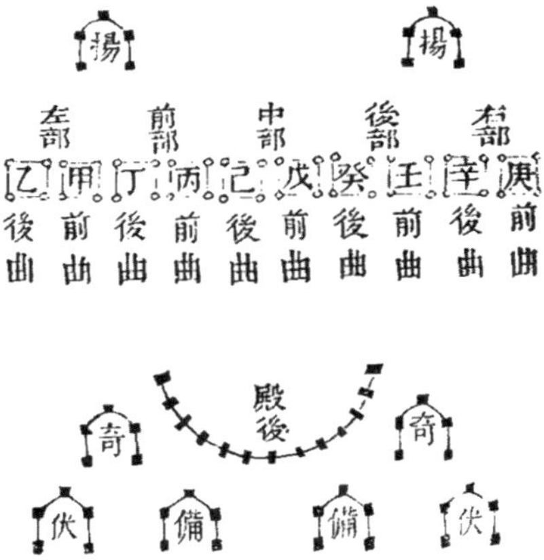

상산사진도常山蛇陣圖

상산사수미상구도常山蛇首尾相救圖

'솔연'은 뱀의 이름이니, ≪박물지博物志≫[15]에 "상산에는 지금도 이 뱀이 많이 있다." 하였다. 오나라와 월나라는 대대로 원수의 나라로서 날마다 방패와 창을 찾아 전쟁이 계속되어서 서로 미워함이 풍속을 이루었으므로 빌려서 비유한 것이다.

방마方馬는 위魏나라 무제武帝가 "말을 묶어놓은 것이다." 하였으니, 지금 이 말을 따른다.

사람(병사들)을 진실로 솔연처럼 운용할 수 있는가? 지금 오나라와 월나라 사람들은 서로 미워하지만 한 배를 타고 가다

---

15) ≪박물지博物志≫ : 서진西晉의 장화張華가 지은 책으로, 선인仙人이나 괴이한 짐승과 곤충에 대한 이야기가 많이 수록되어 있으며 자연 관찰에 관한 사항도 들어 있다. 모두 10권이다.

가 풍랑을 만나게 되면 왼손과 오른손이 서로 구원하듯이 도와주는데, 하물며 훌륭한 장수가 병사들을 기를 적에 자기 몸과 차별을 두지 않다가 함께 사지死地에 빠짐에 있어서랴.

그러므로 사람들은 용맹한 자와 겁이 많은 자를 막론하고 하나로 통일시켜 똑같게 만들 수 있고, 성품은 강하고 유약함을 막론하고 모두 자기의 사력을 다할 수 있는 것이니, 이는 장수의 군정軍政과 계책, 처한 상황에 부득이한 이치가 있기 때문이다. 만일 그런 것이 아니라면 비록 말을 묶어놓고 수레바퀴를 묻어놓아 병사들을 도망가지 못하게 하더라도 오히려 너는 너이고 나는 나라는 마음을 품어서 서로 구휼하려 하지 않을 것이니, 어찌 믿을 수 있겠는가.

그러므로 용병을 잘하는 자가 삼군의 무리를 범하되(어려운 일을 시키되) 마치 손을 잡고 한 사람을 부리는 것처럼 하는 것은 특별한 속임수와 공교로운 계책이 있어서가 아니요, 진실로 형세가 부득이하기 때문이다.

장군의 일은 고요하고 그윽하며 바르고 엄정해야 한다.

將軍之事는 靜以幽하고 正以治니라

'정靜'은 편안하고 한가로움이요, '유幽'는 깊음이요, '정正'은 바르고 진중함이요, '치治'는 엄정하고 침착함이다.

병사들의 귀와 눈을 가려 알지 못하게 하여야 하니, 일을 바꾸고 계책을 변경하여 병사들이 알지 못하게 하며, 주둔하는 지역을 바꾸고 길을 우회하여 병사들이 생각(예측)할 수 없게 하여야 한다. 그리하여 장수가 병사들과 기약하기를 마치 높은 곳에 올라가면 사다리를 치우듯이 하고, 장수가 병사들과 함께 제후의 땅에 깊이 쳐들어가되 기아機牙(방아쇠)를 당기듯이 하여야 한다. 양 떼를 몰듯이 병사들을 몰고 가고 몰고 와서 가는 곳을 알지 못하게 하여야 하니, 삼군의 무리를 모아서 위험한 곳으로 투입하는 것이 장군의 일이다.

能愚士卒之耳目하여 使之無知니 易其事하고 革其謀하여 使人無識하며 易其居하고 迂其途하여 使人不能慮하여 帥與之期호되 若登高而去其梯하며 帥與之深入諸侯之地호되 而發其機라 若驅群羊하여 驅而往하고 驅而來하여 莫知所之니 聚三軍之衆하여 投之于險이 此將軍之事也니라

'병사들의 귀와 눈을 가린다.'는 것은 저공狙公이 원숭이에게 상수리를 줄 적에 원숭이들을 기쁘게 하고 노엽게 하지 않은 것[16]이며, 양앙梁鴦이 호랑이를 기를 적에 그 성질에 순히 따

16) 저공狙公이……않은 것 : 조삼모사朝三暮四의 고사를 이른다. 원숭이에게 양식으로 줄 상수리가 모자라자, 저공은 아침에 원숭이들을 모아놓고 상수리를 줄여 아침에 3개, 저녁에 4개를 주겠다고 하니 원숭이들이 모두 화를 내었다. 저공이 곧바로 말을 바꾸어 아침에 4개, 저녁에 3개를 주겠다고 하자, 원숭이들이 모두 만족하였다. ≪장자 제물론齊物論≫

르고 거슬리게 하지 않은 것[17]과 같은 것이다.

'일을 바꾼다.'는 것은 예전의 자취를 따르지 않음을 이르고, '계책을 변경한다.'는 것은 예전의 계책을 답습하지 않음을 이르니, 만약 계책을 규구規矩와 승묵繩墨[18]처럼 똑같게 한다면 사람들이 모두 쉽게 알아차릴 것이니, 〈병사들의 귀와 눈을〉 가리는 방법이 아니다.

규規(그림쇠)

구矩(곱자)

승繩(먹줄)

17) 양앙梁鴦이……않은 것 : 양앙은 주周나라 선왕宣王의 목정牧正이었는데, 각종 야생 동물을 잘 길렀으므로 선왕이 매우 신임하였다. 선왕이 양앙의 사육법이 실전될까 우려하여 다른 사람에게 이를 전수하도록 하자, 양앙은 호랑이 사육법을 예로 들면서, 호랑이를 잘 사육하기 위해서는 호랑이의 성질을 잘 살펴 이에 어긋나지 않게 하여야 한다고 설파하였다. ≪열자 황제≫

18) 규구規矩와 승묵繩墨 : 표준이 되는 일정한 법도(기준)를 이른다. 규規는 원형圓形을 만드는 그림쇠이고, 구矩는 방형方形을 만드는 곱자이며, 승묵은 목수가 나무에 곧게 줄을 치는 데 사용하는 먹줄이다.

'주둔하는 지역을 바꾸는 것'은 오래 머물면 병사들이 해이해질까 우려해서이고, '길을 우회하는 것'은 곧바로 가면 병사들이 의심할까 우려해서이다. '기期'는 가는 곳을 기약하는 것이다. 사다리를 치우듯이 함은 물러날 수 없게 하는 것이요, 기아機牙를 당기듯이 함은 화살이 활시위를 떠난 것이다. 양 떼를 몰고 오가듯이 하는 것은 병사들이 아는 바가 없고 생각하는 바가 없기 때문이다. 양이 만약 도살장으로 가는 것을 안다면 어찌 팔뚝으로 지휘하여 모두 오게 할 수 있겠는가.[19]

'험險'은 어렵고 험한 곳이다. 윗글을 이어서 "병사들이 사지死地에 있어야 비로소 사력을 다하는데, 병사들을 사지로 투입하는 자는 장수이니, 만약 고요하고 그윽하며 바르고 엄정한 사람(장수)이 아니면 어떻게 넓적다리와 손바닥 위에 올려놓고 병사들을 전도시켜 우롱할 수 있겠는가. 이와 같이 병사들을 우롱한 뒤에야 비로소 장군의 일이라고 말할 수 있다."라고 한 것이다.

장수는 구지九地의 변통과 굴신屈伸의 이익과 인정人情의 이치

---

19) 양이……있겠는가 : 팔뚝으로 양 떼를 지휘하여 우리로 들여보냄을 이른다. ≪시경≫ 〈소아小雅 무양無羊〉은 양을 기르는 일을 읊었는데, 여기에 "팔뚝으로 지휘하니 양들이 모두 와서 우리로 들어간다."라고 하였는바, 이 시구를 인용하여 장수가 병사들을 어리석게 만들어서 마음대로 사지에 투입할 수 있음을 말한 것이다.

를 살피지 않으면 안 된다.

九地之變과 屈伸之利와 人情之理를 不可不察也니라

이에 이르러 비로소 편의 머리를 돌아보고 다시 구지를 거듭 말하려 하였는데, 그대로 사지에 나아가 의논을 세운 것은 위의 글을 이어받았기 때문이다. '도망갈 곳이 없음'은 굽힘〔屈〕이요, '급히 싸우면 생존함'은 폄〔伸〕이요, '싸워서 승리함'은 이익〔利〕이요, '죽어도 패주하지 않음'은 이치〔理〕이다.

무릇 객이 되어 싸우는 방도는 적지에 깊이 쳐들어가면 병사들의 마음이 전일해지고, 얕게 쳐들어가면 병사들의 마음이 흩어진다. 국도國都를 떠나 국경을 넘어 군대를 운용하는 곳은 절지絶地이고, 사방으로 통하는 곳은 구지衢地이고, 깊숙이 들어간 곳은 중지重地이고, 얕게 들어간 곳은 경지輕地이고, 뒤에 산이 있고 앞이 좁은 곳은 위지圍地이고, 도망갈 곳이 없는 곳은 사지死地이다.

이 때문에 산지散地에서는 내(장수)가 병사들의 마음을 통일시켜야 하고, 경지輕地에서는 병사들이 〈끊이지 않고〉 연속되게 하여야 하고, 쟁지爭地에서는 장차 적의 뒤로 달려가야 하고, 교지交地에서는 수비를 철저히 하여야 하고, 구지衢地에서는 외국과의 사귐을 견고히 하여야 하고, 중지重地에서는 군량을 계속하여야 하고, 비지圮地에서는 그 길에서 빨리 빠져나가야 하고, 위지圍地에서는 적 포위망의 빈 곳을 막아야 하고,[20] 사지死地에서는 병사들에게 살지 못할 것을 보여주어야 한다.

凡爲客之道는 深則專하고 淺則散이니 去國越境而師者는 絶地也요 四通者는 衢地也요 入深者는 重地也요 入淺者는 輕地也요 背固前隘者는 圍地也요 無所往者는 死地也라 是故로 散地엔 吾將一其志하고 輕地엔 吾將使之屬하고 爭地엔 吾將趨其後하고 交地엔 吾將謹其守하고 衢地엔 吾將固其結하고 重地엔 吾將繼其食하고 圮地엔 吾將進其途하고 圍地엔 吾將塞其闕하고 死地엔 吾將示之以不活이니라

객이 된 입장을 위주로 말했으므로 먼저 구지衢地, 중지重地, 경지輕地, 위지圍地, 사지死地를 열거했는데, 다시 〈구지九地에〉 들어 있지 않은 절지絶地를 끼워 넣은 것은 어째서인가? '절지에서는 머물지 말라.'는 한마디 말을 겨우 제8편 〈구변九變〉에 덧붙여 보였는데, 국도를 떠나 국경을 넘어서 군대를 출동한 경우에는 혹 절지에 머물 수가 있어서 없앨 수 없기 때문이다. 이하 거듭 말한 것은 모두 편 머리에서 풀이하였다.

---

20) 위지圍地에서는……하고 : 위지에 빠져 적에게 포위되었을 경우에는 포위망의 빈 곳을 막아놓아 병사들에게 탈출할 길이 없음을 보여줌으로써 결사적으로 싸우게 함을 말한 것이다. 적을 포위할 적에는 완전히 포위하지 않고 포위망의 일부를 터놓아 적병이 빠져나갈 길을 열어놓아야 하는바, 제7편 〈군쟁軍爭〉에서 '포위된 적은 반드시 한쪽을 비워준다.'고 한 것이 바로 이것이며, 적에게 포위되었을 적에는 반대로 이곳을 봉쇄하여야 하는 것이다.

그러므로 군대의 정상情狀이, 포위되면 적을 막고, 부득이하면 싸우고, 위급한 지역에 심하게 빠지면 내(장수)가 가는 바를 따르는 것이다.

故로 兵之情이 圍則禦하고 不得已則鬪하고 過則從이니라

이는 위지圍地와 사지死地를 이어 거듭 맺은 것이니, 윗글의 '병사들이 위급한 지역에 깊이 빠져 있으면 두려워하지 않는다.'는 한 절과 대략 같다. '과過'는 빠짐이 심하다는 것과 같고, '종從'은 병사들이 내가 가는 바를 따르는 것이다.

이 때문에 제후의 계책을 알지 못하는 자는 미리 외교를 맺지 못하고, 산림과 험조險阻와 저택沮澤의 지형을 알지 못하는 자는 군대를 출동시키지 못하고, 향도鄕導(길을 안내하는 토착민)를 사용하지 않는 자는 지리地利를 얻지 못하는 것이다.

네 가지와 다섯 가지 중에 하나라도 알지 못하면 패자霸者와 왕자王者의 군대가 아니다. 패자와 왕자의 군대는 큰 나라를 정벌하면 적의 군대가 모이지 못하고, 위엄을 적에게 가하면 적이 외교를 맺지 못한다. 그러므로 천하가 우리와 외교를 다투지 못하게 하고 천하에 우리처럼 권세를 기르지 못하게 하니, 〈아군의 장수가〉 자신의 사사로운 뜻을 펼치더라도 위엄이 적에게 미친다. 그러므로 적의 성을 함락할 수 있고 적의 국도를 허물 수 있는 것이다.

是故로 不知諸侯之謀者는 不能豫交하고 不知山林險阻沮澤之形者는 不能行軍하고 不用鄕導者는 不能得地利하나니 四五者에 一不知면 非霸王之兵也라 夫霸王之兵은 伐大國이면 則其衆不得聚하고 威加於敵이면 則其交不得合이라 是故로 不爭天下之交하고 不養天下之權하고 信己之私하여 威加於敵이라 故로 其城可拔이요 其國可隳(휴)니라

세 가지는 군쟁軍爭(군대가 서로 다툼)의 일에 그치지 않고, 더욱 깊이 적지에 쳐들어가는 요점이므로 거듭 기술한 것이다. '사오四五'는 탈자脫字나 오자誤字가 있는 듯하니, 감히 억지로 해석하지 못하겠다.

성세聲勢를 먼저 적에게 가하면 적의 무리가 모이지 못하고, 위엄을 먼저 적에게 가하면 외교를 맺지 못한다. 그러므로 진秦나라 군대가 성고成皐를 막자 한韓나라 영토의 가운데가 분단되었고,[21] 백기白起가 한단邯鄲을 공격하자 진비晉鄙가 업鄴 땅에서 멈추고 전진하지 못했으니,[22] 이는 천하가 우리와 외교

21) 진秦나라……분단되었고 : 성고는 지형이 험하며 전국시대 한韓나라의 소유였다. 연횡連衡을 주장한 장의張儀는 한왕韓王을 설득하면서 "대왕이 진나라를 섬기지 않으면 진나라에서 군대를 파견하여 의양宜陽을 점거하고,……성고를 막고 그 위쪽에 있는 지역을 끊는다면 대왕의 나라는 한가운데가 분단될 것입니다."라고 한 내용이 보이며, 뒤에 "진나라가 장군 몽오蒙驁에게 한나라를 공격하게 하자, 한나라에서는 성고와 공읍鞏邑을 바쳤다."는 기록이 ≪사기≫ 〈장의열전張儀列傳〉과 〈진본기秦本紀〉에 보인다.

22) 백기白起가……못했으니 : 진秦나라 장수 백기가 대군을 이끌고 조나

를 다툴 수 없어서 적과 외교를 맺지 못하는 것이요, 천하에 우리처럼 권세를 기른 자가 없어서 권세가 저절로 우리에게 돌아오는 것이니, 펼친 것이 비록 장수 한 사람의 사사로운 뜻이라도, 위엄이 이미 진동한다. 그러므로 적의 성을 함락하고 적의 국도國都를 허물 수 있는 것이다.

휴隳는 허무는 것이니, '노魯나라가 세 도읍을 허물었다.'[23]는 것이 이것이다.

법에 없는 상賞을 시행하고, 정사에 없는 명령을 걸어놓아야 한다.

施無法之賞하고 懸無政之令이니라

라의 국도인 한단을 포위하자 조나라가 위나라에 구원을 요청하니, 위나라는 진비에게 군대를 이끌고 조나라를 구원하게 하였다. 진나라 소양왕昭襄王은 이 소식을 듣고 위나라에 사신을 보내 "만약 어느 나라라도 한단을 구원하러 온다면 조나라를 멸망시킨 다음, 즉시 그 나라로 진격할 것이다."라고 위협하였다. 이에 놀란 안희왕이 급히 진비에게 사람을 보내 군대를 업鄴 땅에서 멈추고 사태를 관망하게 하였다. ≪사기 권77 위공자열전魏公子列傳≫

23) 노魯나라가……허물었다 : 세 도읍은 노나라 정공定公 때 국정을 전단하던 삼환三桓들의 읍도邑都로, 계손씨季孫氏의 비읍費邑, 숙손씨叔孫氏의 후읍郈邑, 맹손씨孟孫氏의 성읍郕邑을 이른다. 공자가 대사구大司寇가 되자 이들 삼환의 세력을 억제하기 위해 정공을 설득하여 세 성을 허물게 하였는데, 제자인 중유仲由를 시켜 비읍과 후읍은 허물었으나 성읍은 끝내 허물지 못하였다. ≪춘추좌씨전 정공定公 12년≫

법에 없는 상과 정사에 없는 명령은 또한 모두 사람들의 예상 밖에서 나와 측량할 수 없는 것이다. '현懸'은 '상위象魏에 법을 걸어놓는다.'는 뜻인 '현법상위懸法象魏'[24]의 '현懸'과 같다.

삼군三軍의 무리를 범하되 한 사람을 부리듯이 하여야 하니, 일로써 범할 적에는 처음에 계획한 말을 일러주지 말며, 이익으로써 범할 적에는 병사들에게 해로움을 말해주지 말아야 한다. 그리하여 병사들을 망할 땅에 투입한 뒤에야 생존하고, 죽을 땅에 빠뜨린 뒤에야 살 수 있으니, 병사들이 이해利害에 빠진 뒤에야 승패勝敗를 결단할 수 있는 것이다.

犯三軍之衆호되 若使一人이니 犯之以事에 勿告以言하며 犯之以利에 勿告以害하여 投之亡地然後存하고 陷之死地然後生이니 夫衆陷於害然後에 能爲勝敗니라

'범犯'은 '얼굴을 범한다'는 뜻인 '범안犯顔'[25]의 '범犯'과 같으니, 범하기 어려운 바를 범하는 것이다. 성공은 함께 즐길 수 있으나 시작은 함께 도모할 수 없고,[26] 따르게 할 수는 있어도

---

24) 상위象魏에……현법상위懸法象魏 : 상위는 고대 궁궐 문 밖에 마주 보게 세운 한 쌍의 건축물로, 여기에 국가의 법령을 드러내 보였다 한다. 상象은 법상法象, 위魏는 높다는 뜻이다.

25) 범안犯顔 : 임금의 뜻을 거스르고 정면으로 범하여 직언하는 것으로, 여기서는 병사들에게 하기 어려운 일을 시킴을 이른다.

알게 할 수 없는 것[27]은 사람의 일반적인 심정이니, 만약 장수가 이롭고 해로움을 장병들과 함께 계산하여 자세히 일러주면 누가 기꺼이 죽음을 무릅쓰고 위험한 곳으로 나아가겠는가. 이소李愬가 채주蔡州를 습격할 적에 "다만 서쪽으로 가라."고 명령하였으니,[28] 일로써 범할 때 처음 계획한 말을 일러주지 않은 것이요, 한신韓信이 조趙나라를 정벌할 적에 "조나라를 격파

---

26) 성공은……없고 : 보통 사람들과는 함께 성공을 즐길 수 있으나 함께 시작을 도모할 수는 없다는 뜻으로, 전국시대 위衛나라의 공족公族 출신인 상앙商鞅이 진秦나라 효공孝公에게 올린 말이다. ≪사기 권68 상군열전商君列傳≫

27) 따르게……없는 것 : 이 내용은 ≪논어≫ 〈태백泰伯〉에 보이는 공자의 말인데, 이에 대한 해석은 두 가지가 있다. 하나는 '백성들은 윗사람이 시키는 것을 그대로 따르게만 하여야 하고 깊은 뜻을 알게 해서는 안 된다.'는 것으로 우민愚民 정책을 써야 한다는 의미인데, 여기서도 이 해석을 따른 것이다. 또 하나는 '백성은 도리를 따르게 할 수는 있어도 깊은 이치를 다 알게 할 수는 없다.'는 것으로 정자程子와 주자朱子는 뒤의 설을 따랐다.

28) 이소李愬가……명령하였으니 : 헌종 원화元和 10년(815)에 회서절도사淮西節度使 오원제吳元濟가 반란을 일으키자, 당나라에서는 토벌을 단행하였는데, 이소는 반군의 본거지인 채주蔡州의 대비가 허술한 틈을 타서 이를 급습하여 승부를 결판내고자 하였다. 이에 군대를 출동시키면서 장병들이 어디로 가는지 물었으나, 이소는 다만 "동쪽으로 60리 가서 머문다."라 하고는, 쉬지 않고 빠른 속도로 행군을 계속하여 채주성을 기습 점령하고 반군의 괴수 오원제를 사로잡았다. ≪구당서舊唐書 권133 열전列傳 제83 이성李晟≫

하고 회식會食하겠다."고 약속하였으니,[29] 이로움으로써 범할 때 병사들에게 해로움을 말해주지 않은 것이다.

≪주역周易≫에 "위태로울까 염려하는 것은 그 지위를 편안하게 하는 것이요, 망할까 두려워하는 것은 그 생존을 보존하는 것이다."[30] 하였으니, 손자는 아마도 일찍이 ≪주역≫을 배운 자인가 보다. 어쩌면 그리도 말이 ≪주역≫에 합치된단 말인가.

병법의 극치가 이 몇 마디 말에 다하였는데, 앞의 10편에서는 일부러 숨기고 말하지 않았으니 이는 함부로 전할 수 없기 때문이요, 여기에 이르러 마침내 소반 채로 내오듯 남김없이 다 드러내 보인 것[31]은 또한 전하지 않을 수 없어서이다.

'해害'는 이해利害라는 말과 같고, '승패勝敗'는 승패를 결단한다는 말과 같다.

---

29) 한신韓信이……약속하였으니 : 한신이 수만의 병력을 거느리고 동쪽으로 조趙나라를 공격하였는데, 이때 한신은 제장諸將에게 명령을 내려 장병들에게 식사를 전달하며 "오늘 조나라 군대를 무찌른 다음 회식하겠다."라고 하였으나 사람들은 모두 믿지 않았다. 그러나 한신은 과연 배수진으로 조군을 대파하였다. ≪사기 권92 회음후열전淮陰侯列傳≫

30) 위태로울까……것이다 : 위태롭게 생각하여 조심하고 조심함은 자신의 지위를 편안하게 하는 방법이고, 망할까 우려하여 철저히 대비함은 자신의 생존을 보존하는 방법임을 말한 것으로, 이 내용은 ≪주역≫ 〈계사전繫辭傳 하下〉에 보인다.

31) 소반……보인 것 : 떡을 쪄서 소반 채 다 내놓는다는 뜻으로, 남김없이 다 드러내 보임을 이른다.

【속담에 '심시이해甚是利害'라고 말함은 '심히 해롭다.'는 말과 같으니, 해害에 이利를 덧붙인 것은 바로 승勝에 패敗를 덧붙인 것과 같다. 그러므로 이와 같이 해석하였다. 그러나 ≪주역≫에 "바람과 비로써 적셔준다.〔潤之以風雨〕" 하였는데, 바람은 적셔줄 만한 물건이 아니요, 아랫글에 "적들이 성문을 열고 닫을 적에 반드시 빨리 쳐들어가야 한다." 하였는데, 성문을 닫음은 들어갈 수 있는 기회가 아니니, 옛사람이 글을 쓸 적에 진실로 이와 비슷한 것이 많다.】[32)]

그러므로 군대를 출동하는 일은 적의 뜻을 받들어 따르는 체하고, 힘을 합하여 적에게 전일한 마음으로 향해서 천 리를 달려가 적장을 죽임에 있으니, 이것을 일러 '공교하여 능히 일을 이룬다.'라고 하는 것이다.

이 때문에 군정軍政을 거행하는 날에 관문을 폐쇄하고 부신符信(신표)을 꺾어버려서 적의 사자使者가 왕래하지 못하게 하고, 조정 위에서 엄격히 통제하여 일을 다스리고, 적들이 성문을 열고 닫을 적에 반드시 빨리 쳐들어가서 적이 아끼는 곳을 먼

32) 속담에……많다 : "바람과 비로써 적셔준다.〔潤之以風雨〕"는 ≪주역≫ 〈계사전 상〉에 보인다. 한문 문장은 '해害' 한 글자를 써도 이利와 해害를 겸하여 말하는 경우가 있는 반면, 비로써 적셔줌을 말하면서 풍風(바람)을 함께 쓰고 적이 문을 열어놓았을 적에 빨리 쳐들어가야 함을 말하면서 합闔(닫힘)을 함께 말하는 경우가 있음을 설명한 것이다.

저 공격하되 은밀히 시기에 맞추어 달려가고, 법도를 실천하고 적의 변화에 따라 전쟁하는 일을 결정하여야 한다.

이 때문에 처음엔 처녀와 같이 유순하게 행동하여 적들이 문을 열게 하고, 뒤에는 그물을 빠져나가는 토끼와 같이 신속히 행동하여 적이 미처 막지 못하게 하는 것이다.

故로 爲兵之事는 在順詳敵之意하고 竝力一向하여 千里殺將이니 是謂巧能成事라 是故로 政擧之日에 夷關折符하여 無通其使하고 厲於廊廟之上하여 以誅其事하며 敵人開闔이어든 必亟(극)入之하여 先其所愛호되 微與之期하고 踐墨隨敵하여 以決戰事라 是故로 始如處女하여 敵人開戶하고 後如脫兎하여 敵不及拒니라

'순順'은 받들어 순종함이요, '상詳'은 '양佯(거짓)'이니, 상詳과 양佯은 옛날에 글자가 통용되었다. 이는 적이 형태로써 우리를 속이면 우리가 겉으로 적의 속임수를 받들어 순종해서 거짓으로 어리석어 속는 것처럼 하고는 우리의 병력을 총동원하여 한마음으로 적에게 향해야 한다는 것이다. 그러므로 능히 천리를 달려가 적장을 죽일 수 있음을 말한 것이다.

'이夷'는 위魏나라 무제武帝(조조)가 "닫는 것이다." 하였으니, 이 말을 따른다. '부符'는 사자를 통행하게 하는 대나무로 만든 신표信標이니, ≪사기≫에 "제왕齊三이 초楚나라의 신표를 부러뜨리고 진秦나라와 연합했다."[33]는 것이 이것이다. 계책이 이

33) 제왕齊王이……연합했다 : 전국시대, 진秦나라와 동맹하면 상商 땅

미 정해지면 일에 유익함이 없고 기밀이 누설될 우려가 있으므로 사자를 통행하지 못하게 하는 것이다.

'려厲'는 칼을 가는 숫돌이니, 갈고 닦는다는 뜻이요, '주誅'는 다스린다는 뜻이다. '개합開闔'은 틈〔隙〕이 있다는 뜻이다. '선先'자 아래에 '공攻'자와 '탈奪'자 등을 놓는 것이 너무 무거우므로 다만 "그 아끼는 곳을 먼저 한다.〔先其所愛〕"라고 하여, 사람들이 스스로 뜻을 이해하게 한 것이다. 만약 장차 적이 아끼는 곳을 공격하게 되면 은밀히 시기에 맞추어 달려감을 보여줌은 그 틈을 열기 위해서이다. '묵墨'은 승묵繩墨(법도)이다. 내가 이루어놓은 계책을 따르고 적의 변화에 의거하여 전쟁하는 일을 결단하니, 이 때문에 빨리 쳐들어갈 수 있는 것이다. 처녀는 순하고 약하며, 그물을 빠져나가는 토끼는 재빠르니, '탈脫'은 그물에서 빠져나가는 것이다.

역대 주석에 대한 비평

가림賈林은 사지死地에 대하여 "잘못해서 이러한 사지에 군대를 주둔하였을 경우에는 속히 싸우면 산다." 하였는데, 용병을

600리를 주겠다는 진나라 사신 장의張儀의 감언이설에 속아 초나라 회왕懷王이 제나라와 동맹을 깨니, 제나라 민왕湣王이 대로하여 초나라 사신의 신표를 꺾어 초나라와 단교斷交하고 진나라와 연합하였다. ≪사기 권40 초세가楚世家≫

잘하는 자는 오직 사지만을 찾으니, 어찌 잘못 주둔했다고 말한단 말인가.

'병력이 많은 부대와 적은 부대가 서로 믿지 못하게 한다.〔衆寡不相恃〕'를 구주舊註에는 "중衆은 큰 진이고 과寡는 큰 진의 작은 진이다." 하였으니, 잘못이다. 다만 마땅히 분산과 집합으로 말해야 한다.

'옛날에 이른바 용병을 잘하는 자〔古之所謂善用兵〕' 한 단락에 대하여, 제구題矩는 "이익에 부합한다는 것은 구지九地의 설에 매우 적합하니, 이익은 바로 구지 가운데의 이익이다. '합合'자에는 때를 살피고 세勢를 헤아리고 기회를 살피고 변화를 이용한다는 뜻이 있으니, 위의 '사지死地에서는 결사적으로 싸워야 한다.'는 글을 이어서 출동이 바로 싸움임을 말한 것이다. '이익에 부합한다.'는 것은 군대가 사지에 들어갔으면 내가 절제하는 군대로 적을 공격하는 것이다." 하였고, 주노관周魯觀은 "출동할 적에 일정한 주장이 없어서 이익을 위주로 하니, 사지에서 살기를 구함은 바로 사지의 이익이다." 하였고, 후천방侯天放은 "이는 오로지 '사지에서는 결사적으로 싸워야 한다.'는 글을 이어서 말한 것이다." 하였다.

살펴보건대, 제12편 〈화공火攻〉에도 "이익에 부합하면 출동하고 이익에 부합하지 않으면 중지하여야 한다."라는 글이 있는데, 이는 범연히 논한 것일 뿐, 사지를 이어 말하였음을 어디에서 볼 수 있는가. 〈구지九地〉 한 편은 오로지 사지를 논하였는데 아홉 가지 지형을 차례로 서술한 뒤에 곧 이 절을 다음에 두었으므로, 삼가三家의 설이 이와 같은 것이다. 글을 씀이 어떠한지를 돌아볼 뿐이니, 어찌 억지로 해석할 수 있겠는가.

'운병계모運兵計謀 위불가측爲不可測(군대를 운용하고 계책을 세워서 우리의 장병들이 자신의 계책을 측량할 수 없게 하여야 한다.)'을 구주에는 "우리의 병기兵機를 운용하여 적으로 하여금 측량해서 헤아릴 수 없게 하는 것이다." 하였으니, 잘못이다. 이는 바로 자기 병사들에게 자신의 계책을 측량하지 못하게 하는 것이다. 그러므로 '도망할 곳이 없는 곳으로 병력을 투입한다.'는 글로 뒤를 이은 것이다.

솔연率然을 "서로 대응하기를 신속히 하는 것이다." 하였으니,[34] 잘못이다. 솔연은 본래 뱀의 이름인데, 뱀을 가지고 명명한 까닭은 아마도 이 뱀이 신속히 대응하기 때문일 것이다.

'휴수携手'를 "손을 들어 지휘하는 것이다." 하였으니, 잘못이다. 삼군三軍을 총동원하되, 한 사람의 손을 잡는 것과 같이 함을 말한 것이다.

두목杜牧이 "'주둔하는 지역을 바꿈'은 편안함을 버리고 위태로움을 따르는 것이요, '길을 우회함'은 가까운 곳을 버리고 먼 곳으로 가는 것이다." 하였고, 매요신梅堯臣은 "편안한 거처를

---

34) 솔연率然을……하였으니 : 솔率에 '빠르다'는 뜻이 있으므로 혹자는 '솔연'을 뱀의 이름으로 보지 않고, 뱀이 신속히 대응하는 것으로 본 것이다. 그러나 이 뱀을 '솔연'이라고 이름한 것 역시 신속히 대응하기 때문임을 말한 것이다.

바꾸고 달려가는 길을 우회하여 사람들이 예측하지 못하게 한 것이다." 하였으니, 모두 분명하지 않다. 만약 이유 없이 편안한 곳을 버리고 위태로운 곳으로 나아가고, 가까운 곳을 버리고 먼 곳으로 간다면, 군사들을 어리석게 하는 것이 아니고 도리어 동요시키는 것이니, 어찌 이치에 맞겠는가.

'주둔하는 지역을 바꿈'은 장병들의 경계심을 고취시키기 위한 것이니, ≪오자≫ 〈논장〉에 "군대를 오랫동안 주둔시키고 이동시키지 않으면 장병들이 태만해진다."는 것이 이것이다. '길을 우회함'은 적을 속이기 위한 것이니, 한漢나라 군대가 연잠延岑의 군대 뒤로 돌아 나온 경우[35]가 이것이다. 만약 곧장 앞으로 나아가 적의 진영을 범한다면 장병들이 마음속으로 두려워하기 때문이다.

'과즉종過則從'에 대해 "과過는 잘못이니, 사람이 잘못을 저질러서 위험하고 어려운 곳에 빠져 있으면 장수인 나의 말을 모

---

35) 한漢나라……경우 : 연잠延岑은 후한後漢 건국 당시 촉蜀 지방을 점거하고 있던 군벌 공손술公孫述의 장수이다. 광무제光武帝 건무建武 11년(35)에 광무제의 장수 장궁臧宮이 원수沅水에 진을 치고 있는 연잠을 공격하였는데, 새벽에 수많은 기치旗幟를 늘어세우고 산에 올라가 요란하게 북을 치며 오른쪽에는 보병步兵, 왼쪽에는 기병騎兵을 배열하여 함성을 지르게 하고, 기병에게는 연잠 군의 뒤로 돌아 기습하게 하였다. 연잠은 한나라 군대가 갑자기 들이닥치자, 크게 두려워하고 어찌할 바를 몰랐다. 장궁이 이 틈을 타 공격하여 대파하였다. ≪자치통감 권42 한기漢紀 세조광무황제世祖光武皇帝≫

두 듣고 따른다." 하였으니, 잘못이다. 어찌 '과過'를 과실過失로 해석할 수 있겠는가. '과過'는 다만 심甚하다는 뜻이다.

'사오四五'라는 것을 '아홉 가지 지세〔九地〕'를 가리켜 말한 것이라 하였으니, 잘못이다. 만약 "4와 5를 합하면 9가 된다고 해서 아홉 가지 지형이라고 말한다면, '다섯 가지 이로움〔五利〕'은 2와 3을 합쳤다고 말할 수 있는데, 이것이 되겠는가. 여기에는 반드시 탈자脫字와 오자誤字가 있을 것이다. 만약 "사四자는 마땅히 '차此'가 되어야 하고, 오五자는 마땅히 '삼三'이 되어야 한다."고 한다면, 바로 위의 세 가지 일을 가리켜 말한 것이 되지만, 만약 아홉 가지 지세라면 이 단락에서 다시 제기할 필요가 없는 것이다.

'삼군을 범한다.'는 '범삼군犯三軍'의 범犯을 "범은 쓰는 것이다."[36] 하였으니, 잘못이다. 훈고訓詁를 따르지 않고 글에 따라 제멋대로 해석한다면 크게 옳지 않다.

'승패를 결단할 수 있다.'의 '능위승패能爲勝敗'를 "능히 승리하는 군대가 되어서 적을 패하게 한다." 하였으니, 잘못이다. 이와 같은 문법을 어디에서 보았는가. '순상順詳'의 '상詳'을 "자세히 살피다."라 하고, '낭묘에서 엄격히 통제하다.'의 '려어낭묘厲於廊廟'에서 '려厲'를 엄嚴함으로 훈訓하고 두려움〔惕〕으로 훈하는 것은 모두 온당치 못하다.

---

36) 범은……것이다 : ≪손자십가주≫ 본편 "犯三軍之衆 若使一人" 아래 조조曹操의 주석에 보인다.

'은밀히 시기에 맞추어 달려간다.'는 '미여지기微與之期'의 '미微'는 은밀함이니, 은밀히 시기에 맞춰 달려가는 것이다. 유인은 "'미微'는 무無이니, 적이 돌아보고 아끼는 곳을 먼저 빼앗되 더불어 기약하지 말아야 한다." 하였다. 살펴보건대, '기期'라는 것은 남을 기다린다는 말이니, 알지 못하겠다. 이때에 적과 기약하는가? 우리 병사들과 기약하는가? 아니면 내응하는 기약을 말하는가? '미微'는 마땅히 본자本字(은미함)와 같이 읽어야 한다. '여與'는 '여予(보여줌)'와 같다.

제12편 화공법火攻法〔火攻〕

근세에 화공법火攻法이 크게 유행하여 전쟁에 반드시 불과 염초焰硝(화약)와 유황硫黃, 독연毒煙(독가스)과 맹화유猛火油(석유) 등의 재료를 사용하니, 이것들이 어찌 예전의 전투에 쓰던 갈대 묶음에 기름을 부어 쓰던 도구와 같으며, 지뢰地雷와 대포大砲, 화전火箭(불화살)의 병기가 어찌 쌓아 놓은 식량과 꼴을 불태우고 적이 불을 끄는 틈을 타려는 것과 같겠는가. 더구나 또 달이 별자리에 걸려 있는 것에 구애하지 않고 내응하기를 기다리지 않고서, 우리가 불을 놓아 연기와 화염의 미침이 들에 가득하고 성에 가득하니, 이는 예와 지금이 크게 변한 것이다.

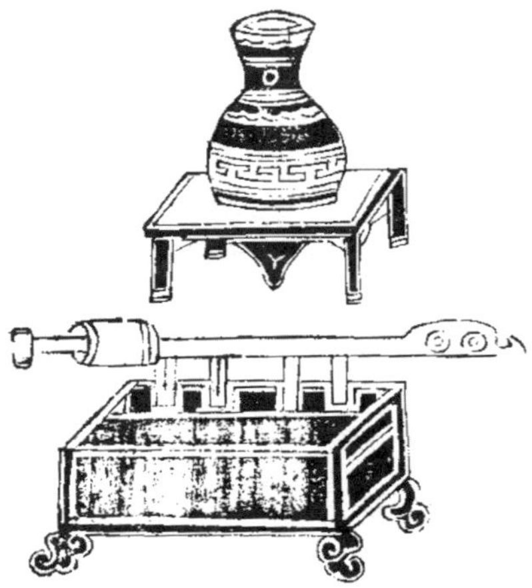

맹화유궤猛火油櫃

용병用兵하는 기략機略이 변하면 운용도 이에 따라 변해야 하니, 이 편에서 논한 것은 옛 자취에 가깝다. 그러나 기지機智를 원활히 운용하는 인사가 방법에 구애받지 않고 그 뜻을 잘 미루어 적용한다면 또한 충분히 발명할 수 있을 것이다.

손자가 말하였다.

무릇 화공火攻에 다섯 가지가 있으니, 첫 번째는 사람(적의 진영)을 불태우는 것이고, 두 번째는 적이 저축해놓은 것을 불태우는 것이고, 세 번째는 적의 치중거輜重車를 불태우는 것이고, 네 번째는 적의 창고를 불태우는 것이고, 다섯 번째는 적의 대오를 불태우는 것이다.

화병火兵

화공을 행할 적에는 반드시 내응을 인함이 있어야 하고, 불을 놓는 도구를 반드시 평소에 장만해두어야 하며, 불을 놓는 것이 때가 있고 불을 일으키는 것이 날짜가 있으니, 때는 날씨가 건조한 것이고, 날짜는 달이 기수箕宿, 벽수壁宿, 익수翼宿,

진수軫宿에 있는 것이니, 무릇 달이 이 네 별자리를 만나는 때가 바람이 일어나는 날짜이다.

孫子曰 凡火攻有五하니 一曰火人이요 二曰火積이요 三曰火輜요 四曰火庫요 五曰火隊라 行火에 必有因하고 煙火를 必素具하며 發火有時하고 起火有日하니 時者는 天之燥也요 日者는 月在箕壁翼軫也니 凡此四宿(수)者는 風起之日也니라

이십팔수방위도二十八宿方位圖

'화인火人'은 적이 주둔하고 있는 진영과 보루의 막사를 불태움을 이른다. '적積'은 꼴과 양식이고, '치輜'는 병기와 의장을 실은 수레인 치중거輜重車이니, 길에 있는 것이다. '고庫'는 모든 화물과 군수물자를 보관하는 창고이고, '대隊'는 적진(적의

대오)에 임함을 이르니, 경중과 선후의 순서가 마땅히 이와 같아야 하는 것이다. '인因'은 내응을 인하는 것이다. '연화煙火'는 불을 일으켜 계속 타게 하는 땔감이다. '소素'는 미리(평소)이고, '조燥'는 날씨가 가물어 건조한 것이다.

'달이……에 있다.'는 뜻인 '월재月在'는 달이 28수宿의 위차位次(위치)에 걸려 있는 것이다. 28수가 황도黃道(천구天球에서 태양이 지나는 경로)의 남쪽과 북쪽에 둘러 있어서 주천周天(천체)의 도수度數와 칠정七政의 운행[1)]이 모두 여기에서 비롯되니, 달의 운행이 만약 기수箕宿, 벽수壁宿, 익수翼宿, 진수軫宿를 만나면 이는 바람이 일어날 조짐인 것이다. 이것을 미루어 계산해보면 바람이 일어날 시기를 미리 알 수 있으므로 장차 화공을 행하고자 하면 반드시 바람을 빌려 기세로 삼아야 하는 것이다. ≪서경≫ 〈홍범洪範〉에 "달이 별을 따르면 바람이 불고 비가 내린다." 하였고, 또 "별 중에는 바람을 좋아하는 것이 있다."라

---

1) 28수가……운행 : 28수는 사방에 일곱 개의 별을 지정하여 모두 28개의 별자리를 이르는바, 기수는 창룡蒼龍 7수에, 익수와 진수는 주조朱鳥 7수에, 벽수는 현무玄武 7수에 들어 있다. 칠정은 해와 달, 금金, 목木, 수水, 화火, 토土 오성五星의 운행을 이른다. 옛날에는 이 일곱 가지의 운행에 맞추어 백성들에게 농사철을 가르쳐주어 시기를 잃지 않게 하였으므로, 일곱 가지 정사 곧 칠정七政이라고 한 것이다. ≪서경 우서虞書 순전舜典≫

달의 운행이 28수의 위치에 걸려 있음은 옛 책력을 보면 날마다 기재되어 있는바, 지금도 매년 간행하여 판매하고 있다.

고 한 것이 이것이다.

무릇 화공할 적에는 반드시 다섯 가지 불을 놓는 변화에 따라 대응하여야 하니, 불이 안에서 일어나면 즉시 밖에서 호응하여야 한다. 불이 타고 있는데도 적이 조용하면 기다리면서(관망하면서) 공격하지 말고, 화력이 극도로 일어나도록 하고서 따라 싸울 만하면 싸우고 따라 싸울 만하지 않으면 중지하여야 한다. 불을 밖에서 일으킬 수 있으면 굳이 내응을 기다리지 말고 제때에 불을 놓아야 한다. 바람을 등지고 불을 놓으며 바람을 안고 공격하지 말아야 한다. 낮바람은 오래 불고 밤바람은 금방 그친다.

凡火攻에 必因五火之變而應之니 火發於內어든 卽早應之於外호되 火發而其兵靜者는 待而勿攻하고 極其火力하여 可從而從之하고 不可從則止니라 火可發於外어든 無待於內하고 以時發之라 火發上風이요 無攻下風이며 晝風久요 夜風止니라

화공에 다섯 가지가 있으므로 '변화'라 하였으니, 불을 끄느라 적의 장병들이 혼란해짐을 말한 것이 아니다. 적진 가운데에서 불이 일어나면 반드시 내응이 시기에 맞추어 일어나 사기事機를 놓쳐서는 안 되니, 즉시 병력을 출동시켜 밖에서 호응하여야 한다.

그러나 만약 불이 났는데도 적진이 고요하고 소란스럽지 않

으면 이는 적장이 근엄하고 침착하여 불을 끌 방책이 있고 또한 상대(우리)에게 대응할 수 있는 것이며, 아니면 혹 내응하려던 계책이 누설되었으므로 불을 놓아 우리를 불러들이고 기병奇兵으로 매복을 설치하여 반격하려는 것이니, 이렇게 되면 반드시 도리어 적의 계략에 빠진다. 그러므로 기다리면서 공격하지 말아야 하는 것이다. 화력이 이미 지극하면 적의 동정을 더욱 잘 볼 수 있다. 만일 내응이 없이 우리 스스로 불을 놓은 경우에는 다만 때에 따를 뿐이다.

'바람을 안고 공격하지 말아야 한다.'는 것은, 연기와 화염이 미치는 곳에는 적과 우리가 모두 곤궁하여 이로움이 우리에게만 있지 않기 때문이다. '낮바람은 오래 불고 밤바람은 금방 그친다.'는 것은 '바람이 낮에 일어나면 오래도록 그치지 않고 밤에 일어나면 곧바로 그침'을 이른다. 혹자는 '낮에 바람이 오래 불면 밤이 되면 그친다.' 하였으니, 이 또한 통한다.

모든 군대는 반드시 다섯 가지 화공火攻의 변화가 있음을 알아서 때에 맞추어 잘 기다려야 한다. 그러므로 불로써 공격을 돕는 것을 명明이라 하고, 물로써 공격을 돕는 것을 강强이라 한다. 수공水攻은 적진을 끊을 수는 있으나, 적의 식량을 빼앗을 수는 없다.

凡軍은 必知有五火之變하여 以數守之라 故로 以火佐攻者는 明하고 以水佐攻者는 强하니 水는 可以絶이나 不可以奪이니라

이것은 위의 글을 이어서 화공법을 총론한 것이다. '수數'는 '하늘이(날씨가) 건조함과 달이 별자리에 걸려 있음'을 이른다. '수守'는 '대待(기다림)'와 같으니, 무릇 화공을 하고자 하면 반드시 다섯 가지 불을 놓는 실정을 미리 알아서 행하여야 한다. 그러나 또 반드시 때를 기다려 불을 놓아야 하고, 별안간에 불을 놓아서는 안 됨을 말한 것이다. '명明'은 불의 광채를 이르고, '강强'은 물의 기세를 이른다. '수공은 적진을 끊을 수는 있으나 적의 식량을 빼앗을 수는 없다.'는 것은 수공으로 공격을 보조하면 다만 적을 끊어 나눌 뿐이어서, 빼앗아 다 없애는 화공만 못함을 말한 것이다.

싸워서 승리하고 공격하여 점령하였는데 공功이 있는 자에게 제때에 상賞을 주지 않는 것은 흉하니, 이것을 이름하여 '비류費留'라 한다. 그러므로 "현명한 군주는 깊이 사려하고, 훌륭한 장수는 거행한다."라고 한 것이다.

夫戰勝攻取而不修其功者는 凶이니 命曰費留라 故로 曰 明主慮之하고 良將修之라하니라

≪사마법≫ 〈천자지의天子之義〉에 "때를 넘기지 않고 상을 내림은 백성들이 선善을 실천한 이로움을 빨리 얻게 하고자 한 것이다." 하였다. 전투하여 이기고 공격하여 점령하였는데, 그 공을 제대로 따져주지 않으면 군정軍政에 신의가 없어서 반드

시 재앙을 부르게 된다. 이것을 이름하여 '비류'라 하니, '비류'는 '날짜를 허비하고 때를 지체함'을 이른다. 그러므로 현명한 군주와 훌륭한 장수는 반드시 이것을 생각하고 헤아려서 제때에 상을 주는 일을 거행하는 것이다.

이 아래 두 절節은 위의 화공과는 연관되지 않아서 따로 한 단락이 되어야 한다. 제7편 〈군쟁軍爭〉 이하는 글(문장)이 연결되지 않으나 매번 빌려 연결하거나 비슷한 종류끼리 붙인 것이 많은데, 오직 이 두 단락은 빌린 것도 아니고 같은 종류도 아니면서 근거 없이 서로 붙인 것이다.

이로운 경우가 아니면 가볍게 출동하지 말고, 승리를 얻을 수 있는 경우가 아니면 함부로 용병하지 말고, 위태로운 경우가 아니면 가볍게 싸우지 말아야 하니, 군주는 노여움 때문에 군대를 일으켜서는 안 되고, 장수는 서운함 때문에 싸워서는 안 된다.

이익에 부합하면 출동하고, 이익에 부합하지 않으면 중지하여야 하니, 노여움은 뒤에 다시 기뻐할 수 있고 서운함은 뒤에 다시 기쁠 수 있지만, 망한 나라는 다시 보존될 수 없고 죽은 장병은 다시 살아날 수 없는 것이다

그러므로 "현명한 군주는 전쟁을 신중히 하고, 훌륭한 장수는 싸움을 경계한다." 하였으니, 이는 나라를 편안히 하고 군대를 온전히 하는 방도이다.

非利不動하며 非得不用하며 非危不戰이니 主不可以怒而興師요 將不可以慍而致戰이라 合於利而動하고 不合於利而止니 怒可以復喜요 慍可以復悅이나 亡國은 不可以復存이요 死者는 不可以復生이라 故로 曰 明主愼之하고 良將警之라하니 此는 安國全軍之道也니라

병기는 흉기이고 전쟁은 위험한 것이어서 성인聖人이 부득이 하여 사용하니, '이로우면 출동하고 승리할 수 있으면 전쟁한다.'고 한 것이 어디에 있겠는가. 이는 손자가 다만 패자霸者의 보좌에 그친 이유일 것이다.

'노怒'는 밖에 나타난 것이고 '온慍'은 마음속에 쌓여 있는 것이니, 군주가 노여워하고 장수가 서운해함은 호문互文이다.[2] 노여움 때문에 군대를 일으키는 것은 ≪오자≫의 이른바 '강병剛兵'이라는 것이니,[3] 전복되거나 패하지 않는 자가 드물다. 그러므로 군대를 잃고 나라를 망침을 가지고, 전쟁을 경계하고 신중히 하여 경솔히 일으켜서는 안 된다고 군주와 장수에게 고계告戒한 것이다.

≪울료자≫ 〈병담兵談〉에 "군대를 일으킴은 분노로써 할 수

---

2) 군주가……호문互文이다 : 호문이란 똑같은 내용이 중복될 경우 두 번 다 쓰지 않고 각각 한 가지씩만 씀을 이르는바, 곧 '노怒'와 '온慍'을 군주와 장수에게 모두 해당시킨 것이다.

3) ≪오자≫의……것이니 : 강병剛兵은 ≪오자≫ 〈도국圖國〉에 '노여움 때문에 군대를 일으키는 것을 강분剛忿의 군대라 한다.〔因怒興師曰剛〕'라고 한 것을 가리킨다.

있는 것이 아니다. 승리할 수 있는 요소가 보이면 군대를 일으키고, 승리할 수 있는 요소가 보이지 않으면 중지하여야 한다." 하였으니, 바로 이와 같다.

역대 주석에 대한 비평

구주舊註에 "임전할 적에 화포火砲와 화차火車로써 적의 대오를 불태운다." 하였는데, 손자의 때에 어찌 화포가 있을 수 있겠는가. 포砲는 본래 돌을 던지는 기구인데, 후세에 이름을 빌려 사용했을 뿐이다.

화차火車

'화공할 적에 다섯 가지 불을 놓는 변화'인 '오화지변五火之變'에 대해 구주에는 "변變은 적병들이 불을 끄느라 놀라고 혼란한 모습이다." 하였으니, 잘못이다. 만일 그렇다면 어찌 다시

"불이 타고 있는데도 적이 조용하다."라고 말할 수 있겠는가. 또 아랫글에 "다섯 가지 화공火攻의 변화를 안다."는 '지오화지변知五火之變'의 변變 또한 놀라고 혼란한 것으로 해석하겠는가. 이는 다섯 가지 화공의 나타남이 각각 다르기 때문에 그 변화에 따라 대응함을 말했을 뿐이다.

'때에 맞추어 잘 기다려야 한다.'의 '이수수지以數守之'를 구주에 "다만 불을 사용하여 적을 공격할 뿐만이 아니요, 또한 마땅히 적의 화공을 막아야 하므로 반드시 오래 가물어 날씨가 건조할 때와 달이 네 별자리에 걸려 있는 날짜에 적의 화공을 경계하여 대비하고 막아 지킨다." 하였으니, 이 말 또한 본래 좋기는 하나 '수守'자를 놓은 것이 적절치 못하고, 또 곧바로 "불로써 공격을 보조한다."는 구句와 이어져 있으니, 이는 여전히 남을 공격한다는 뜻이다. 두목杜牧이 "모름지기 별자리의 도수度數를 계산해서 바람이 일어나는 날을 기다려야 비로소 불을 놓을 수 있고, 우발적으로 화공을 해서는 안 된다." 하였으니, 이 말이 맞다.

'수공水攻은 적진을 끊을 수는 있으나, 적의 식량을 빼앗을 수는 없다.'의 '수가이절水可以絶 불가이탈不可以奪'을 제가諸家들은 모두 "물은 다만 적이 침공하는 길을 끊고 적진을 나눌 수 있을 뿐이요, 적이 쌓아놓은 식량과 저축을 빼앗을 수는 없다."고 해석하였다. 그러나 수공 또한 적의 식량과 저축을 빼앗을 수 있고, 화공 또한 적진을 끊을 수 있으니, 어찌 일정함이 있겠는가. 〈화공을 해서〉 불이 맹렬하고 바람이 사나워 적의 장병들이 각자 목숨을 구하고자 한다면 적의 진영을 끊을 뿐만이 아니요, 〈수공을 하여〉 성城 위에도 배가 다니고 적의 삼군이 물고기 밥이 된다면 적의 식량과 저축을 빼앗을 뿐만이 아니니, 이치에서 찾지 않고 그차히 견강부회하는 말을 따른다면 의심스러운 것을 제쳐놓는 의의意義가 아니다.

이 단락은 탈자脫字나 오자誤字가 있는 듯하니, 우선 구설舊說을 따른다.

'싸워서 승리하고 공격하여 점령하였다.'의 '전승공취戰勝攻取' 한 단락을 장예張預는 "싸우고 공격할 적에 반드시 승리하고 반드시 점령할 수 있는 것은 물과 불의 도움 때문이요, 물과 불로 공격하여 적군을 격파하고 적을 패퇴시킬 수 있는 것은 사졸士卒이 명령을 따르기 때문이니, 공功이 있는 자를 들어 상賞을 주지 않음은 재앙을 불러오는 방도이며, 재물이 고갈되고 군대가 지쳤는데도 돌아갈 수 없음은 비류費留를 이른다." 하였다. 참으로 이 말과 같다면, 물과 불을 사용하여 공격을 보조하지 않고서 싸워 승리하고 공격하여 점령한 경우에는 병사들에 대한 논공행상論功行賞을 하지 않아도 된단 말인가. 비류의 설은 또 어찌 쓸데없이 많은 말을 하였는가.

이 절節은 마땅히 따로 한 단락이 되어 화공과 연결해서는 안 되는데, 굳이 억지로 끌어다가 연결시키고자 했으므로 문리文理를 이루지 못한 것이다.

'이로운 경우가 아니면 가볍게 출동하지 말라.'의 '비리부동非利不動' 한 단락 또한 화공과 상관이 없는데, 주석가들이 견강

부회하여 "화공을 가볍게 써서는 안 되고, 더욱 마땅히 경계하고 삼가야 한다." 하였으니, 다섯 가지 병기와 다섯 가지 화공법은 똑같이 흉기凶器인데, 몽둥이와 칼을 사용하여 사람을 죽이는 것이 차이가 있겠는가.[4)]

4) 몽둥이와……있겠는가 : ≪맹자≫ 〈양혜왕 상〉에 나오는 말이다.

제13편 간첩의 활용〔用間〕

기幾는 동動함의 은미隱微함이니, 길吉·흉凶에 앞서 나타나는 것이다. 심중에 쌓여 있는데 밖으로 드러나지 않는 경우는 있지 않다. 그러므로 누대에 올라가 거莒나라를 정벌할 것을 도모하였지만 시골 노인의 눈을 가리지 못하였고,[1] 밀실에서 사면赦免을 의논하였지만 먼저 시장 사람의 귀에 전파된 것이다.[2] 더구나 이 추기樞機

---

1) 누대에……못하였고 : 제나라 환공桓公이 관중管仲과 함께 문을 걸어 잠그고 거莒나라를 정벌할 것을 은밀히 의논하였는데, 이 일이 이미 국도國都에 소문이 났다. 환공이 놀라 당시 사역하던 사람〔役人〕을 수배한 끝에 동곽우東郭郵를 찾아 불러 물으니, 동곽우는 "그날 신이 두 분께서 누대 위에 계신 것을 보았는데, 입을 벌리고 다물지 않으시니, 이는 거나라 정벌을 말씀하신 것이라고 생각하였습니다." 하였다. ≪관자管子 권16 소문小問≫

2) 밀실에서……것이다 : 남북조시대 전진前秦의 부견苻堅이 황제를 칭한 지 5년 되던 해에 봉황새가 동쪽 대궐에 내려앉은 상서로운 일이 있자, 경내에 대사령大赦令을 내리려 할 적에 부견은 측근들을 모두 물리치고, 왕맹王猛과 부융苻融만 남아 있게 하고 함께 밀실에서 상의하면서 자신이 직접 사면하는 글을 지었다. 이때 큰 쉬파리 한 마리가 창문으로 들어와서 윙윙거리며 붓 끝에 앉았는데, 쫓아도 다시 날아들었다. 얼마 후, 나라에서 대사령을 내린다는 소문이 장안長安의 길거리에 파

인 말과 행실이 얼굴빛과 말에 나타남에 있어서랴.

이 때문에 곁눈질하는 것을 보면 그 말이 이미 누설되었음을 알고, 말을 함부로 하는 것을 들으면 상대방의 마음이 우리를 두려워함을 살필 수 있는 것이다.[3] 이로써 미루어보면, 지혜가 밝은 자는 형체가 드러남이 없을 때에 알아차리니 간첩間諜을 필요로 하지 않고, 어리석은 자는 자기의 귀와 눈도 제대로 사용하지 못하니 하물며 간첩을 쓸 수 있겠는가.

그러나 재물을 탐하고 위엄을 두려워함은 사람의 일반적인 심정에서 벗어나기 어렵고, 말로 도발하고 얼굴빛으로 따름은 더욱 드러나기가 쉬운 것이니, 간혹 간

다하게 퍼졌다. 보고를 받고 부견이 놀라 왕맹과 부융에게 "궁중에 엿들은 자가 있을 리 만무한데 이 일이 어찌 누설되었단 말인가." 하고, 외부에 명하여 이 일이 유포된 사유를 끝까지 추궁하게 하니, 모두들 "검은 옷을 입은 한 백성이 시장에서 큰소리로 '나라에서 이제 대사령을 내릴 것이다.'라고 고함치더니, 잠시 후에 사라지고 보이지 않았습니다." 하였다. 이 말을 들은 부견은 "아! 지난번 글을 쓸 적에 붓 끝에 앉았던 쉬파리가 이 사람일 것이다." 하였다. ≪진서晉書 권113 재기載記 부견苻堅 상上≫

3) 말을……것이다 : 진秦나라가 진晉나라를 공격하여 하곡河曲에서 대치하였는데, 진秦나라의 행인行人(외교관)이 밤중에 진晉나라 군대에 가서 다음 날 교전하자고 요청하였다. 이때 진晉나라의 유변臾騈이 "진秦나라 사신의 눈이 두리번거리고 말을 함부로 하니, 우리를 두려워하는 것이다." 하였는데, 진秦나라 군대가 과연 밤중에 도망하였다. ≪춘추좌씨전 문공文公 12년≫

첩을 사용하되 적임자를 쓰지 않으면 적국의 실정을 정탐하려고 하다가 도리어 자국의 실정이 적국에 누설되는 경우가 많다. 그러므로 "성스럽고 지혜로운 자가 아니면 간첩을 사용하지 못하고, 인仁과 의義를 갖춘 자가 아니면 간첩을 사용하지 못하고, 미묘함을 분간할 수 있는 자가 아니면 간첩의 실제를 알지 못한다." 하였으니, 뒤에 간첩을 활용하는 자는 또한 스스로 헤아림이 있어야 할 것이다.

손자가 말하였다.

무릇 10만 명의 군대를 일으켜서 천 리를 출정하게 되면, 백성들의 비용과 국가의 공급이 하루에 천금千金을 소비하고, 도성 안팎이 소란해지고 〈백성들이 물자를 운반하느라〉 도로에서 지쳐 농사일을 제대로 하지 못하는 농부가 70만 가호가 된다. 서로 몇 년 동안 대치하여 하루의 승리를 다투면서 관작과 녹봉, 백금百金을 아껴서 적의 실정을 알지 못하는 것은 불인不仁이 지극한 것이니, 백성의 장수가 아니요 군주의 보좌가 아니요 승리를 쟁취하는 주체가 아닌 것이다.

孫子曰 凡興師十萬하여 出征千里하면 百姓之費와 公家之奉이 日費千金이요 內外騷動하고 怠于道路하여 不得操事者 七十萬家라 相守數年하여 以爭一日之勝호되 而愛爵祿百金하여 不知敵之情者는 不仁之至也니 非人之將也요 非主之佐也요 非勝之主也니라

말한 뜻이 대략 제2편 〈작전作戰〉의 내용과 비슷하니, 똑같이 10만을 비율로 삼았기 때문이다. 옛날에 여덟 집이 한 정井의 농지를 함께 경작해서 한 집이 군역軍役에 나가면 일곱 집에서 그 집의 경작을 위한 노동을 제공하였으므로 '70만 가호'라 한 것이다. '서로 몇 년 동안 대치한다.'는 것은 지구전持久戰을 지극히 말한 것이니, 지구전을 하는 까닭은 적의 실정을 알지 못하기 때문이다.

만약 적의 실정을 탐지하는 방도가 있는데도, 하찮은 관작과 녹봉, 백금을 아껴서 도성 안팎이 소란하고 백성들이 수고롭고 피폐한데도 돌아보지 않고, 나라가 가난하고 병기가 무뎌지는데도 계산하지 않는다면 이 어찌 지극히 불인不仁한 것이 아니겠는가. 그렇다면 백성의 목숨을 맡은 장수라 할 수 없고, 국가의 안위安危가 달려 있는 보좌라 할 수 없고, 승리를 귀하게 여기는 주체라 할 수 없는 것이다.

그러므로 명철한 군주와 어진 장수가 출동하면 적을 이겨서 성공함이 보통 사람보다 뛰어난 이유는 적의 실정을 미리 알기 때문이다. 적의 실정을 미리 아는 것은 귀신에게서 취할 수 없고 유사한 일에서 형상할 수 없고 도수度數에서 징험할 수 없으니, 반드시 사람(첩자)에게서 취하여야 적의 실정을 알 수 있는 것이다.

그러므로 간첩을 활용하는 것이 다섯 가지가 있으니, 향간鄉

間이 있고 내간內間이 있고 반간反間이 있고 사간死間이 있고 생간生間이 있다. 다섯 가지 간첩이 함께 일어나서 그 방도를 알 수 없는 것을 신묘한 기강(중요한 관건)이라 이르니, 군주의 보배이다.

故로 明君賢將이 所以動而勝人하여 成功出於衆者는 先知也니 先知者는 不可取於鬼神이요 不可象於事요 不可驗於度니 必取於人하여 知敵之情者也라 故로 用間有五하니 有鄕間하고 有內間하고 有反間하고 有死間하고 有生間하니 五間俱起하여 莫知其道를 是謂神紀니 人君之寶也니라

간첩은 오로지 군대에만 있지 않으므로 군주를 겸하여 든 것이다. 이른바 '적의 실정을 미리 안다.'는 것은 귀신에게서 취하는 경우가 있으니 무축巫祝(무당)이 이것이요, 일에서 형상하는 경우가 있으니 복서卜筮(점침)가 이것이요, 도수度數에서 징험하는 경우가 있으니 추측함이 이것이다. 그러나 이 세 가지는 모두 적의 실정을 충분히 알 수가 없고, 오직 첩자에게서 취한 뒤에야 가능하다.

현명한 군주와 훌륭한 장수가 적의 실정을 미리 알아서 군대를 출동시켜 이로움에 부합하게 하는 것은, 간첩을 버려두고서 어떻게 할 수 있겠는가.

그 이름이 다섯 가지가 있는데, 아랫글에 자세히 보인다. 만약 다섯 가지 간첩을 겸하여 사용해서 일시에 모두 일으키면 〈그 효험을〉 사람이 능히 알지 못할 뿐만이 아니요, 비록 귀신의 신묘한 기강이라고 말하더라도 괜찮을 것이다. 그러므로

군주의 보배라 한 것이다.

향간鄕間이란 그 고장의 사람을 이용하여 간첩으로 쓰는 것이고, 내간內間이란 그 나라에서 벼슬하는 사람을 이용하여 간첩으로 쓰는 것이고, 반간反間이란 적의 간첩을 역으로 이용하여 간첩으로 쓰는 것이고, 사간死間이란 밖에서 적을 속이는 일을 만들어내고 우리 간첩이 이것을 알아 적의 간첩에게 전달하게 하는 것이고, 생간生間이란 살아 돌아와서 보고하는 것이다.

鄕間者는 因其鄕人而用之요 內間者는 因其官人而用之요 反間者는 因其敵間而用之요 死間者는 爲誑事於外하여 令吾間知之하여 而傳於敵間也요 生間者는 反報也라

간첩의 일과 간첩의 실정이 비록 많으나, 간첩질을 하는 것은 이 다섯 가지에서 벗어나지 않는다. 아랫글에 "향간과 내간, 사간과 생간을 부릴 수 있는 것은 반드시 반간을 통하여 적의 실정을 알아냈기 때문이요, 사간은 또 반드시 생간과 반간을 통하여 임무가 이루어진다." 하였으니, 어째서인가?

적의 간첩으로서 우리에게 이용되지 않는다면 이는 적의 생간인 것이요, 우리의 간첩으로서 도리어 적에게 이용된다면 이는 적의 반간인 것이니, 이 두 가지는 적을 빌려 죽일 수 있다. 우리가 그릇된 정보와 속이는 일을 우리 간첩에게 보여주고 그를 통해 적에게 알려 적을 그르치고 우리를 성공하게 하

면 간첩질을 한 자가 반드시 적에게 죽임을 당하니, 이것이 어찌 사간이 아니겠는가.

우리 간첩으로서 적에게 이용당하지 않고, 적의 간첩으로서 충심으로 우리를 위한다면, 이것은 우리의 생간이요 반간인 것이다. 그러니 비록 그릇된 정보와 속이는 일을 우리 간첩에게 보여주어서 우리 간첩이 장차 이것을 진실인 것으로 오인하더라도 적에게 실정을 제대로 일러바치지 않는다면 간첩질을 어떻게 할 수 있겠는가. 그렇다면 사간은 적의 간첩에게만 사용할 수 있고, 우리 간첩에게는 사용할 수 없는 것이다.

논하는 자들이 비록 역생酈生[4)]과 당검唐儉[5)]을 사간이라고 하

---

4) 역생酈生 : 한漢나라 고조高祖의 모사謀士인 역이기酈食其를 이른다. B.C. 204년 고조가 역이기를 제왕齊王 전광田廣에게 보내어 초楚나라를 배반하고 한나라와 연합하도록 설득하니, 전광이 그의 말을 믿고는 역하歷下에 주둔했던 군대를 해산하고 방비를 소홀히 하였다. 이때 한신의 군대가 동쪽으로 진격하고 있었는데, 한신은 제왕이 이미 귀순했다는 말을 듣고 진격을 중지하려 하였으나, 변사辯士인 괴철蒯徹의 설득으로 역하의 군대를 기습, 격파하고 마침내 제나라의 도성인 임치臨淄에 이르니, 제왕은 역이기가 자신을 속였다 하여 삶아 죽이고 군대를 이끌고 동쪽 고밀高密로 도망하였다. ≪사기 권8 고조본기高祖本紀·권92 회음후열전淮陰侯列傳≫

5) 당검唐儉 : 579~656. 당唐나라 태종太宗 때의 문신이다. 정관貞觀 4년(630)에 이정李靖과 이세적李世勣이 돌궐을 기습하여 격파하자, 철산鐵山으로 후퇴한 힐리가한頡利可汗이 형세의 불리함을 알고는 병력을 이끌고 적북磧北으로 달아나 후일을 도모하기 위해 당나라에 사신을 보내 화친을 청하였다. 태종이 이를 받아들여 당검 등을 보내어 위무하고,

나 때마침 위기를 만났을 뿐이니, 어찌 이들이 일찍이 간첩질에 마음을 두었겠는가.

양梁나라 무제武帝가 옹주雍州에서 거병擧兵할 적에 소보융蕭寶融이 형주자사荊州刺史가 되고 〈소보융이 어렸기 때문에〉 소영주蕭穎胄가 대신 형주의 일을 맡고 있었는데, 동혼후東昏侯 소보권蕭寶卷이 유산양劉山陽에게 3천 명의 군사를 거느리고 소영주의 군영으로 가서 무제가 있는 옹주를 습격하게 하였다. 무제가 이 계책을 알고 참군參軍 왕천호王天虎를 보내어 파발마를 달려 소영주에게 편지를 전달하였는데, 내용을 분명하게 말하지 않고 다만 "왕천호의 입으로 자세히 말할 것이다." 하였다. 왕천호는 소영주의 심복이었다. 이에 유산양은 소영주와 왕천호가 자신에게 숨기는 것이 있는가 의심하여 머뭇거리고 올라오지 않자, 소영주가 크게 두려워하여 왕천호의 목을 베어 그의 수급首級을 유산양에게 보냈다. 유산양이 이것을 믿고 혼자 말을 타고 달려오자, 소영주가 마침내 유산양을 죽이고 옹주에서 무제의 군대와 연합하였으니,[6] 이는 마음을 먹고 사간을

이정에게 명하여 군대를 거느리고 가서 힐리가한을 맞이해 오게 하였는데, 힐리가한의 본심을 알아차린 이정이 군대를 무장시켜 밤중에 방심하고 있는 돌궐의 본진을 급습해서 대승을 거두었다. 이때 당검은 가까스로 빠져나와 생명을 구했는데, 사람들은 이정이 당검을 사간死間으로 이용했다고 말하였다. ≪이위공문대 중권≫

6) 양梁나라……연합하였으니 : 양나라 무제 소연蕭衍(464~549)은 남조南朝의 양나라를 일으킨 인물이다. 제齊나라에서 벼슬하여 옹주자사雍州刺

사용한 것이다.

향간과 내간으로서 적에게 후대를 받는다면 자기를 후대해 주는 적을 배반하고 우리에게 정성을 바치려 하지 않을 것이요, 적과 원수 사이이면 적과 소원하여 적의 실정을 제대로 알지 못할 것이니, 우리가 무슨 도움을 받겠는가.

생간을 너무 드러나게 사용하면 10명의 무리가 되기 쉽고 누경婁敬이 되기 어려우며,[7] 은밀하게 쓰면 조주보趙主父[8]와 달

史로 있던 시절, 폭군 동혼후 소보권(제나라 제6대 황제)을 타도하고 그의 아우인 소보융(488~502)을 화제和帝로 세웠다가 폐위시키고 스스로 제위帝位에 올랐다. 소영주는 제나라 황족으로, 동혼후가 임명한 형주자사 소보융이 어렸기 때문에 대신 형주를 다스리고 있었다.

7) 10명의……어려우며 : 누경은 한漢나라 고조高祖의 모사謀士이다. B.C. 200년, 한왕韓王 신信이 흉노와 내통하여 한나라를 공격하려 한다는 보고를 받은 고조는 흉노에 사신을 보내어 그 실정을 탐지하고자 하였는데, 흉노는 건장한 병사들과 살진 우마牛馬를 숨기고 노약자와 여윈 가축들만 보이게 하였다. 이로 말미암아 흉노에 사신으로 갔다 온 10명의 사자들이 모두 제대로 실정을 파악하지 못하고, 언제든지 공격할 수 있다고 보고하였다. 고조가 다시 누경을 흉노에 사신으로 보냈는데, 누경은 흉노의 계책을 간파하고 돌아와서 흉노를 공격해서는 안 된다고 보고하였다. 그러나 고조는 누경의 보고를 무시하고 친히 대군을 거느리고 흉노를 정벌하다가 포위되었고, 뇌물을 써서 겨우 포위망을 빠져나왔다. ≪사기 권99 유경열전劉敬列傳≫

8) 조주보趙主父 : 전국시대 조趙나라 무령왕武靈王의 자호이다. 그는 아들에게 국정을 맡기고 자신은 흉노의 복장을 하고는 장병들을 거느리고 서북쪽으로 오랑캐 땅을 경략하고, 운중雲中과 구원九原을 거쳐 남쪽으

해무達奚武[9] 등처럼 할 자가 몇 사람이나 있겠는가. 무릇 우리가 적에게 첩자를 쓸 때에는 또한 모름지기 적이 역이용하는 것을 막아야 하니, 이것이 신묘한 기강에 견주어 인의仁義를 갖춘 자에게 공功을 돌리는 이유일 것이다.

이정李靖의 의논이 훌륭하니, 그가 "물은 배를 띄우기도 하고 또한 배를 뒤엎기도 하며, 혹은 간첩을 이용하여 성공하기도 하고 혹은 간첩을 이용하였다가 기울고 패하기도 한다. ≪손자≫에서 간첩을 쓰는 것이 가장 하책下策이 된다."[10]라고 하였으니, 간첩을 잘 사용하지 못하는 자들의 경계가 될 만하다.

로 진秦나라를 기습 공격하기 위해 거짓으로 사자使者가 되어 진나라에 들어갔다가 돌아왔다. 주보가 진나라에 들어간 이유는 진나라의 지형을 직접 살피고 소왕의 인품을 관찰하기 위해서였다. ≪사기 권43 조세가趙世家≫

9) 달해무達奚武 : 504~570. 남북조시대 북주北周의 장수이다. 535년 동위東魏의 고환高歡이 서위西魏를 침공하자, 우문태宇文泰가 격퇴하였는바, 우문태는 사원沙苑에서 큰 전투를 벌이면서 달해무를 파견하여 동위를 정탐하게 하였는데, 달해무는 세 명의 기병을 거느리고 적군의 복장을 하고서 은밀히 동위를 정탐하여 실정을 우문태에게 보고하니, 우문태는 유리한 정보를 얻고 동위의 군대를 격파하였다.

10) 물은……된다 : 이 내용은 ≪이위공문대≫ 중권의 "살펴보건대, ≪손자≫에 간첩을 사용하는 것이 가장 하책이었습니다. 신臣이 일찍이 그 끝에 논論을 짓기를 '물은 배를 띄우기도 하고 배를 엎기도 하며, 혹은 간첩을 사용하여 성공하기도 하고 혹은 간첩을 이용하여 패망하기도 한다.' 하였습니다."라고 보인다.

그러므로 삼군三軍의 일은 간첩보다 더 정확한 것이 없고, 상을 줌은 간첩보다 더 후하게 주는 이가 없고, 일은 간첩보다 더 은밀한 것이 없는 것이다. 성스럽고 지혜로운 자가 아니면 간첩을 쓰지 못하고, 인仁과 의義를 갖춘 자가 아니면 간첩을 부리지 못하고, 미묘함을 분간할 수 있는 자가 아니면 간첩을 사용하여도 적의 실정을 얻지 못한다. 미묘하고 미묘하기 때문에, 간첩을 쓰지 않는 바가 없는 것이다. 간첩의 일이 드러나기 전에 먼저 들은 자는, 들은 자와 알려준 자를 모두 죽인다.

故로 三軍之事 莫親於間하고 賞莫厚於間하고 事莫密於間하니 非聖智면 不能用間이요 非仁義면 不能使間이요 非微妙면 不能得間之實이니 微哉微哉라 無所不用間也니라 間事未發而先聞者는 聞與所告者 皆死니라

이우李祐가 감읍感泣하여 회서淮西가 평정되었고,[11] 곽수郭修를 방비하지 않아 원수元帥가 살해당하였으니,[12] 은밀함과 은

11) 이우李祐가……평정되었고 : 이우는 당나라 헌종憲宗 때 회서淮西에서 반란을 일으킨 회서절도사 오원제吳元濟의 장수이다. 헌종이 이소李愬를 당등절도사唐鄧節度使로 임명하여 반란을 평정하게 하였는데, 이소가 전투에서 이우를 사로잡자 포박을 풀어주고 우대하니, 이우는 감읍하여 이소가 채주성蔡州城을 공격할 적에 선봉이 되어 오원제를 사로잡는 데 결정적인 역할을 하였다. ≪구당서舊唐書 권161 이우열전李祐列傳≫

12) 곽수郭修를……살해당하였으니 : 원수元帥는 촉한蜀漢의 정승이자 대장군인 비위費禕를 가리킨다. 곽수는 위나라의 중랑장中郎將이었는데 촉한의 장수 강유姜維에게 패하여 투항하고 좌장군左將軍에 임명되었으나 기

밀하지 않음은 사이에 터럭 하나를 용납하지 않는다. 오직 〈성스럽고 지혜로워〉 통달하고 밝으면 실정과 거짓을 두루 알고, 인의仁義가 있으면 사람을 복종시킬 수 있고, 미묘함을 분간할 수 있으면 깊이를 다하고 기미幾微를 연마할 수 있다. 이 세 가지를 얻은 뒤에야 비로소 간첩을 사용하여 실정을 얻을 수 있으니, 간첩을 쉽게 말할 수 있겠는가.

'간첩을 씀〔用間〕'은 〈향간, 내간, 반간, 사간, 생간 이 다섯 가지 유형의 간첩을〉 총괄하여 말한 것이고, '간첩을 부림〔使間〕'은 오로지 반간을 가리킨 것이다. '간첩을 사용하지 않는 바가 없다.'는 것은 적의 동정을 곧 간첩을 통하여 알 수 있음을 말한 것이니, 예컨대 신릉군信陵君이 조왕趙王이 사냥하는 것이지 침략하는 것이 아님을 안 것[13]과 같은 것이다.

회가 있을 때마다 후주後主 유선劉禪을 암살하려 하였다. 그러던 중 후주 연희延熙 6년(253) 정월에 비위가 장병들과 회식하고 크게 취하자, 그를 칼로 찔러 죽였다. 그 후 촉한이 위나라에 의해 멸망하자, 위나라 황제 조방曹芳은 곽수를 장락향후長樂鄕侯로 추봉하고 시호를 위후威侯라 하였다. ≪삼국지三國志≫ 〈후주전後主傳〉과 〈비위전費禕傳〉에는 '곽순郭循'으로 표기되어 있다.

13) 신릉군信陵君이……안 것 : 신릉군은 전국시대 위魏나라 공자公子인 위무기魏無忌로 안희왕安釐王의 이복형제이다. 어느 날 신릉군이 안희왕과 장기를 두는데, 조나라의 군대가 출동하였다는 급보가 들어와 모두 놀랐으나 신릉군은 홀로 침착하게 "이는 조왕이 사냥을 하는 것이지 우리를 침략하는 것이 아닙니다."라고 말하였는데, 과연 그러하였다. 안희왕이 어떻게 알았는가를 묻자, 신릉군은 조왕의 측근에 자신의 문객

출발하기 전에 먼저 소문이 나면 군대의 실정이 누설되므로 모두 죽여서 입을 봉함하는 것이다.

무릇 공격하려는 적군과 공격하려는 적의 성과 죽이려는 적의 사람(장수나 모사)에 대해서는, 반드시 먼저 그 지키는 장수와 좌우左右와 알자謁者(빈객을 인도하는 사람)와 문지기와 사인舍人(집사장)의 성명을 알아서, 우리 간첩에게 반드시 모두 알아오게 하여야 하며, 적의 간첩이 우리 측에 와서 첩자 노릇을 하는 자를 반드시 모두 찾아내고, 인하여 이롭게 해주고 인도하여 머물게 하여야 한다.

그러므로 반간을 부릴 수가 있는 것이요, 이 반간을 통하여 적의 실정을 알기 때문에 향간과 내간을 부릴 수 있는 것이요, 이 반간을 통하여 적의 실정을 알기 때문에 사간이 속이는 일을 만들어내서 적에게 알릴 수 있는 것이요, 이 반간을 통하여 적의 실정을 알기 때문에 생간을 약속한 것과 같이 이용할 수 있는 것이다.

다섯 가지 간첩의 일을 군주가 반드시 알아야 하나, 적의 실정을 아는 것은 반드시 반간에게 달려 있다. 그러므로 반간을 후대하지 않으면 안 되는 것이다.

이 있어 조나라의 소식을 전해주고 있다고 말하였다. ≪사기 권77 신릉군열전信陵君列傳≫

凡軍之所欲擊과 城之所欲攻과 人之所欲殺을 必先知其守將, 左右, 謁者, 門者, 舍人之姓名하여 令吾間으로 必索知之하며 必索敵間之來間我者하여 因而利之하고 導而舍之라 故로 反間을 可得而用也요 因是而知之라 故로 鄕間, 內間을 可得而使也요 因是而知之라 故로 死間爲誑事하여 可使告敵이요 因是而知之라 故로 生間을 可使如期라 五間之事를 主必知之로되 知之는 必在乎反間이라 故로 反間을 不可不厚也니라

'공격하려는 적군'의 '군지소욕격軍之所欲擊' 이하의 세 구句는 간첩을 사용하는 일이 대략 이 세 가지에서 벗어나지 않음을 말한 것이다. '좌우左右'는 친밀한 사람이고, '알자謁者'는 빈객賓客을 주관하는 자이다. 문자門者는 크게는 관문과 작게는 군막軍幕의 출입을 맡은 자이다. '사인舍人'은 수하에서 일을 하는 자이다. 먼저 이들의 성명을 알아야 하는 이유는 한편으로는 우리 간첩의 말을 믿게 하고, 한편으로는 간첩의 통행을 용이하게 하려는 것이다. 이렇게 하지 않는다면 화원華元이 어떻게 자반子反의 침상에 올라가고,[14] 자객이 어떻게 한기韓琦의 띠만 훔쳐갈 수 있었겠는가.[15]

---

14) 화원華元이……올라가고 : 화원은 춘추시대 송宋나라의 대부이고, 자반은 초楚나라의 장수이다. B.C. 594년 초나라가 송나라를 공격하자, 송나라가 두려워하여 화원을 밤중에 초나라 군중으로 잠입시켰다. 화원이 군중에 잠입하여 자반의 침상으로 올라가 잠을 깨워놓고 협박하니, 자반이 두려워 화원과 맹약하고 초나라 왕에게 고하여 30리를 물러갔다. ≪춘추좌씨전 선공宣公 15년≫

'색지索知'의 '색索'은 실悉(모두)과 같으니, 이는 다만 쉬운 일이므로 우리의 간첩에게 알아 오게 하는 것이요, 적의 첩자가 왔을 적에는 대부분 자취를 숨기는 경우가 많으므로 반드시 모두 자세히 찾아내어야 하는 것이다. 인하여 이롭게 해주고 인도하여 머물게 해서 적의 첩자가 도리어 우리에게 이용된다면 적의 고장 사람과 벼슬하는 사람을 이 반간을 통하여 알 수 있고, 반간을 통하여 사간을 알려줄 수 있고, 반간을 통하여 생간을 약속한 것과 같이 이용할 수 있으니, 이 네 간첩이 모두 반간을 통하여 일어난다. 이 때문에 백금을 아까워하지 않고 유독 반간을 후대하는 것이다.

옛날 은殷나라가 일어날 적에 이지伊摯(이윤伊尹)[16]가 하夏나라에 있었고, 주周나라가 일어날 적에 여아呂牙(여상呂尙)[17]가

---

15) 자객이……있었겠는가 : 송宋나라 인종仁宗 때 서하국西夏國의 상공相公인 장원張元이 한기의 비범함을 시기하여 자객을 보냈는데, 자객이 오히려 한기의 언행에 감복하여 죽이지 못하고 그의 금대金帶만 가지고 돌아간 사건을 가리킨다. ≪언행귀감言行龜鑑≫

16) 이지伊摯(이윤伊尹) : 원래 유신有莘이라는 나라에서 농사지으며 은거하고 있었는데, 상商나라의 탕왕湯王이 세 번 초빙해서 세상에 나오게 하고 하夏나라의 걸왕桀王에게 천거하였다. 그러나 걸왕이 등용하지 못하자, 이윤은 돌아와 탕왕을 보좌하여 걸왕을 토벌하고 상나라의 천하를 열었다.

17) 여아呂牙(여상呂尙) : 강태공姜太公으로, 처음 은殷나라 주왕紂王이 도읍

상商나라에 있었다. 그러므로 오직 명철한 군주와 어진 장수만이 능히 상지上智의 사람을 이용하여 간첩으로 삼을 수 있는 것이니, 이렇게 하는 자는 반드시 큰 공을 이룬다. 이는 용병의 요체이며 삼군이 믿고 출동하는 것이다.

昔殷之興也에 伊摯在夏하고 周之興也에 呂牙在商이라 故로 惟明君賢將이 能以上智爲間者는 必成大功하니 此는 兵之要요 三軍之所恃而動也니라

이윤伊尹

이윤伊尹이 걸왕桀王에게 다섯 번 나아갔던 것은 걸왕이 잘못을 고치기를 바라고, 걸왕이 자신을 등용하기를 바라서였다. 이윤은 천하를 구제하겠다는 중임重任으로써 자임하여 하夏나라를 정벌해서 백성을 구제하였으니,[18] 어찌 간첩질을 할 자이겠는가. 여아呂牙가

한 조가朝歌에 거주하면서 칼을 벼려 백정 노릇을 하였으나, 주왕의 폭정으로 세상이 어지러워지자 주周나라로 들어가 위수渭水 가에서 낚시질하며 은거하다가 문왕文王에게 발탁되고 무왕武王을 보좌하여 주왕을 정벌하였다.

18) 이윤은……하였으니 : ≪맹자≫ 〈만장萬章 상上〉에 "이윤이 천하의 중임으로써 자임自任함이 이와 같았다. 그러므로 탕왕에게 나아가 설득하여 하나라를 정벌해서 백성을 구제한 것이다."라고 보인다.

은殷나라에 있을 적에는 칼을 벼려 백정 노릇을 하고 물고기를 낚는 사람이었을 뿐이니, 간첩과 무슨 상관이 있겠는가.

윗글에 '성聖'자를 놓은 것이 너무 무거우므로[19] 탕왕湯王과 무왕武王, 이윤伊尹과 여아呂牙를 인용하여 증명한 것이다. 그러나 이는 손자가 전국시대 사람들의 말투를 면치 못한 것이다.

여상呂尙

역대 주석에 대한 비평

관작과 녹봉, 백금百金을 구주舊註에는 분명하게 말하지 않았으나, 요컨대 관작과 녹봉을 주는 것은 군주에게 속하고 백금을 주는 것은 장수에게 속한다. 그러나 '승리를 쟁취하는 주체'인 '비승지주非勝之主'는 승리를 주체로 삼는 것을 이른 것이지, 군주를 말한 것이 아니다. 그러므로 ≪오자≫ 〈치병治兵〉에 또한 "네 가지 가벼움과 두 가지 소중함과 한 가지 신임에 밝음

19) 윗글에……무거우므로 : 앞 단락의 '성스럽고 지혜로운 자가 아니면 간첩을 쓰지 못한다.〔非聖智 不能用間〕'를 가리킨다.

은 승리의 주체이다." 하였다. 구주에 이것을 '인주人主'라 하였으니, 잘못이다.

구주에 '귀신에게서 취한다.'의 '취어귀신取於鬼神'을 '복서卜筮하여 아는 것이다.' 하고, '유사한 일에서 형상한다.'의 '상어사象於事'를 '일이 서로 비슷한 것을 비교하여 아는 것이다.' 하였으니, 엉성하다. 옛날 군중軍中에는 반드시 무당이 있었으니, 제齊나라 장수 전단田單이 가탁한 것이 이것이다.[20] 어찌 무축巫祝을 버리고 복서한다고 말할 수 있겠는가. '상어사象於事'는 바로 비조裨竈와 재신梓愼[21]이 점친 것과 같은 것이니, 바로 복서의 따위이다. 어찌 비슷한 종류끼리 유추하여 미리 아는 방법이 있겠는가.

---

20) 제齊나라……이것이다 : 제나라 군대가 즉묵卽墨에서 연나라 군대에 포위되어 농성전을 벌일 적에 전단은 성 안의 군사와 백성들에게 끼니마다 뜰에 음식을 차려놓고 조상에게 제사를 지내게 하였다. 그러자 새들이 모두 내려와 이 음식을 먹었다. 성 밖의 연나라 군대가 그것을 보고 이상하게 여기자, 전단은 "신명께서 내려오셔서 우리를 가르쳐주시는 것이다."라고 선전하는 한편, 성 안의 군대와 백성들에게도 "신명이 오셔서 우리의 스승이 되실 것이다."라고 말하고, 병졸 한 사람을 데려다가 그를 스승으로 모시고 군령을 내릴 적마다 반드시 신사神師의 지시라고 가탁하여, 병사와 백성들의 사기를 진작시켰다. 결국 전단이 이끈 제나라는 이전의 영토를 모두 수복하였다. ≪사기 권82 전단열전田單列傳≫

21) 비조裨竈와 재신梓愼 : 모두 춘추시대 점술에 능하고 천문학에 정통한 인물들로, 비조는 정鄭나라, 재신은 노魯나라의 대부이다.

역자 약력

성백효成百曉

충남 예산 출생
가정에서 부친 월산공月山公으로부터 한문漢文 수학修學
월곡月谷 황경연黃璟淵, 서암瑞巖 김희진金熙鎭 선생 사사師事
민족문화추진회 국역연수원 수료
고려대학교 교육대학원 한문교육과 수료
한국고전번역원 부설 고전번역교육원 명예한학교수(현)
전통문화연구회 부회장(현) 해동경사연구소 소장(현)
고전국역상 수상

논문 및 역서

〈간재艮齋의 성리설소고性理說小考〉〈연암燕岩의 학문사상연구〉
사서집주四書集註 《시경집전詩經集傳》《서경집전書經集傳》《주역전의周易傳義》《고문진보古文眞寶》《우계집牛溪集》 등 수십 종 국역國譯
《선조실록宣祖實錄》《송자대전宋子大全》《다산집茶山集》《퇴계집退溪集》 등 공역共譯